中央司法警官学院数据科学与智能监管技术研究中心成果

机器学习

在触法未成年人风险/需求评估中的应用

吕琳　高冠东　著

法律出版社
LAW PRESS・CHINA
北京

图书在版编目(CIP)数据

机器学习在触法未成年人风险/需求评估中的应用/吕琳,高冠东著. -- 北京:法律出版社,2023
ISBN 978 - 7 - 5197 - 8030 - 2

Ⅰ.①机… Ⅱ.①吕… ②高… Ⅲ.①机器学习-应用-未成年人保护法-研究-中国 Ⅳ.①D922.183.4

中国国家版本馆 CIP 数据核字(2023)第 108902 号

机器学习在触法未成年人风险/需求评估中的应用
JIQI XUEXI ZAI CHUFA WEICHENGNIANREN FENGXIAN/ XUQIU PINGGU ZHONG DE YINGYONG

吕 琳 高冠东 著

责任编辑 冯高琼
装帧设计 李 瞻

出版发行 法律出版社
编辑统筹 法规出版分社
责任校对 张红蕊
责任印制 耿润瑜
经　　销 新华书店

开本 710 毫米×1000 毫米 1/16
印张 17 **字数** 277 千
版本 2023 年 7 月第 1 版
印次 2023 年 7 月第 1 次印刷
印刷 北京虎彩文化传播有限公司

地址:北京市丰台区莲花池西里 7 号(100073)
网址:www.lawpress.com.cn
投稿邮箱:info@lawpress.com.cn
举报盗版邮箱:jbwq@lawpress.com.cn
销售电话:010 - 83938349
客服电话:010 - 83938350
咨询电话:010 - 63939796

书号:ISBN 978 - 7 - 5197 - 8030 - 2
定价:78.00 元

凡购买本社图书,如有印装错误,我社负责退换。电话:010 - 83938349

序　言

近年来，随着社会的不断进步和科技的快速发展，人们对预防犯罪和维护社会安全的需求日益增长。未成年人的人生观、价值观、世界观尚未建立完善，思维能力亦不成熟，易受青春叛逆期、社会环境、家庭环境、人际关系等多种因素的影响，走上错误的道路。2023 年 3 月，最高人民检察院通报，2018 年至 2022 年检察机关受理审查起诉未成年人犯罪年均增长 7.7%。可见，我国犯罪年龄逐渐呈现向低龄化发展的趋势。了解触法未成年人的心理状态，对其采取有效的心理矫治和教育工作就显得极为重要。为了深入评估触法未成年人心理状态，需要对其再犯罪风险及矫正需求进行精准的评估，并采取相应的干预措施。随着人工智能技术的快速发展，应用机器学习技术，对触法未成年人多维度数据进行综合评估，从而更加科学、准确地评估其心理及再犯罪风险，制订一人一策的矫治教育方案，成为当前相关领域的研究热点。

本书旨在探讨机器学习技术在触法未成年人犯罪危险性评估领域的基本理论、实施步骤和实现方法；通过对犯罪危险性评估的基本流程、原始数据资料的选择与整理、可靠性及有效性验证方法等内容的深入研究；通过具体示例，帮助读者全面了解机器学习各类算法在未成年人犯罪风险评估中的具体应用方法。具体章节结构如下：

第 1 ~ 2 章主要介绍犯罪危险性评估的理论、发展历程和实施流程。聚焦未成年人犯罪危险性评估方法，介绍犯罪危险性评估的基本概念、发展历程、研究现状;依据数据分析的基本流程,介绍评估模型的构建步骤,包括数据采集、清洗、特征提取及简要介绍各类机器学习分析算法。

第3～4章主要讨论数据的采集与整理,以及可靠性和有效性的数据检验方法。介绍如何在众多各类数据中选择有效数据,包括定量与定性的数据描述,以及数据分布属性的基本检验方法;介绍数据可靠性验证方法以及可靠性验证方法。通过对数据的筛选和检验,可以保障后续机器学习方法能够处理分析数据、构建有效模型、获得准确的评估结果。

第5～11章深入介绍不同的机器学习算法及其在触法未成年人风险需求评估中的应用。根据机器学习中的算法类型,主要介绍逻辑回归分析方法、生存分析方法、贝叶斯分类器、决策树、集成学习、聚类分析、度量学习以及人工神经网络等机器学习算法的原理、优缺点和应用方法,并通过示例深入介绍各类算法的具体使用方式,使读者将能够掌握选择适当算法解决实际问题的能力。

本书虽然介绍了大量机器学习算法,但绝不是简单的算法介绍汇编。如果通过本书的学习,读者将能够全面了解机器学习在触法未成年人风险需求评估中的应用,掌握评估模型的构建流程和关键技术,能够应用到工作实际中,是笔者莫大的欣慰。希望本书能够成为该领域研究人员、司法行政工作者以及相关工作人员的重要参考,为建立更加科学和可靠的触法未成年人风险需求评估体系提供有力的支持。此外,书中示例数据是根据笔者工作经验和实际数据衍生的模拟数据,并不涉及任何真实信息,且笔者水平有限,不足之处请各位读者不吝赐教,多提宝贵意见,非常感谢!

目 录

第 1 章

犯罪危险性评估的基本理论和发展

对特定人员进行科学而精准的犯罪危险性评估，是犯罪学研究领域和司法实务部门一直以来追求的目标。在罪犯刑罚执行中，罪犯监管过程的分级处遇等级划分、能否执行缓刑和假释、能否执行监外执行、能够执行社区矫正等方面，都需要对其犯罪危险性进行判断和评估。评估的准确性极为重要，误判和错判可能会带来被执行人再犯罪的结果，造成人民群众的财产和生命损失。尤其是近年来发生了几起社区矫正人员再犯罪的恶性案件，造成了人员伤亡，引起了社会的极大关注，因此，犯罪风险评估直接关系到社会安全。未成年犯罪人员，由于其心理上不成熟，易受不良环境因素和人为因素的影响，形成扭曲的心理和性格，因此更需要对其犯罪行为进行归因分析，判断其犯罪危险性情况，从而能够有针对性地制订矫正教育方案，在未成年人思想活跃的特殊阶段，帮助其形成健康、成熟、正确的人生观和价值观，预防其走向社会后再犯罪情况的发生，从而进一步保障社会的安全稳定。

1.1 犯罪危险性评估

犯罪危险性评估这一概念涉及法学理论和心理学理论等多个理论层次的研究，在进一步对这一概念进行解释时，需要厘清不同学科对“犯罪危险性”的解释。犯罪危险性，也称犯罪风险，主要是指个体实施犯罪的可能性，或者再次实施犯罪的可能性。这一概念既属于法学领域，也属于心理学领域，但在不同学科体系中，对“犯罪危险性”概念的界定存在一定的差异。在法学领域，犯罪危险性被称作“人身危险性”，即“罪犯再次实施危害行为的可能性”，更多关注的是罪犯再次实施犯罪的可能性,以及如何对屡次犯罪的个体进行规范评估,并与初次犯罪的个体进行区别。在犯罪心理学领域,这一概念则涵盖了初次实施犯罪和再次实施犯罪的危险性,包含了两个方面。这种差异的根本原因在于犯罪心理学不仅关注已经实施犯罪、成为犯罪分子的矫正与改造的过程,同时还关注导致普通人走向犯罪道路的风险因素,并根据这些因素制定相应的措施来针对特定的个体进行预防。由此可见,在不同领域,对犯罪危险性这一概念的界定存在差异。

随着犯罪心理学的发展,犯罪危险性的相关概念得到了逐步完善与扩充,并且犯罪心理学理论的发展决定了犯罪危险性评估的发展方向。犯罪危险性评估,是指通过一定的技术,对特定的对象实施犯罪或重新犯罪的可能性进行判断,从而为控制其危险行为提供根据的专门性手段,也被称为“犯罪风险评估”。从两个部分对这个概念进行解释:(1)利用量表或问卷收集数据,然后使用一些统计方法对收集到的数据进行分析,获取到不同因子与类别的相关关系,量化产生非法行为的某些个人非法特征,得到相应的分类结果,从而进行个人的风险评估。其中个人非法特征包括反社会行为史、反社会人格、反社会态度与认知和反社会同伙,这些特征一直与累犯、暴力和几乎所有涉及违反刑事法律的罪行有关。(2)针对获取到的风险评估结果,制定相应的措施,有效地对犯罪人口进行资源的分配和监管,对可预测的风险因素进行有效的干预,来降低个人的犯罪风险,其中干预的角度可以从个人的态度、认知以及“风险”的目标进行。目前已经进行了大量的研究工作,并且已经取得了显著的成效,由对罪犯的风险评估,转换到了对罪犯的审前处理及矫正教育等方面。

对于罪犯的风险评估,能够对其犯罪的行为进行一定的解释,在一定程度上能够为有关机构研究犯罪行为及其产生动机提供科学的依据,也可以证明利用各种风险评估方法能够对“犯罪行为”的原因进行进一步挖掘,获取罪犯的心理认知、情绪变化等特征。早期的风险评估多是利用罪犯的相关记录或者基于访谈内容做出的,主要关注的是静态因子,如种族、出生地或犯罪记录等一些无法改变的变量。然而,在现实中,人的心理状态、认知观念等受到外界各种因素的影响,随时发生变化;同时,利用静态因子进行评估,过于严格化,在一些特定的方面上不允许发生动态的变化。因此,需要进一步使用动态因子来评估现在和未来可能的行为动作。动态因子随时间产生变化,如受教育程度、就业情况及认知特征等,在风险评估时能够动态反映风险状态,以便及时进行干预来缓解风险的发生。

风险评估的概念已经被引入许多领域,在犯罪领域中,已经进行了大量的研究,去试图解决犯罪风险评估能够在多大程度上区分高风险人群和低风险人群这一问题,并将大量可能导致犯罪风险的因素与特定的风险评估工具的预测结果结合,来佐证解决该问题的有效性。同时,随着犯罪风险评估工具的发展,性别化、种族化等因素也逐渐被引入。2004 年,我国的一些监管机构提出分类管理的矫正教育措施和人身危险性评估的监管方法。在进行犯罪风险评估的时候,不同年龄段的人员心理表现不同,需进一步对不同年龄段的人群分类评估。未成年人的生理和心理在青年时期(14 ~ 18 岁)会发生急剧变化,外表与内心表现出独立与依赖、成熟与幼稚等复杂的矛盾。对未成年人进行正确的教育与指导,能够在一定程度上避免他们误入歧途,尽可能地远离不健康的诱惑。

未成年人群体是我国国家发展和社会人口结构中必不可少的一个群体,是国家持续发展的活力来源。然而,近年来我国未成年人犯罪数量正呈现逐年上升的趋势,且表现出犯罪年龄趋于低龄化、重新犯罪率较高的特点,未成年人违法犯罪的事件已得到了社会极大的关注。2019 年 1 月,最高人民检察院成立了未成年人检察专门机构“第九检察厅”,这一机构的成立进一步加快了我国未成年人犯罪案件司法的专业化进程,对未成年人危险性评估取得了初步的进展。由于未成年犯罪人未满 18 周岁,处于未成年时期,在刑事司法中需要以有利于其健康成长为出发点,以教育挽救为目的进行矫正教育改造。然而,作为未成年罪犯,一方面,心理发育滞后,生理发育提前,心理与生理发育不同步,在心理上表现不成熟;另一方面,作为罪犯,部分犯罪行为存在人身危险性,具有社会危害性。需要对未成年罪犯人身危险性作出准确科学的评估,进一步在刑事司法中平衡好未成年犯罪人与社会利益的关系,做到准确司法。对未成年人危险性评估的研究是在成年人危险性评估研究的基础上逐步发展而来的。与成年司法不同,由于未成年人的特殊性,其一旦被贴上“犯罪人”的标签,将会受到少年司法处理,可能对其心理造成不可预计的伤害,导致其未来发生更加严重的越轨行为。因此,在处理未成年人刑事案件时,主张“教育为主,惩罚为辅”和“宽严并济”的刑事政策,秉承教育、挽救、感化的方针,其核心以“人”为主,而不是以“案件”为主。科学判断与评估未成年人的犯罪危险性,是分流转处、监督观护涉罪未成年人,以及实施精准帮教的核心与关键。

目前,在实际操作中,用于评估未成年人犯罪危险性的报告或量表,不同地区的操作标准和程序存在较大差异,难以充分发挥评估效用。因此,在构建未成年人犯罪危险性评估的体系结构中,核心任务就是选择合适的评估要素。经过证实,目前与未成年人犯罪的风险因子有关的要素主要包括年龄、家庭性质、家庭经济状况、早期不良类型、犯罪类型、实施犯罪后对受害人的态度和责任强度等。对评估要素的筛选,更多依赖于定量的、经验性研究方法的使用。在确定评估要素时需要进一步对人身危险性与社会危险性的关系进行界定,客观看待两者之间的区别与联系。两者的区别是:人身危险性是行为人重新犯罪的可能性,是对其再次实施犯罪的预测,具有不确定性;社会危险性则是对行为人的犯罪行为进行客观的法律评价,具有确定性,针对的是犯罪行为。两者之间的联系则是:行为人实施犯罪的行为,既能表现犯罪行为的严重危害性,也能反映其反社会性的个性特征,表现出行为人的人身危险性。因此,在对未成年人犯罪危险性进行评估时,不仅需要考察其以往的犯罪行为,而且需要将其以往的行为表现纳入评估的材料中。

经过整理归纳,目前对涉罪未成年人人身危险性评估的理论著述以及调查报告,危险性评估所涉及的评估内容和要素主要包括三个维度,即个体与社会控制状况、犯罪行为和司法处遇。这三个维度的要素贯穿整个涉罪未成年人危险性评估的过程,然而,由于所处的阶段不同,有关司法部门所针对的侧重要素也将有所区别,检察院和法院更加关注前两个要素,而监狱或其他矫正部门更加注重司法处遇这个维度。不同维度关注要素的侧重点不同。(1)个体与社会控制维度关注的是未成年人的个体因素和社会控制因素。未成年人的个体因素,即个人的基本情况,主要包含年龄、性别、身体健康状况等生物学因素和涉及个性倾向的心理学因素;社会控制因素则是未成年人的家庭状况、学校教育等要素。这两方面的要素虽然与犯罪行为没有直接的关联,但却是了解未成年人的重要背景材料和解释未成年人犯罪的科学依据。(2)犯罪行为维度可以进一步具体划分为犯罪前、犯罪中和犯罪后三个阶段,是进行未成年人犯罪危险性评估时对其先前犯罪行为的全面认知。犯罪前阶段主要考察未成年人的越轨行为出现的频率、持续性和违法违规记录情况;犯罪中阶段主要针对未成年人具体的涉案情节进行研究,如作案的动机、采取的手段、导致的后果等要素；犯罪后阶段重点关注未成年人的态度、后续的毁坏犯罪证据的行为。在评估犯罪行为的各个要素时加入动态因子，来评定未成年人实施犯罪时的心理变化以及悔罪的心理状态。(3)司法处遇维度可进一步细分为执行阶段和执行完毕两个阶段。执行阶段的关注点是狱内评估，而执行完毕阶段主要关注家庭和社会对未成年人的接纳情况，并帮助其回归正常的生活。在实际情况中，对未成年人的司法处遇方式更多的是非监禁刑，在执行阶段由当地公安机关进行考察监管，所在单位组织或基层组织、社区予以配合监督管理，在一定程度上与执行完毕阶段任务相似，需要进行心理测评报告或者社会调查报告，强调心理评估、帮教、矫正等措施的综合应用。

整体来看，个体与社会控制状况、犯罪行为和司法处遇是评估未成年人危险性的重要维度。其中个体和社会控制维度关注未成年人的个体基本情况以及家庭、学校、社会因素对其影响，由于某些因素处于动态变化中，属于动态评估要素，且贯穿后续的犯罪阶段和司法处遇阶段。犯罪行为维度涵盖的评估要素是已经发生的客观犯罪事实，属于静态评估要素。司法处遇维度中的要素多为动态要素，尤其是心理状态一直处于变化之中，需要持续性地对未成年人进行考察。

1.2　实施危险性评估的目的和意义

自龙勃罗梭时代，人们就开始致力于寻找能够科学评测危险性的方法。在监狱管理和罪犯矫正的工作中，对罪犯进行危险性评估是一项增强改造针对性、实效性，提升改造质量的重要手段。罪犯分类是现代监狱管理制度的基本内容，其核心是按照一定的标准评估罪犯的人身危险性程度，设计相应的制度，对不同危险级别和危险程度的罪犯予以对应的处遇级别。对服刑人员的危险性评估是一个系统的闭环过程，包括入监、中期和出监三个阶段性的评估和动态性的即时评估，贯穿罪犯从入监到出监的全过程。

入监危险性评估，是指根据相应的入监评估方法对新收押的罪犯开展危险性等级和危险类别以及危险因子评估的活动，分类后进行分管分押管理。根据危险等级对罪犯的分类，将不同危险等级的罪犯关押在不同警戒等级的监区进行管理，是现代监狱管理制度的重要组成部分，能维护监管安全与秩序，有效发挥有限的监管资源的管控作用。

中期危险性评估,是指罪犯在服刑期间,监狱对其进行的危险性评估。罪犯的危险性程度并不是一成不变的,在实际操作中,罪犯的危险性程度往往会随着服刑时间、矫正教育的效果等其他因素的影响,呈现一定的动态变化。因此,针对危险性程度较高的罪犯,评估周期不超过半年,而等级较低的则一年进行一次。从心理学角度来看,评估的过程提高了对再犯的预测力,同时分类结果显示出犯罪基于多种原因,行为和心理上表现出多种类型。监狱需要及时了解罪犯危险性变化的程度,充分利用监内资源,合理配置监管资源和监控措施,确保监管资源与管控措施与罪犯危险性程度相匹配。当然,中期评估也能够纠正前次评估与矫正教育中出现的误判,防止安全事故的发生,实现矫正教育的目标。

出监危险性评估,是对即将刑满释放、申请假释、暂予监外执行、拟请假探亲的罪犯进行危险性的评估,能够直观反映罪犯的实时状况,对未来的安置帮教和社区矫正提出可靠的参考依据及有针对性的工作建议,此时评估方向侧重于再犯危险性评估。特别针对人身危险性较大的罪犯,地方的有关机关可以提前协调联动,准备相应的措施,确保社会的安全与稳定。同时,出监危险性评估可以提高监狱的管理与矫正的能力,能够有效检验和分析入监评估、中期评估和即时评估的质量。

在对罪犯进行入监、中期和出监危险性评估时,对罪犯的即时评估贯穿其中。当监狱发现罪犯出现逃脱、行凶等过激行为,或对抗管教、遭遇重大家庭变故、受到伤害、发现余罪等情形时,罪犯心理会发生变化,需要及时对其进行危险性评估和教育管控,防止产生未来无法弥补的伤害。此类事件的发生存在偶然性、随机性和突发性,因此,即时危险性评估的开展不受限制,一旦发现罪犯出现情况,就应及时采取措施,同时在评估过程中应加强对罪犯的安全防范及教育管控。

危险性评估是进行罪犯危险管理的前提,强化评估结果的应用是危险管理的有效途径。危险性评估的结果,能够为未来进行罪犯分流分押、分管分教、狱情研判等工作提供有效帮助。

第一,危险性评估的结果可以为罪犯分流分押提供依据。在罪犯进入监狱后,根据入监评估、中期评估和即时评估,评判不同时期罪犯的犯罪风险,进行等级评估,将不同等级的罪犯分流至戒备等级不同的监区,并为其制定适宜的矫正教育措施。例如,将危险性等级极高的罪犯分流至高度戒备的监区关押,并且采取较为严格的矫正教育措施;对于高度危险等级和中度危险等级的罪犯,根据其实际犯罪情况分流至中度戒备等级以上的监区关押;低度危险等级罪犯则分流至低度戒备监区关押,也可根据实际监管需要分流至各种不同戒备等级监狱(监区)关押。

第二,危险性评估的结果可以作为矫正教育的标准。根据风险评估获得的危险等级或危险类别,制定相应的矫正教育措施。进行分级管控后,更加有利于对罪犯进行矫正教育,做到因人施教,降低罪犯危险性。罪犯入狱后会在心理、认知上发生变化,定期的评估工作或者即时评估,可以为调整和完善罪犯的矫正教育措施提供依据。将罪犯危险性评估结果作为教育矫正罪犯是否有效的重要标准,可以进一步提高对罪犯教育矫治的效果。

第三,危险性评估的结果可以作为罪犯的管理控制的前提。根据危险性评估的结果,监狱确定罪犯的风险等级,进行分级管理,并制定相应的管控机制。对于危险等级较高的罪犯,管控的措施应该更加严格。根据定期的评估与即时评估结果出现的变化,需要及时调整相应的管控措施,进一步将罪犯转移到相应的服刑场所、劳动岗位,实现科学、安全、有序的流转。

第四,危险性评估的结果同时也为监狱的狱情研判提供了依据。监狱以风险评估的结果为依托,根据危险性等级、不同危险性等级罪犯的人数和罪犯的变化情况,以及重要罪犯危险性的量化评估情况,结合传统的狱情信息分析,全面地对狱情进行分析研判,改变传统依靠经验进行狱情研判的模式,创新狱情分析模式,提高狱情研判的科学性与准确性。

另外,进行科学的危险性评估工作,是提高监狱矫正教育改造质量的有效的途径。相适应的监狱执法与矫正教育体制,能够保证科学的评估研判工作顺利进行,并且有助于相关部门提高评估置信度。同时,为了保证评估的连续性,监狱应做好与收监前的司法机关或刑满后与社区的交接、沟通,保证罪犯危险性评估工作顺利进行。与收监前的司法机关进行交接,可以保证罪犯入监评估的准确性,评定恰当的危险等级后进行分区关押与管控教育。刑满释放后与社区的交接,则能够进一步保障罪犯顺利融入社会,避免由于长时间监禁造成与社会的脱节,防止其重新走上犯罪的道路。

随着“宽严并济”刑事政策的推行，对于刑罚有了更多的维度和选择，同时，国家与社会也不断要求刑罚的形式要更加注重“科学”和“效率”。刑罚的最终目的是保证刑释者被释放回归社会后能够不再犯罪，因此进一步进行危险性评估显得至关重要，危险性评估不仅依赖于客观外显的犯罪事实，也由罪犯本身内在主观的人身危险所决定。所以，准确判定犯罪风险成为监狱控制再犯风险的首要与核心的问题。一方面，监狱需要提高监管的控制力度和矫正教育的质量，来进一步降低再犯罪率；另一方面，关押、改造犯人耗资巨大，同时，不同犯罪类型的罪犯、入监后的不同时期，其危险性程度表现不一，需要进一步分类关押。因此，科学的评估方法能够提高假释率、缓刑率，减少成本，达到节约社会资源的目的，同时将矫正教育的重点由监狱转移到社区，能够使服刑人员尽快融入社会。

1.3 犯罪危险性评估工具的发展阶段

犯罪危险性评估主要是运用内省、心理测验、心理调查等统计方法来确定行为人实施犯罪的可能性，从而高效识别和管理高危险性人群，显著降低犯罪率。在国内，对犯罪危险性的认知与评估主要以狱情分析、狱内侦查为平台，以对罪犯的现实危险性的分析为主，聚焦监管安全、改造秩序等。目前，构建犯罪危险性评估工具的方法可以分为以下三种：(1)临床判断法，即通过一些心理学专家的经验或生活常识进行危险性评估，由于主观性较强，没有统一的评判标准，主要依赖于专业矫正人员长时间积累的经验或人为的认识，容易受犯罪行为人的主观犯罪事实的影响，置信度较低，在实际司法处遇活动中容易造成相关机构的误判，造成危险性评估结果的失真。(2)统计精算法，即根据已有的数据信息，将统计学方法引入犯罪危险性评估中，将静态评估因子与动态评估因子进行结合，按照一定的标准，提取出相关性较强的因子，并进行加权处理，建立一个系统的评估体系，获取犯罪行为人的风险等级。然而，统计精算法为了保证危险性评估的全面性与精确性，将大量的评估因子引入评估要素中，使评估工具变得“臃肿化”，一次评估所消耗的时间过长。同时，数据的获取存在大量的主观因素，例如，评估所需要的数据大多是通过犯罪行为人自陈、自评的方式获取的，容易受到外界因素的影响，造成数据的失真，影响评估结果。(3)结构化临床评估，即将统计精算评估工具与临床评估工具进行结合。但是，在实践中，需要具有专门知识的心理医生、精神病医生建立合适的评估体系，并对评估过程与结果作出解释。在对结果进行解释时，容易受测试数据的影响，加入主观判断，对结果造成一定程度的影响。因此，精算方法需引入被评估者行为、语言、文字表达等非结构化数据，以使评估结果更客观准确。然而，对于犯罪危险性评估工具的选择，目前尚没有公认权威的标准，国内现阶段置信度较高、具有较强的有效性的工具是江苏省监狱管理局开发的人身危险性（RW）量表，随着社会结构、时代背景的不断变化，该量表也在不断修订与升级。

在国外，犯罪风险评估工具经过长时间的研究，取得了较大的进步，并且在实践中有了较为成熟的应用。目前三种类型的评估工具已经经历了四代的发展，表 1－1 为各代评估工具的预测效度，已经从最初的 0.1 提升到了 0.4 左右，有了很大程度的改善。但是总体效果仍然不够理想，需要进一步提升。危险性评估的预测效果不仅涉及社会的安定，而且关乎犯罪行为人是否受到公平的对待，是危险性评估的重点、核心问题。

表 1－1　各代评估工具的评估预测效度

	常用量表	预测效度	
		一般犯罪	暴力犯罪
第一代评估工具	HCR－20	0.10	0.13
第二代评估工具	VRCG、PCL－R	0.27	0.27
第三代评估工具	LSI－R	0.36	0.25
第四代评估工具	COMPAS、LS/CMI	0.41	0.29

第一代评估工具主要基于临床专家或矫正机构的专业工作人员观察和临床经验，通过结构化与半结构化的访谈，收集与危险性相关的数据信息，然后进一步评判“有危险”与“无危险”两种情况。其中，临床专家包括心理学家、精神病学家或经验丰富的社会工作者，矫正机构的工作人员包括缓刑官或监狱工作人员。在出现第一代评估工具之前较长时间的实践中，人们并不太关注评估专家的评估效果，因为经过测试后，其对暴力行为的预测结果并不可靠。由于评估缺乏系统性与客观的指标，预测的置信度较差。经过较长时间的实证研究，具有代表性的评估工具 HCR－20（historical clinical risk management－20，暴力历史、临床、风险评

估量表－20）于 1995 年被开发出来。HCR－20 由三部分内容组成：（1）历史因素，共包含 10 个评估项目，评估因素主要是“静态的、过去发生的、变化缓慢的因素”；（2）临床因素，共包含 5 个评估项目，主要的评估因素为“动态的、可随着临床治疗或者环境变化而改变的因素”；（3）风险控制因素，共包含 5 个评估项目，主要的评估要素是“与生活环境变化有关的因素”。该评估工具的预测效度为 0.1～0.2，信度在 0.8 以上。

第二代评估工具则是在第一代评估工具的基础上，引入统计学，进一步解决预测效度较差的问题。研究者们采取统计学的方法，基于实证研究，选取与犯罪风险相关性较大的因子作为评估指标，主要特点是“精算式评定”。对相关性较大的风险因子赋予一定的权重，若存在风险因素，则加上对应项目的分数，最终累计总分越高，则犯罪危险性越高。目前较为常用的评估工具是 VRAG（violence risk assessment guide，暴力危险性评估指南）和 PCL－R（the hare psychopathy checklist－revised，病态人格测评量表）。其中 VRAG 是在对 628 名存在精神障碍与精神状态异常、实施了暴力犯罪行为的个体所进行为期 10 年纵向追踪的基础上开发的评估工具，包含 12 项与再犯罪风险相关的历史行为题目。但是，该评估工具评估项目的权重分配存在差异，且仅依靠历史静态因素预测未来的发展趋势，忽略了动态、可变化的因素。PCL－R 是目前司法心理学界最为广泛使用的评估工具，其设计的初衷是考察反社会人格，共包含 20 道题目，可分为三个因子维度：（1）“自傲的操纵性的人际关系”维度；（2）“情感缺乏”维度；（3）“冲动性与不负责任的行为方式”维度。经过长期的实践证明，反社会人格与暴力预测之间具有较强的相关性，该系列的评估工具可以作为犯罪危险性评估的可靠标准，且其预测效度为 0.27。第二代评估工具将统计学引入犯罪风险评估中，仅考虑到了静态因素，却忽视了动态情境下的作用以及在押人员的改造需求。年龄的增长、外界社会因素的影响，会对行为人的心智、认知等造成一定的影响，而第二代评估工具只基于过去的行为，忽略长时间范围内动态因素的变化，预测力需要进一步进行考证。

第三代评估工具同样基于实证进行评判，与第二代评估工具不同的是，第三代评估工具不仅考虑了静态因素，同时也将动态因素作为评估的指标。过去的犯罪史或其他的静态因子依旧是第三代评估工具的重要组成部分，然而，除了以上静态项目,行为人的心理认知会随着经济状况、家庭、社会等因素发生变化。例如,好的家庭关系会对其产生积极的影响;又如,目前接触的社交关系中是否存在犯罪风险较高的人等。这些风险因素对犯罪危险性评估具有一定的理论支撑作用,能够在罪犯干预中为工作者提供哪一种需求需要被进一步注意的信息,引导矫正工作者进一步对这些动态的风险因素进行干预。将现在与以往变化情况的动态项目内容纳入评估要素,能够更加全面地评估行为人的犯罪危险性程度。在第三代评估工具中,应用最为广泛的是 LSI – R(level of service inventory – revised,水平评估量表)。该评估工具分为两个维度:(1)"静态因素"维度;(2)"动态(可改变的)因素"维度,含有 10 个分量表,共包含 54 道题目,最终根据总得分将犯罪风险划分为低度危险、中度危险和高度危险三个等级。经过较长时间的应用与测试后,该评估工具的总体预测效度为 0. 36,略高于前两代评估工具。目前风险评估工具在刑事司法领域的作用愈加重要,然而,动态因素也存在一些缺陷与风险,由于计划与现实操作存在不稳定的关系,且行为人对治疗的不配合、缺乏人格支持、意外的变故都会使风险评估产生一定的偏差。

第四代评估工具的目的不仅是评估行为人的犯罪危险性,也在不断考虑如何进一步对犯罪行为人进行更有效的改造与治疗,来保护社会不受到再犯罪的危害。新的风险评估工具综合了系统性的干预,将更为广泛的犯罪风险因素纳入评估系统。目前国外应用最为广泛的评估工具是 COMPAS(correctional offender management profiling for alternative sanctions,矫正替代处罚分析系统),用来评估罪犯的风险与需求,从而进一步为社区矫正人员、出狱人员安置提供决策支持。与其他评估工具仅提供一个风险分数不同的是,COMPAS 会对暴力、再犯、矫治失败等分别进行评估,为法院等机构提供一个决策依据。测试与追踪研究发现,COMPAS 对于再犯罪预测具有较好的预测力。另一个应用较为广泛的评估工具是 LS/CMI(level of service/case management inventory,服务等级与个案管理量表),考虑到了诸多尚未被测量的风险因素以及对矫正教育产生影响的人格因素,并与所采取的干预和监控措施进一步结合,来对犯罪行为人进行评估与矫正教育。经过检验,LS/CMI 的总体预测效度为 0. 41,能够为决策机构提供一定的依据。虽然在实际的应用中,第四代评估工具受到了一定的质疑,然而与依靠人为经验判断相比较,以上评估工具能够快速为有关部门提供较为可信的决策依据。

目前,在我国应用广泛的评估工具均采用量表或问卷的方式进行,更多的是进行定性分析,在定量分析上与国外有一定的差距。在对暴力犯罪的研究中发现,攻击行为可以分为三种类型:掠夺型、激惹型和防御型。不同的攻击类型具有各自神经递质的特点,而目前的评估方法多采用问卷形式,忽视了对神经因素的考量。随着认知神经科学的发展,引入脑电、皮层电等生理信息测量仪器来分析犯罪行为人的神经递质特点,测试犯罪行为人的神经递质、人格等个体差异,从而对症下药,实现分类矫治。虽然这些生理信息测量仪器能够进一步为评估犯罪危险性提供可信的数据,提升评估工具的精确度,但是由于价格较贵,并不适合大范围使用。

人工智能的引入,使犯罪危险性评估工具有了新的发展。其中,以深度神经网络模型为基础的深度学习技术的发展,以及“通过与环境互动所得的奖惩调整系统权重结构,使系统主题在期望奖励的诱导下,不断修正从状态到动作的映射策略,从而快速提升系统性能”的强化学习技术的发展,加速了犯罪心理学与计算机科学的碰撞与交叉应用。其中,“信息传输自动化”、“人格计算”与“情感计算”加速了犯罪危险性评估工具的智能化。“信息传输自动化”使评估数据信息实现了采集、分析、预测的自动化,通过训练数据,获得特定的学习模型,进一步对更广泛的犯罪行为人进行评判与分类。“人格计算”是在人机交互领域引入人格心理学,主要集中在人格识别与人格感知方面。利用犯罪行为人日常生活中的语言表达、姿态动作、社交习惯等行为模式,借助相关的机器学习模型等来判定其人格特质等。“情感计算”是在评估工具的设计中引入情绪心理学,建立生理、行为特征与情感状态或情感类型的联系,将个体的生理数据与其他信息数据进行多模态融合计算,转换为情感数据。

将人工智能技术引入评估工具的设计中,利用计算机视觉技术、自然语言处理技术、深度学习技术,对犯罪风险进行自动评判与分类,在一定程度上解决了耗时长、易受主观因素的影响、时效性差的问题,能够实现对个体心理状态持续的动态跟踪检测。但其在以下方面依旧存在一定的局限性:目前已有的非接触式实时动态心理测评系统,评估对象具有局限性,评估使用范围较窄,虽然预测性能取得了较好的效果,但是测试用例较少,不能为其预测效度提供充足的证据。目前,由于数据的敏感性、保密性等特点,需要为深度学习训练模型收集大量相关数据,为危险性评估提供科学的预测效度。未来的发展中,计算机科学技术的应用,将为新一代评估工具的发展提供契机。通过对犯罪行为人建立全国范围性数据库,可以方便各区域相关机构快捷获取评估所用的数据信息和以往的评估结果,进一步整合各方面的数据信息,为研究犯罪意图、犯罪类型、犯罪欲望等提供基础。同时,"数字孪生体模型"被提出,即物理系统的数字信息结构可以被创建为一个独立的实体,数字信息将是物理系统本身内嵌信息的孪生体。未来的发展以建立潜在犯罪人的"数字孪生心智模型"为发展目标,利用计算机系统生成一套能够模拟潜在犯罪人的认知、思维、情绪、意识等全心理要素的数字模型,由此实现对潜在犯罪人进行"全息式"评估犯罪风险。

1.4　国内外研究现状

意大利著名刑法学家贝卡里亚认为"预防犯罪要比惩罚犯罪更高明,这是一切优秀立法者的目的"。开展犯罪危险性评估活动,能够及时了解行为人的心理认知、情绪状态,在一定程度上能够起到防患于未然的作用,进一步避免犯罪行为对社会造成的危害。罪犯的危险性评估这一概念来源于犯罪学与刑法学领域,自著名的犯罪学家龙勃罗梭提出"天生犯罪人"的观点和相关理论以来,人们的目光转向了"犯罪危险性",并投入了大量的精力来研究评估犯罪危险性的科学方法,但由于科学与认知能力的局限性,发展较为缓慢。近几十年来,随着对犯罪危险性评估研究步伐的加快和不断深入,危险性评估已经发展成为刑事司法领域内的重要理论与实践阵地,出现了一些行之有效的犯罪危险性评估工具,并特续性地实践应用,犯罪风险评估的工作得到了快速的发展。

国外危险性评估工作发展较早,自伯吉斯(Burgess)在 1928 年采用计点加分法制作了世界上第一张犯罪预测表以来,学者对危险性评估进行了大量的研究。而由 Burgess 的犯罪预测表发展来的重要因素量表(the silent factor score)仍在被美国假释委员会使用。1974 年斯蒂德曼(Steadman)等人出版的《精神病人犯罪人的生涯》一书中,长期的实验研究发现,临床判断的暴力行为被过度夸大预测,预测的危险性被严重夸大,更是引起社会的轰动。统计学方法也逐渐被纳入危险性评估的工作中,统计精算工具开始得到广泛的实践与应用。在较短的几十年间,针对危险性评估工作,已经开发了四代成型的评估工具,目前正处于“百家争鸣”的“春天”或“夏天”时期。

为了有效减少初次犯罪、再犯罪案件对社会造成的危害,行政机构目前的方向已经转向了干预与评估,促进社会的稳定。研究人员建立 RNR(the risk - need - responsivity,风险需求响应)模型,由风险、需求和响应三方面组成,已经成为对罪犯进行评估和治疗的指导性框架。其中,风险是指导哪些人需要接受治疗,需求是为治疗中哪一方面需要重点关注提供指导意见,响应则说明了如何进行干预。目前,基于 RNR 模型的风险评估工具为法院、监狱等在各个阶段预测罪犯的危险性、提升对犯罪行为人的公平待遇发挥了重要的作用。目前大多数评估工具将无法改变的静态因素,如犯罪史等,与可变的动态因素相结合来评判犯罪危险性,其中动态因素包括反社会思想、反社会人格、反社会同伙、药物滥用、学校、工作等社会问题。犯罪风险因素的选择对评判犯罪危险性具有重要的影响,邦塔(Bonta)等人经过实践证明了犯罪史、反社会人格、反社会认知和反社会同伙在预测犯罪危险性上更加有效,可以作为评判犯罪危险性的重要预测因子。然而,实际中,参与矫正的人群需求性不同,风险因素的侧重点也将对应发生变化。

犯罪史作为危险性评估工具发展过程中唯一不变的静态风险因素,是司法系统衡量特定行为人危险性评估的一种重要尺度。库埃沃(Cuervo)等人将犯罪史作为评判行为人未来参与犯罪最强的预测因素之一。进而在一项针对西班牙青年犯罪的研究中发现,犯罪史无法对累犯与初犯进行有效区分。犯罪史作为静态因素中的一项重要指标,在特定的评估工作中,会产生一定积极或消极的影响,造成评估工作出现偏差。德斯马拉斯(Desmarais)等人利用 Salient Factor Score - 1974、Salient Factor Score - 1976 和静态风险与罪犯需求指南(the static risk and offender needs guide)三种仅包含静态因素的评估工具进行实验,与包含动态因素的评估工具——修订的俄亥俄州风险评估系统和水平评估量表(the ohio risk assessment system and the level of service inventory - revised)进行比较,只包含静态因素的评估工具具有更高的 AUC(曲线下面积:area under curve)分数,认为犯罪史等静态因素具有较强的预测效度。但地域、种族因素的不同会对评估各阶段造成一定的影响。哈考特(Harcourt)不仅将犯罪史作为行为人犯罪倾向个人因素的衡量指标,也将其作为社会因素的衡量指标,使法院等机构更加关注犯罪史,加大了这一预测因子的权重，造成评估结果的失真。

犯罪风险评估对于法院的判决、监狱的分级处遇具有重要的作用，将动态因素进一步纳入评估要素具有重要的意义。范德普特（Van der Put）等人将动态犯因性风险作为犯罪危险性评估中最重要的一组因素，这些因素可以将犯罪行为人近期的认知变化进一步表现出来，更加符合危险性评估的需求。塞克斯顿（Sexton）等人研究发现，对于家庭中发生犯罪事件的青少年，功能性的家庭治疗有助于降低其再犯的风险。拉特萨（Latessa）对学校制订的个性化教育计划进行跟踪调查，表明学校对认知出现问题的青少年进行及时的干预，能够降低其犯罪危险性。林克（Link）等人通过提供结构化的活动项目，使高风险的青少年从中受益，避免产生危害社会秩序的犯罪行为。奎瓦斯（Cuevas）等人研究发现，在进行危险性评估的工作中，单独使用动态因子能够很好地预测累犯再次实施犯罪行为。佩罗特（Perrault）等人研究发现，在特定的背景下，利用动态因子进行危险性评估比静态因子更具有预测性，置信度更高。劳埃德（Lloyd）等人在不同的时间间隔对接受矫正治疗的青少年进行危险性评估，研究证明，随机的即时评估能够提高释放青少年的预测有效性，有助于青少年更好地回归家庭、学校和社会。赫弗南（Heffernan）等人研究发现，在不同的文化背景下，不同的动态风险因素的预测效度不同，并对评估结果具有较大影响的动态风险因素进行了研究。虽然在利用动态因素进行危险性评估时，由于文化制度的差异，评估结果会出现一定的差异性，但是动态的评估项目更加符合风险评估的需求。犯罪行为人的思想状态、心理认知会随着治疗的进度、周围的环境发生变化，更能表示目前犯罪行为人矫正的效果，而静态因子只能表示过去的一个状态。尤其针对未成年人的司法处遇案件，由于其相较于成年人具有更强的可塑性，采用动态评估是未来最为有效的途径。

随着计算机技术的飞速发展，国外危险性评估的模式已经不再局限于专家评估或量表评估的方式。将人工智能、大数据等引入危险性评估工作中，发展“大数据评估”，取得的结果会有更好的效果。大数据是信息社会高度发达的产物，其在商业、医疗、管理等领域已经发挥出了巨大的作用。同样将大数据应用到危险性评估中，不会受到主观思想和心理偏见的影响，提升预测精度的同时，也加快了评估的速度。杜威（Duwe）等人利用明尼苏达州监狱释放的 40,000 人所收集的数据进行研究,发现利用监督学习分类器开发的预测模型要优于风险—需求评估工具中常用的分类技术。哈特曼(Hartmann)等人在刑事司法系统采用基于机器学习的风险评估软件 COMPAS 研究在日常公共决策中算法决策系统的应用,以及对罪犯的风险评估效度。算法决策系统能够对高度不确定的危险事件给出某些特定结果的概率,为最终结果的确定提供科学的参考意见。由于大众对风险评估工具提出的质疑,林(Lin Zhiyuan)等人在三种不同的条件下对 COMPAS 和 LSI – R 评估系统的准确性进行了测试,并与大众判断的准确性进行了对比,在没有及时反馈信息的时候,评估工具的准确性远高于人类的判断;在及时反馈的条件下,人类评估的准确性虽然会提高,但是速度会低于评估工具的性能,在实际情况下,评估工具可以为相关部门提供可信的评估结果。哈尔斯马(Haarsma)等人基于机器学习开发了神经认知风险评估系统(NCRA),对注意力、攻击性、冒险性、未来规划等已经在其他危险中确定与再犯罪相关的动态风险因素进行衡量,量化个人的再次犯罪的风险。相较于传统方法,应用机器学习进行危险性评估提高了风险预测的性能。

随着深度学习技术的发展,计算机视觉与自然语言处理技术在危险性评估中开始得到应用。吴(Wu Yilan)等人利用 3D – CNN 从犯罪行为人的录像视频中提取信息特征和时空维度的特征来分析其犯罪心理。倪(Ni Yizhuo)等人对校园暴力行为的分类提出解决方案,利用 NLP 技术对受试者的问卷调查及风险评估量表提取一系列相关特征及权重,并采用支持向量机、随机森林等进行分类预测。邱(Qiu Ming)等人通过用户在 Twitter 上的词汇使用特征,来推断用户的人格特质。佩雷拉(Pereira)等人在对 Twitter 中的仇恨言论进行检测时,建立了关于西班牙语仇恨言论的公共数据集,并引入 LSTM 模型与 MLP 网络构建模型,对仇恨言论进行归因分类。深度学习的应用,进一步提升了危险性评估模型的预测效度,同时泛化能力得到了进一步的增强,可以对不同情况的犯罪行为人进行评判。然而,由于神经网络具有不可解释性,专业的矫正人员、精神病专家难以对风险因子与评判结果进行合理的解释。

相较于国外,国内针对危险性评估的工作起步较晚,直接引用国外的先进经验,处于一个较高的起点。然而,在理论层次的研究中,由于中西方文化的差异、司法制度不同等因素,我国理论研究又相对欠缺,导致我国危险性评估工作仍缺少坚实的理论基础,且更需要开发出适合我国的评估工具。危险性评估是评判犯罪行为人危险性程度、再次犯罪可能性等一些工作的重要依据,评估系统的每一个环节都相当重要,都会对评估结果的准确性产生一定的影响。

在理论层面,国内对再犯可能性最全面、最系统的研究源于司法部预防犯罪研究所李均仁研究员主编的《中国重新犯罪研究》,通过专家广泛的实践经验,总结了影响刑释人员再犯的可能性因素与动机。司法部监狱管理局出版的《罪犯危险性评估辅导读本》也为监狱罪犯危险性评估工作指明了操作方法和流程。赵秉志等人对英国警务部门应用 SARA 与 DASH 等家庭暴力评估工具中得到的经验及出现的问题进行了研究,并针对我国的实际情况总结了可借鉴之处。张鸿巍对风险/评估理念在预防未成年人再犯罪的适用性方面进行了研究,将国外的评估量表应用到国内,由于量表标准化不同,需根据国内的实际情况进一步提升评估精确度。在大数据、云计算和新算法技术的支撑下,人工智能有了跨越性的发展,国内也开始将人工智能应用到危险性评估领域。马国富利用数据挖掘技术对服刑人员进行再犯罪预测,通过特定的学习模型,训练数据获得某种规律,并根据这种规律进一步对新的现象进行判别或分类。肖小智等人基于移动互联网设计并实现了社区矫正系统,利用移动端自动收集社矫人员的信息,系统根据预先构建的决策树模型将风险等级较高的人员报告给管理人员。马皑等人研究了基于情感计算技术构建动态犯罪风险评估工具的可行性,借助传感器收集受试者的数据,系统可以自动快速对其情绪类型及异常程度完成犯罪风险的评估测试。陈欢等人提出了基于潜在狄利克雷分布(LDA)与 self－attention 的短文本情感分类方法,使用 LDA 获取每条评论的主题词分布,根据阈值进行主题词的提取,并将提取到的主题词与原评论文本进行组合拼接,同时使用 self－attention 机制对扩展特征的文本向量动态计算权重分布。将人工智能引入犯罪心理学,实现了数值特征信息采集和传输、情感计算的自动化,而随着自然语言处理的发展,对文本类型的数据可以进一步自动分析、评估。

人工智能的应用,能够识别出相关影响因素的变化,重新评估每种因素所占的权重,并生成新的算法模型,以回应犯罪舆情变化,提高自身的动态适应性。但人们普遍认为目前只处于人工智能的“启蒙时代”,智能处理单一领域的问题,远未达到模拟人脑进行复杂思考的程度。我国目前已经将人工智能技术广泛应用在量刑辅助、类案推送等司法领域,并取得了较好的成果。但从现状来看,许多细节性的工作还不到位,需要进一步完善。

信息技术革命推动人类从能源驱动型社会向数据驱动型社会过渡,无论哪种技术,均以满足人类自身的需求为终极目标。未来人工智能在危险性评估上的应用,必将建立在人类群体和个体行为与心理规律的深刻理解和应用的基础上。因此,对人类心理与行为的深度理解与预测将成为人工智能技术发展的内在需求和本质特征。危险性评估的基本原理恰好是基于对行为人过往行为和人格心理特征的综合考察,从而对未来的行为倾向进行预测。人工智能依靠数据挖掘技术,对大量的评估数据进行统筹整合,自动计算每一种数据信息的权重系数,保证危险性评估的全面性和准确性。

1.5 未成年人犯罪风险评估的必要性

青春期是未成年人认知与社会情感性质发生变化的进化时期,由于社会、家庭等因素对未成年人心理产生一定的影响,导致其出现危险性行为,甚至产生的社会危害性会更加严重。积极的社会参与对于预防可能产生反社会行为的危险性行为具有重要意义。未成年人是祖国的未来,作为一个特殊群体,一向受到重视与保护,而未成年人犯罪问题也一直是司法领域内密切关注的重要问题。我国始终以"教育、感化、挽救"为原则来处理未成年人犯罪的案件,始终以说教为主、惩治为辅。未成年犯罪人与成年犯罪人具有同样的危险性,由于未成年犯罪人心智等各种因素,其社会危害性在一定方面上甚至比成年犯罪人更加严重,因此,利用相关的评估工具来准确判断他们是否具有人身危险性、是否会重新犯罪,对预防未成年人犯罪具有重要的意义。通过分析判断其犯罪心理状态、再犯可能性,科学、有效评估其人身危险性,一方面,对法院采取司法处遇措施具有重要的参考作用;另一方面,对未来接受社区矫正帮扶具有一定的指导性意义,有助于矫正人员准确科学了解他们,更好地达到教育改造的目的。

目前,我国未成年人犯罪数量正呈现逐年上升的趋势,且呈现犯罪年低龄化、人数团体化、方法新型化等特点。最高人民检察院的资料显示,进入检察环节的未成年人以16~18周岁为主,然而,受理的14~16周岁的未成年人数量在逐年上升,未成年人的犯罪表现出低龄化的现状。未成年人的犯罪特征,是指未成年人受其具有普遍性的生理和心理特点的影响,在实施犯罪之前或正在犯罪时形成相较于成年人犯罪的一系列基本特点。未成年人犯罪作为一项特殊的犯罪类型,与其他犯罪主体相比有一系列不同的行为特征。客观分析、认识与把握这些特征,既是应对未成年人犯罪刑事政策观念的重要前提,也是改进和完善针对未成年人犯罪刑事政策的重要基础。通过对未成年人进行危险性评估,分析其犯罪特征,能够更好地了解其犯罪动机和原因,从而找到恰当的防治、治疗措施。未成年人犯罪的基本特征可以从犯罪主体和犯罪方式两方面划分。

1.5.1　犯罪主体

未成年人犯罪趋于低龄化,罪犯文化程度较低。随着未成年人心理与生理发育的早熟化,许多未成年人受到社会各种物质欲望的吸引,在缺乏家庭与学校的监管下,过早地接触社会。由于自我生存技能的缺乏,辨别意识差,容易产生危害社会的行为。根据最高人民检察院发布的 2020 年 1 ~ 9 月全国检察机关主要办案数据,未成年人犯罪低龄化现象突出,并呈现逐渐扩大的趋势。在起诉的未成年人犯罪案件中,不满 16 周岁犯罪的占未成年人犯罪案件的比例持续上升,2018 年和 2019 年分别为 8.9%、9.6%,2020 年 1 ~ 9 月为 11.7%。在 2020 年前三季度,该比例也呈现逐季上升的趋势,一季度至三季度分别为 11.2%、11.2%、12.6%。过去涉罪未成年人大部分接近成年,16 岁、17 岁居多,但近几年来,地方法院的数据显示,低龄化趋势凸显,14 岁、15 岁犯罪未成年人增多,约占总量的2/3,其中 14 岁未成年人犯罪比例上升。犯罪低龄化具有复杂的原因,随着时代的发展,未成年人早熟的现象普遍,出现生理发育提前、心理发育滞后的现象,生理与心理发育不同步。由于受到网络媒体和生活环境的不良诱导,又没有及时干预调节,他们极易走向非法之路。

女性犯罪比例低于男性,但涉及性犯罪、毒品、财产犯罪等违法行为时,女性比例逐渐上升,并高于男性。地方管教所数据显示,男性犯罪人数高于女性,在女性未成年罪犯中,强迫卖淫、运输毒品等为主要的犯罪行为。受中国传统文化影响,女性受到家庭与社会的关注高于男性,女性未成年人具有良好的自我约束力,这是女性犯罪比例低于男性的原因之一。但女性特殊的生理条件往往被运用到团伙犯罪中。同时,受教育程度较低、家庭环境与经济条件较差、法律意识淡薄也是主要的原因。另外,社会上奢靡之风、拜金主义使女性产生错误的道德认识,也会使其走上犯罪道路。

未成年犯罪人再犯率较高。犯罪学的研究与实践表明,年龄与犯罪有着密切的关系,犯罪年龄越小、次数越多,则其极易在未来成为累犯与惯犯。据统计,初犯年龄低于 11 岁,再犯率为 65%;初犯年龄处于 12 ~ 15 岁,再犯率为 54%;初犯年龄处于 16 ~ 18 岁,再犯率为 46%。现有的法律体系规定,常常由于低龄未成年人不满足法定刑事处罚年龄,从而免予处罚。虽然对未成年人起到了保护和宽容的作用,但容易使未成年犯罪人没有意识到问题的严重性,对以后进一步产生危害社会的行为埋下不确定因素。由于未成年人的特殊性,目前针对未成年人犯罪案件,大多采用温和的处理方式,如家庭训诫、学校教育,没有得到有效的教育与矫正,在一定程度上忽略了未成年犯罪人自身存在的问题。

1.5.2 犯罪特点及预防

未成年人犯罪手段呈现暴力化倾向。暴力犯罪,是指借助一切暴力行为进行的犯罪,即使用自身暴力或者借助一定具有杀伤性的器械,以强暴手段或者其他危险方式,对侵害对象施加暴力并造成一定损害后果或严重危害社会的行为。多表现为故意伤害、聚众斗殴等。未成年人暴力犯罪主要体现为一些非理性的暴力犯罪,在犯罪起因上偶发性与预谋性并存,在一定程度上与未成年人心智不成熟有关。在没有外界条件的干预下,未成年犯罪人无法很好地调节自身情绪,情感、情绪表现不稳定,在时间上具有明显的心境化,增大了未成年人实施违法犯罪行为的可能性。

未成年人犯罪呈团伙化趋势。未成年犯罪人开展犯罪行为时具有纠合性、结伙性的特点。由于未成年人年龄较小,心智不够成熟,多人结伙实施犯罪可以在心理上带来更大的勇气。未成年人处于青春发育期,涉世未深,经验不足,容易被网络上的不良信息诱惑,受犯罪同伙的诱骗,如果没有家庭或者学校及时发现与干预,容易陷入违法犯罪的境地。

传统犯罪占主导,但犯罪方法趋于新型化、智能化。随着社会经济的迅速发展,科技水平得到了提升,全民的知识水平得到了提高,智能化犯罪对犯罪主体的要求越来越低,呈现平民化趋向,也为未成年犯罪人带来了新的工具和方法。近年来,未成年人利用网络平台等各种方式,不断接触学习到一些科技手段,进行高科技、高技能犯罪。根据公安机关的初步统计,未成年犯罪人中,有 80% 受网络不良信息的诱惑。未成年人犯罪手段新型化、智能化,增加了未成年人犯罪的隐蔽性,对未成年人危险性评估造成一定不利的影响,加大了国家司法机关侦破的难度。

为了有效地控制未成年人犯罪,预防与治理无疑是研究未成年人犯罪问题的出发点与归宿。相适应的社会参与使克服风险因素、增加保护因素成为可能,能够很大程度上降低未成年犯罪人的犯罪风险。目前,众多危险性评估工作将重点放在了风险因素的干预上,然而,最近的研究表明,保护性因素作为亲社会的"催化剂",也能够减少风险行为。获得广泛社会支持的涉罪未成年人社会支持体系,联合检察院、司法社工、社会组织等参与心理干预、法律援助、观护帮教、教育矫治、社区矫正等工作,能够更好地适应各种情况,获得更好的矫治和再犯罪预防效果。具有正确价值观的司法社工参与到未成年犯罪人的矫正治疗中,降低了产生危险性行为的风险因素的可能性,他们的直接参与会对未成年人产生直接的保护作用。同时,家庭的支持可以带来更多积极的态度,使高危未成年人能够更好地应对风险因素。尤其是父母积极的态度、良好的家庭关系,对未成年人的危险性行为具有一定的威慑作用。学校的参与是未成年人预防犯罪行为的一个重要保护因素,学校不仅要传授文化知识,更需要注重思想、道德、心理及法律知识的教育。积极调动学生兴趣,引导学生主动思考,及时发现不良行为,采取积极的教育措施,对未成年人具有良好的保护效应。未成年人作为国家未来的希望,担负着振兴中华、实现中华民族伟大复兴的重要使命,社会、家庭、学校需要积极关注未成年人的成长,发挥各自作用,找到有效预防和治理的措施,促进未成年人健康成长。

第2章

未成年人犯罪风险评估的基本流程

上一章已经对犯罪风险评估工作的发展方向、发展进展工作进行了分析提炼。时下通过人工量表打分对未成年人实现犯罪风险评估工作有诸多不便,那么,有没有一种方法能够替代人工去实现犯罪风险评估工作呢?随着计算机数据分析技术的飞速发展,这类问题也迎刃而解,本章便主要介绍了如何使用计算机数据分析技术进行未成年人犯罪风险评估的基本框架、流程和方法。

2.1　基于数据分析技术的犯罪危险性评估流程框架

随着监狱综合管理平台、未成年人心理健康评估软件以及教育改造信息管理系统等的不断完善,未成年罪犯的多种类型信息也在不断增加,如结构化的档卡信息和非结构化的音视频信息等,因此,越来越多的数据分析理论和模型也逐步应用到危险性评估工作中。服刑人员信息是一类自身数据有显著特点的数据集,采用基于数据分析技术的犯罪危险性评估方法的过程一般包括以下三个步骤:首先,通过数据采集部分对罪犯的各类信息进行数据采样,构成服刑人员样本数据集;其次,使用数据清洗方法对数据进行规范化,删除不全信息、查找删除异常信息等,由于信息数量大、无用信息较多,需要通过特征提取方法获取数据信息的有用特征;最后,利用数据分析方法对服刑人员的多维字段信息进行分析,进而构建出评估模型。基于数据分析技术的犯罪危险性评估流程如图2-1所示。评估模型的应用避免了人工量表打分的繁杂和失误,相对于评估量表中人为主观设置的权重因子,模型只依赖于服刑人员数据,可以更客观地表征数据和危险性的关系。

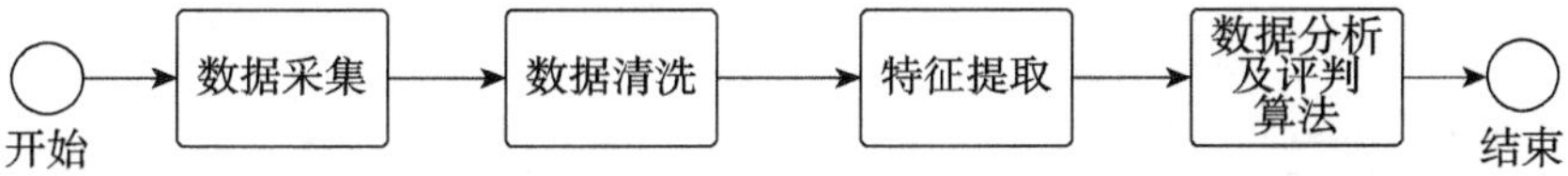

图 2－1　基于数据分析技术的犯罪危险性评估流程

基于数据分析技术的犯罪危险性评估方法中,各部分功能如下:

(1)数据采集

由于未成年人员的各维度信息涉及个人隐私,同时,不同区域的未成年人员整体危险性或行为特征不同,因此无公开的数据集,需要针对某一特定地区或监所进行数据采样。研究发现,对危险性构成影响的因素包括犯罪前的基本状况、人际关系、犯罪行为、服刑状况、心理健康等。因此,数据采集主要为涉罪未成年人的个人信息、心理测评量表、访谈记录、矫正教育记录、行为记录等数据信息进而形成涉罪未成年人数据库。

(2)数据清洗

数据是挖掘有效信息和分类的基础,获得适当格式的高质量数据是实现准确分类的关键。数据清洗主要是删除原始数据集中无关数据、重复数据、平滑噪声数据,筛选掉与挖掘主题无关的数据,处理缺失值、异常值等。

(3)特征提取

在数据清洗过后,紧接着的一个步骤,便是特征提取。特征提取会更改原始特征空间,通过组合不同的特征,获取新的特征以获得更好的效果。特征提取是从数据的原始特征中提取一些对特定机器学习任务有用的高质量特征。特征提取的发展历程主要分为以下三个阶段:第一阶段主要是在 20 世纪 80 年代前,主要进行分类理论的研究;第二阶段是 20 世纪 80 年代至 90 年代,主要采用基于知识工程的特征提取方法;第三阶段是 20 世纪 90 年代至今,主要采用基于机器学习的特征提取方法。

(4)数据分析及评判算法

分析评判的目的是能够得到评估结果,通过这个结果的输出供用户参考并选择更加合适的模型。评判结果的依据是找到数据的规律性模型,进而进行模型的判断。未成年人犯罪风险评估工作常见的数据分析方法可通过传统的量表统计分值、简单的数据统计方法、计算机传统数据分析方法以及目前前沿的深度学习方法来实现。

2.2 数据采集

未成年人犯罪危险性评估数据部分可通过监狱内的测评量表、访谈记录、日常改造记录、各种传感器的数据等进行采集，获取多种维度的字段信息，构成涉罪未成年人样本数据集。采集的数据类型又将其进一步归纳分类为结构化数据、半结构化数据和非结构化数据。

2.2.1 数据采集的方式

(1)测评量表

未成年人犯罪风险评估的基础工作是风险测评量表的设计，通过测评量表对未成年人的人身危险性和重新犯罪的可能性进行科学的量化，准确地分析未成年人重新犯罪的风险大小及程度，为实施有针对性的监督管理和教育矫正、避免未成年人重新犯罪提供科学的参考依据。

(2)访谈

访谈法是心理学研究中较常用到的一种收集信息资料的方法之一，也是评估研究中通过评估对象来收集其心理特征与行为的数据资料的方法。在罪犯危险性评估中，主要是通过与疑似高危险性罪犯的交谈来收集其心理特征与行为的数据资料，以期进一步确认其危险性程度。此外，访谈法也是监狱对罪犯进行教育的手段之一，具体表现为对罪犯的个别教育。

访谈法按照提问和反应的结构方式不同可分为不同类型。这里所说的“结构方式”，是指事先对问题及其问答方式性规定的程度。在罪犯危险性评估中，按照结构方式的程度，可以把访谈法划分为四种方式：一是“有结构”方式，是一种有指导性的、正式的、事先决定了问题项目和反应可能性的访谈形式；二是“无结构”方式，是一种非指导性的、非正式的，自由提问和做出回答的访谈形式；三是“半结构减”方式，要求被访罪犯自由地回答预定的访谈问题，也可以用讨论的方式作答；四是“半结果加”方式，按有结构的方式回答无结构的问题。

(3)日常改造记录

监狱日常改造记录工作，是获取狱政管理信息、有效进行监管防范的前提和基础,为依法奖惩提供重要依据,是对罪犯日常的一些内务、劳动改造、集体教育、行为规范、奖惩等情况进行相应的记录。

以往工作实践中,日常改造记录方法大体可分为两类:第一类可称为直接式,其一,运用现代化监听、监视设备,对罪犯的日常直接进行记录,如接见室监听、监内监控等;其二,干警深入罪犯生产、生活和学习三大现场直接进行记录。第二类是罪犯方面信息反馈方法,可称为间接式或反馈式,即通过罪犯群体或个体之间相互反映评价,得到反馈信息,经调查核实,丰富干警日常对罪犯的改造记录工作。

(4)各种传感器的数据等

监狱中的传感器类型非常丰富,可通过监狱中实时监控对罪犯的各种行为进行实时布控,通过这种方式可以对罪犯的各种行为特征识别并记录,也可通过布建在床上的脉搏传感器对罪犯的脉搏、心率等特征进行实时记录,对罪犯的各项生命体征进行实时把控,避免突发事件的发生。

可通过 EEG 传感器从罪犯的大脑皮层获取大脑信号,对大脑信号进行实时检测,也可通过皮电传感器,对罪犯皮电反应信号进行实时检测并记录,这些信息可以用来探索犯罪人神经递质、人格等个体差异,从而对症下药,实现分类矫治。已有研究表明,神经和人格变量能够有效区分暴力犯、非暴力犯的特点,为进一步对罪犯进行犯罪危险性评估奠定基础。

同样,罪犯一卡通也是监狱犯情分析排查的重要数据源,是处理监狱犯情的重要依据,通过罪犯一卡通内账务管理、亲情电话、会见管理、医疗管理等各应用系统异常情况的反馈,真实反映犯情,为监狱的工作提供指导,为监狱安全提供预警。

2.2.2　数据类型的概念及特点

在国内外狱政管理中,危险性评估工作一直在不断地改善和发展,力求更科学、更便捷地对每一位服刑人员实现评估和预测,以指导他们的改造和教育工作。随着监狱综合管理平台、服刑人员心理健康评估软件以及教育改造信息系统等的不断完善,罪犯的多种类型信息也在不断地增加,如结构化的档卡信息和非结构化的音视频信息等。这些数据类型大体可归纳为结构化数据、半结构化数据和非结构化数据三类。

(1)结构化数据

结构化数据可以使用关系型数据库来表示和存储,如 MySQL、Oracle、SQL Server 等,表现为二维形式的数据。可以通过固有键值获取相应信息。一般特点是:数据以行为单位,一行数据表示一个实体的信息,每一行数据的属性是相同的。结构化数据如表 2-1 所示。结构化的数据的存储和排列是很有规律的,这对查询和修改等操作很有帮助。但是,结构化数据的扩展性不太友好。

表 2-1　结构化数据

序号	姓名	年龄	性别
1	张三	20	男
2	李四	35	女
3	王五	28	男

(2)半结构化数据

半结构化数据可以通过灵活的键值调整获取相应信息,且数据的格式不固定,同一类实体可以有不同的属性,即使它们被组合在一起,这些属性的顺序并不重要,不同的半结构化数据的属性的个数不一定相同。通过这样的数据格式,可以自由地表达更多有用的信息,所以,半结构化数据的扩展性还是很好的,但是,半结构化数据相较于结构化数据来说,美中不足的是查询效率比较低。常见的半结构化数据有 XML、JSON、日志文件等。半结构化数据如图 2-2 所示。

级别	日期和时间	来源	事件 ID	任务类别
信息	2022/3/28 15:18:17	Kernel-General	16	无
信息	2022/3/28 14:46:17	Service Control Ma...	7040	无
警告	2022/3/28 14:46:07	DNS Client Events	1014	(1014)
信息	2022/3/28 14:46:06	NETwNe64	5010	无
警告	2022/3/28 14:46:02	DNS Client Events	1014	(1014)
警告	2022/3/28 14:45:45	DNS Client Events	1014	(1014)
信息	2022/3/28 14:43:54	Service Control Ma...	7040	无
警告	2022/3/28 14:34:36	DNS Client Events	1014	(1014)
信息	2022/3/28 14:26:40	Service Control Ma...	7040	无
错误	2022/3/28 14:24:21	DistributedCOM	10016	无
错误	2022/3/28 14:24:21	DistributedCOM	10016	无
错误	2022/3/28 14:24:20	DistributedCOM	10016	无
错误	2022/3/28 14:24:20	DistributedCOM	10016	无
错误	2022/3/28 14:24:06	DistributedCOM	10016	无
错误	2022/3/28 14:24:06	DistributedCOM	10016	无
信息	2022/3/28 14:24:05	Kernel-General	1	(5)
信息	2022/3/28 14:24:05	Time-Service	35	无
信息	2022/3/28 14:24:05	Kernel-General	1	(5)
信息	2022/3/28 14:24:11	Time-Service	37	无

图 2-2　半结构化数据

(3)非结构化数据

非结构化数据不可以通过键值获取相应信息。非结构化数据的数据结构不规则或不完整,没有预定义的数据模型,不方便用数据库二维逻辑表来表现,包括所有格式的办公文档、文本、图片、各类报表、图像和音频/视频信息等。

非结构化数据本质上是结构化数据之外的一切数据。它不符合任何预定义的模型,因此它存储在非关系数据库中,并使用 NoSQL 进行查询。它既可能是文本的或非文本的,也可能是人为的或机器生成的。简单地说,非结构化数据就是字段可变的数据。

与结构化数据相比,非结构化数据容量更大,数据产生的速度更快,且数据的来源更加具有多样性,这是结构化数据所无法比拟的。但是,有利必然有弊,非结构化数据扩容难、成本高,数据体量大,获取和流转困难,缺乏处理分析的技术手段。

2.3　数据清洗

通过各种方式采集的多维度、多类型数据,经常会出现缺失值、重复值、异常值、无关值等不规范数据。这些数据会严重影响后期数据分析算法的有效性和准确性。因此,需要通过数据清洗筛选去除不规范数据。保证数据质量和可信度。

(1)缺失值处理

处理缺失值的方法主要有删除记录、数据插补以及不处理三种。不处理是最保守的方法,能保留最原始数据,但会影响数据分析结果,因此,一般不建议不处理缺失值。假如通过对小部分记录进行合理的删除便可达到效果,那么,最有效的方法便是删除含有缺失值的记录。但是,此种方法有着极大的局限性。这种方法是通过减少历史数据达到数据完备的效果,这样一来,会造成资源的大量浪费,大量隐藏在这些记录中的信息也随之丢弃。尤其是在数据集原本包含的记录很少的情况下,这种方法可能会导致分析结果缺失客观性和正确性。故多数情况下,需要使用算法对原始数据集中的缺失值进行插补。此外,拉格朗日插值法和牛顿插值法是两种典型的数值缺失值插补算法。一些模型可以将缺失值视作一种特殊的取值,允许直接在含有缺失值的数据上进行建模。数据插补方法概述如

表 2 -2 所示。

牛顿插值法和拉格朗日插值法两者都是多项式插值法。从本质上说,两者给出的结果是一样的,都具有相同的次数和相同的系数多项式,只不过表示的形式不同。与拉格朗日插值法相比,牛顿插值法具有承袭性和易于变动的特点。

表 2 -2　数据插补方法

数据插补方法	方法描述
均值/中位数/众数插补	根据属性值的类型,用该属性取值平均数/中位数/众数进行插补
使用固定值	将缺失的属性值用一个常量替换
最近临插补	在记录中找到与缺失样本最接近的样本的该属性值进行插补
回归方法	对带有缺失值的变量,根据已有数据和与其有关的其他变量(因变量)的数据建立拟合模型来预测缺失的属性值
插值法	插值法是利用已知点建立合适的插值函数 $f(x)$,未知值由对应点 x_1 求出的函数值 $f(x_1)$ 近似代替

(2)异常值处理

将含有异常值的记录直接删除,这种异常值处理方法简单高效,但是缺点也很突出,如果观测值的数量很少,那么这种方法会严重造成样本量锐减,致使样本量不足,也很可能对原有变量的分布造成改变,从而使分析结果变得不准确。另一种异常值处理方法——视为缺失值,这种方法的好处便是可以利用现有变量的信息,对异常值(缺失值)进行填补。多数情况下,要先分析异常值出现的可能原因,再去判断异常值是否应该被丢弃,如果是正确数据,可以直接在具有异常值的数据集上进行挖掘建模工作。异常值处理各个方法概述如表 2 -3 所示。

表 2 -3　异常值处理方法

异常值处理方法	方法描述
删除含有异常值的记录	直接将含有异常值的记录删除
视为缺失值	将异常值视为缺失值,利用缺失值处理的方法进行处理
平均值修正	可用前后两个观测的平均值修正该异常值
不处理	直接在具有异常值的数据集上挖掘建模

2.4　数据抽取及特征提取

由于数据采集来源广泛,组成的数据集具有多样性的特点,数据类型复杂,要想处理数据,必须根据数据分析的需要,对数据集内的数据进行抽取和集成。因此,数据抽取是指从数据集中抽取出目的数据的过程。

随着信息时代的发展,信息系统所采集和存储的数据量越来越大,想要快速处理海量数据并通过分析获得有价值的信息,就需要减少数据维度,提取与分析目标相关性强的数据或数据的低维度特征。因此,特征提取是指根据数据分析的目标,使用某种函数或算法对数据集进行处理,构成能够表达原数据集数据特性的特征向量空间,从而实现降低数据维度、去除数据无关信息、获取与目标高度相关信息的方法。

2.4.1　数据抽取方法

数据抽取的方法较为成熟,在传统数据库的研究中,就已经得到了比较完善的解决方法。数据抽取的基本方法可分为全量抽取方法和增量抽取方法,两种方法的实现方式不同,抽取效率也不同。

(1)全量抽取方法

全量抽取方法较为简单,类似于数据复制或迁移,将数据库中的数据原封不动的抽取出来,并转换成自己的数据处理工具可以识别的格式。这种方法每次都要抽取全部数据,数据抽取效率较低,一般用于首次数据的抽取。

(2)增量抽取方法

增量抽取方法只抽取新增或修改数据,即自上次抽取以后数据库中变化的数据。由于无须重复抽取已有数据,增量抽取方法比全量抽取方法应用更广。增量抽取方法的关键是获取变化的方法,一般有两点要求:一是准确性,即能够将业务系统中的变化数据按一定的频率准确地抽取出来;二是性能,即抽取不能对业务系统造成太大的压力而影响系统性能。目前增量数据抽取中比较常用的方法有:触发器方式、时间戳方式、全表删除插入方式、全表比对方式以及日志表方式。

2.4.2 基于知识工程的特征提取方式

基于知识工程的特征提取方法，是指通过专家经验，依靠人工提取规则进行的提取分类，由各自领域的专家提供大量的知识来形成规则，也即专家系统，依靠此系统和规则手动建立分类器。

知识工程师帮助领域内专家将系统中所用到的知识和规则，通过采用形式化的语言来归纳分类，并以这些规则为基础建立自动分类系统的专家系统。麻省理工学院研发的美国政府用的邮件分类系统，解决了白宫绝大多数电子邮件方面的各种工作。由卡内基集团为路透社开发的 Construe 系统主要用来分类，它在 Reuters 语料库上的分类指标比较高，分类效果较好。但是，用于其他领域时，它反而不适用。以上是 20 世纪 80 ~ 90 年代出现的代表性应用系统。

这一时期分类器的特点是：一是依赖专家；二是面向特定的领域，一旦应用领域发生变化，需要重新生成规则；三是分类器建设周期长，工作量大，分类质量难以保证。

2.4.3 基于机器学习的特征提取方式

基于机器学习的分类方法，是指通过计算机自主学习、提取规则进行的分类。应用最早的机器学习方法是朴素贝叶斯法，随后，几乎所有重要的机器学习算法都得到了应用，如支持向量机、神经网络和决策树等。基于机器学习的数据抽取方式大体可分为机器学习、神经网络和概率图模型。

2.4.3.1 机器学习概述

通俗地讲，机器学习就是让计算机从数据中进行自动学习，得到某种知识或规律。作为一门学科，机器学习通常指一类问题以及解决这类问题的方法，即如何从观测数据中寻找规律，并利用学习到的规律对位置或无法观测的数据进行预测。

机器学习算法可以按照不同的标准类进行分类。比如，按照函数的不同，可以分为线性模型和非线性模型；按照学习准则的不同，可以分为统计方法和非统计方法。但一般来说，我们会按照训练样本提供的信息及反馈方式的不同，将机器学习算法分为以下三类：

(1)监督学习

如果机器学习的目标是建模样本的特征 x 和标签 y 之间的关系：$y = f(x;\theta)$，并且训练集中的每个样本都有标签，那么这类机器学习被称为监督学习。根据标签类型的不同，监督学习又可以分为回归问题、分类问题和结构化问题。

回归问题中的标签 y 是连续值（实数或连续整数），$y = f(x;\theta)$ 的输出也是连续值。

分类问题中的标签 y 是离散的类别（符号）。在分类问题中，学习到的模型也称为分类器。分类问题根据其类别数量又可以分为二分类和多分类问题。

结构化学习问题是一种特殊的分类问题。在结构化学习中，标签 y 通常是结构化的对象，如序列、树或图等。

(2)无监督学习

无监督学习，是指从不包含目标标签的训练样本中自动学习到一些有价值的信息。典型的无监督学习问题有聚类、密度估计、特征学习、降维等。

(3)强化学习

强化学习是一类通过交互来学习的机器学习算法。在强化学习中，智能算法根据探测环境或目标的状态变化或动作做出响应，并得到即时或延时的奖励或惩罚。智能算法在和环境的交互中不断学习并调整策略，以取得最大化的期望总回报。

监督学习需要每个样本都有标签，而无监督学习则不需要标签。一般而言，监督学习通常需要大量的有标签数据集，这些数据集一般需要由人工进行标注，成本很高。因此，也出现了很多弱监督学习和半监督学习的方法，希望从大规模的无标注数据中充分挖掘有用的信息，降低对标注样本数量的要求。强化学习和监督学习的不同在于，强化学习不需要显式地以“输出/输出对”的形式给出训练样本，是一种在线的学习机制。

2.4.3.2　神经网络

随着神经科学、认知科学的发展，我们逐渐知道人类的智能行为都和大脑的活动有关。人类大脑是一个可以产生意识、思想和情感的器官。受到人脑神经系统的启发,早期的神经科学家构造了一种模仿人脑神经系统的数学模型,称为人工神经网络,简称神经网络。在机器学习领域,神经网络是指由很多人工神经元构造的网络结构模型,这些人工神经元之间的连接强度是可学习的参数。

神经网络最早是一种主要的连接主义模型。20 世纪 80 年代中后期,最流行的一种连接主义模型是分布式并行处理模型,其主要有三个特性:其一,信息表示是分布式的(非局部的);其二,记忆和知识存储在单元之间的连接上;其三,通过逐渐改变单元之间的连接强度来学习新的知识。

连接主义的神经网络有着多种多样的网络结构及学习方法,虽然早期模型强调模型的生物学合理性,但后期更关注对某种特定认知能力的模拟,如物体识别、语言理解等,尤其在引入误差反向传播来改进其学习能力之后,神经网络也越来越多地应用在各种机器学习任务上。随着训练数据的增多以及(并行)计算能力的增强,神经网络在很多机器学习任务上已经取得了很大的突破,特别是在语音、图像等感知信号的处理上,神经网络表现出了卓越的学习能力。

神经网络作为一类非线性的机器学习模型,可以更好地实现输入和输出之间的映射,目前主要的三种神经网络模型为前馈神经网络、卷积神经网络和循环神经网络。

(1)前馈神经网络

前馈神经网络是一种类型最简单的网络,相邻两层的神经元之间为全连接的关系,也称全连接神经网络或多层感知器。前馈神经网络作为一种能力很强的非线性模型,其能力可以由通用近似定理来保证。

前馈神经网络在 20 世纪 80 年代后期被广泛使用,但是大部分采用两层网络结构(一个隐藏层和一个输出层),神经元的激活函数基本上是 Sigmoid 型函数,并且使用的损失函数也大多数是平方损失。虽然当时前馈神经网络的参数学习依然有很多难点,但其作为一种连接主义的典型模型,标志着人工智能向自主学习能力的转变。

(2)卷积神经网络

卷积神经网络是一种具有局部连接、权重共享等特性的深层前馈神经网络。

目前的卷积神经网络一般是由卷积层、汇聚层和全连接层交叉堆叠而成的前馈神经网络。卷积神经网络有三个结构上的特性:局部连接、权重共享及汇聚。

这些特性使卷积神经网络具有一定程度上的平移、缩放和旋转不变性。和前馈神经网络相比,卷积神经网络的参数更少。

(3)循环神经网络

循环神经网络是一类具有短期记忆能力的神经网络。在循环神经网络中,神经元不但可以接受其他神经元的信息,而且可以接受自身的信息,形成具有环路的网络结构。和前馈神经网络相比,循环神经网络更加符合生物神经网络的结构。循环神经网络已经被广泛应用在语音识别、语言模型以及自然语言生成等任务上。循环神经网络的参数学习可以通过随时间反向传播算法来学习。随时间反向传播算法即按照时间的逆序将错误信息一步步地往前传递。当输入序列比较长时,会存在梯度爆炸和消失问题,也称长程依赖问题。为了解决这个问题,人们对循环神经网络进行了很多的改进,其中最有效的改进方式是引入门控机制。

此外,循环神经网络可以很容易地扩展到两种更广义的记忆网络模型:递归神经网络和图网络。

2.4.3.3　概率图模型

概率图模型,简称图模型,是指一种用图结构来描述多元随机变量之间条件独立关系的概率模型,从而给研究高维空间中的概率模型带来了很大的便捷性。

很多机器学习模型都可以归结为概率模型,即建模输入和输出之间的条件概率分布。因此,图模型提供了一种新的角度来解释机器学习模型,并且这种角度有很多优点,比如,了解不同机器学习模型之间的联系,方便设计新模型等。在机器学习中,图模型越来越多地用来设计和分析各种学习算法。

20 世纪 90 年代末,概率图模型的研究逐步成熟。到 21 世纪,图模型在机器学习、计算机视觉、自然语言处理等领域开始不断发展壮大。其中比较有代表性的模型有条件随机场、潜在狄利克雷分配等。此外,图模型的结构学习也一直是非常重要但极具挑战性的研究方向。

图模型和神经网络有着类似的网络结构,但两者也有很大的不同,图模型的节点是随机变量,其图结构的主要功能是描述变量之间的依赖关系,一般是稀疏连接,使用图模型的好处是可以有效地进行统计推断,而神经网络中的节点是神经元,是一个计算节点。图模型中的每个变量一般有着明确的解释,变量之间依赖关系一般是人工来定义。神经网络中的单个神经元则没有直观的解释。如果将神经网络中每个神经元看作一个二值随机变量,神经网络就变成一个 Sigmoid 信念网络。

神经网络是判别模型,可直接用来分类。图模型既可以是判别模型,也可以是生成模型。生成模型既可以用来生成样本,也可以通过贝叶斯公式用来做分类。图模型的参数学习的目标函数为似然函数或条件似然函数,若包含隐变量则通常通过 EM 算法来求解,而神经网络参数学习的目标函数为交叉熵或平方误差等损失函数。

目前,神经网络和概率图模型的结合越来越紧密。一方面,我们可以利用神经网络强大的表示能力和拟合能力来建模图模型中的推断问题(如变分自编码器)、生成问题(如生成对抗网络),或势能函数(如 LSTM + CRF 模型);另一方面,可以利用图模型的算法来解决复杂结构神经网络中的学习和推断问题,如图神经网络(graph neural network,GNN)和结构化注意力。

2.5 数据分析及评判算法

数据分析及评判,是指未成年人犯罪危险性评估中最为关键的一步。其目的是通过统计分析和人工智能算法的计算,根据评估目标,构建数据的规律性模型,最终实现对每个涉罪未成年人犯罪风险的评估结果。数据分析方法包括传统量表统计分析、数据统计算法、模式识别算法和前沿的深度学习算法。

2.5.1 传统量表的统计分值

量表最主要的特色不仅在于对风险评估完全采用第四代的标准,即包含了静态与动态的风险因子,最大的特色是还关注了"响应"的原则,为罪犯的矫正、干预与治疗提供了循环基础。该评估工具近年来被其他再犯罪风险评估工具所借鉴,成为一个强有力的影响广泛的评估工具。

对传统量表中的各个有效变量进行赋值并进行累加后,接下来就应当对再犯罪风险等级进行划分。在英美等国的传统再犯罪风险评估中,风险等级通常划分为五个等级,即高度风险、中高度风险、中度风险、低中度风险、低度风险。

2.5.2　数据统计算法

(1)聚类分析(cluster analysis)

聚类分析,是指将物理或抽象对象的集合分组成为由类似的对象组成的多个类的分析过程。聚类是将数据分类到不同的类或者簇的一个过程,所以同一个簇中的对象有很大的相似性,而不同簇间的对象有很大的相异性。聚类分析是一种探索性的分析,在分类的过程中,人们不必事先给出一个分类的标准,聚类分析能够从样本数据出发,自动进行分类。聚类分析所使用方法的不同,常常会得到不同的结论。不同研究者对同一组数据进行聚类分析,所得到的聚类数也未必一致。

(2)因子分析(factor analysis)

因子分析,是指研究从变量群中提取共性因子的统计技术。因子分析就是从大量的数据中寻找内在的联系,减少决策的困难。

因子分析的方法有十多种,如重心法、影像分析法,最大似然解、最小平方法、阿尔法抽因法、拉奥典型抽因法等。这些方法本质上大都属近似方法,是以相关系数矩阵为基础的,所不同的是相关系数矩阵对角线上的值,采用不同的共同性估值。在社会学研究中,因子分析常采用以主成分分析为基础的反覆法。

(3)相关分析(correlation analysis)

相关分析研究的是现象之间是否存在某种依存关系,并对具体有依存关系的现象探讨其相关方向以及相关程度。相关关系是一种非确定性的关系。例如,以 x 和 y 分别记每公顷施肥量与每公顷小麦产量,则 x 与 y 显然有关系,但又没有确切到可由其中的一个去精确地决定另一个的程度,这就是相关关系。

(4)对应分析(correspondence analysis)

对应分析也称关联分析、R－Q 型因子分析,通过分析由定性变量构成的交互汇总表来揭示变量间的联系。可以揭示同一变量的各个类别之间的差异,以及不同变量各个类别之间的对应关系。对应分析的基本思想是将一个联列表的行和列中各元素的比例结构以点的形式在较低维的空间中表示出来。

(5)回归分析(regression analysis)

研究一个随机变量 y 对另一个(x)或一组($x_1, x_2, \cdots, x_k$)变量的相依关系的统计分析方法。回归分析是确定两种或两种以上变数间相互依赖的定量关系的一种统计分析方法。运用十分广泛,回归分析按照涉及的自变量的多少,可分为一元回归分析和多元回归分析;按照自变量和因变量之间的关系类型,可分为线性回归分析和非线性回归分析。

(6)方差分析(ANOVA/analysis of variance)

方差分析又称"变异数分析"或"F 检验",是菲舍尔(R. A. Fisher)发明的,用于两个及两个以上样本均数差别的显著性检验。由于各种因素的影响,研究所得的数据呈现波动状。造成波动的原因可分成两类:一类是不可控的随机因素;另一类是研究中施加的对结果形成影响的可控因素。方差分析是从观测变量的方差入手,研究诸多控制变量中哪些变量是对观测变量有显著影响的变量。这个还需要具体问题具体分析。

2.5.3 模式识别算法

(1)支持向量机

支持向量机方法是一类按监督学习方式对数据进行二元分类的广义线性分类器,其决策边界是对学习样本求解的最大边距超平面。

支持向量机方法对处理高维问题,即大型特征空间问题,以及小样本下的机器学习问题,较其他方法可以表现出很好的效果。支持向量机方法还能够处理非线性特征的相互作用,无须依赖整个数据,且泛化能力比较强。但是,当观测样本很多时,该方法的效率不是很高,对非线性问题没有通用的解决方案,有时很难找到一个合适的核函数。

(2)逻辑回归

在统计学中,逻辑回归方法是一种广泛使用的统计方法,在其基本形式中,使用逻辑函数来模拟二进制因变量,存在更复杂的扩展。在回归分析中,逻辑回归方法是估计逻辑模型的参数,同时也是二项式回归的一种形式。

逻辑回归方法实现简单,广泛地应用于工业问题上。在分类时,计算量非常小,速度很快,存储资源极低。对于逻辑回归方法而言,多重共线性并不是问题,它可以结合 L2 正则化来解决,且逻辑回归方法计算代价不高,易于理解。但是,当特征空间很大时,逻辑回归方法的性能不是很好,不能很好地处理大量多类特征或变量,只能处理两分类问题,且必须线性可分。逻辑回归方法容易出现欠拟合情况,一般准确度不是很高。

(3)朴素贝叶斯

朴素贝叶斯方法在贝叶斯算法的基础上进行了相应的简化,即假定给定目标值时属性之间相互条件独立。也就是说,没有哪个属性变量对于决策结果来说占有较大的比重,也没有哪个属性变量对于决策结果占有较小的比重。虽然这个简化方式在一定程度上降低了贝叶斯分类算法的分类效果,但是在实际的应用场景中,极大地简化了贝叶斯方法的复杂性。

朴素贝叶斯方法发源于古典数学理论,有着坚实的数学基础,以及稳定的分类效率,在大数量训练和查询时具有较高的速度。对于小规模的数据表现也很好,能处理多分类任务,适合增量式训练,且对缺失数据不太敏感,算法也比较简单,常用于文本分类任务。但是,朴素贝叶斯方法需要计算先验概率,分类决策时也存在错误率,对输入数据的表达形式也很敏感。由于使用了样本属性独立性的假设,所以,如果样本属性有关联时其效果显得不是很好。

(4)决策树

决策树方法是一种逼近离散函数值的方法。它是一种典型的分类方法,首先对数据进行处理,利用归纳算法生成可读的规则和决策树,然后使用决策对新数据进行分析。本质上,决策树是通过一系列规则对数据进行分类的过程。

决策树方法易于理解和解释,可以进行可视化分析,容易提取出规则,同时,决策树方法可以同时处理标称型和数值型数据以及能够处理不相关的特征。在测试集时,运行速度比较快,在相对短的时间内能够对大型数据源给出可行且效果良好的结果。但是决策树方法容易发生过拟合情况,同时也容易忽略数据集中属性的相互关联,对于那些各类样本数量不一致的数据,在决策树方法中,进行属性划分时,不同的判定准则会带来不同的属性选择倾向。

(5)K近邻

K近邻分类方法,是一个在理论上比较成熟的方法,也是最简单的机器学习算法之一。该方法的思路是:在特征空间中,如果一个样本附近的k个最近(特征空间中最邻近)样本的大多数属于某一个类别,则该样本也属于这个类别。

K近邻方法思想简单,容易实现,既可以用来做分类也可以用来做回归,同时还可用于非线性分类。K近邻方法对数据没有假设,且准确度高。K近邻方法是一种在线技术,新数据可以直接加入数据集而不必进行重新训练。但是,当出现样本不均衡问题时,预测偏差大。K 近邻方法需要占用大量的内存空间,对于样本容量大的数据集计算量较大,主要体现在距离计算上。K 近邻每一次分类都会进行一次全局运算,K 值大小的选择没有理论选择最优,往往是结合 K - 折交叉验证得到最优 K 值选择。

2.5.4 深度学习算法

为了学习一种好的表示,需要构建具有一定"深度"的模型,并通过学习算法来让模型自动学习出好的特征表示(从底层特征到中层特征,再到高层特征),从而最终提升预测模型的准确率。所谓"深度",是指原始数据进行非线性特征转换的次数。如果把一个表示学习系统看作一个有向图结构,深度也可以看作从输入节点到输出节点所经过的最长路径的长度。这样就需要一种学习方法可以从数据中学习一个"深度模型",这就是深度学习。

目前,深度学习采用的模型主要是神经网络模型,其主要原因是神经网络模型可以使用误差反向传播算法,从而可以比较好地解决贡献度分配问题。只要是超过一层的神经网络都会存在贡献度分配问题,因此,可以将超过一层的神经网络都看作深度学习模型。随着深度学习的快速发展,模型深度也从早期的 5 ~ 10 层增加到目前的数百层。随着模型深度的不断增加,其特征表示的能力也越来越强,从而使后续的预测更加容易。

目前用于文本领域用处比较广泛的深度学习方法为卷积神经网络和循环神经网络。

(1)卷积神经网络

卷积神经网络是受生物学上感受野(receptive field)机制启发而提出的。1959 年,大卫 · 休贝尔和托斯坦 · 维厄瑟尔发现在猫的初级视觉皮层中存在两种细胞:简单细胞和复杂细胞。这两种细胞承担不同层次的视觉感知功能。简单细胞的感受野是狭长型的,每个简单细胞只对感受野中特定角度的光带敏感,而复杂细胞对于感受野中以特定方向移动的某种角度的光带敏感。受此启发,福岛邦彦提出了一种带卷积和子采样操作的多层神经网络:新知机。但当时还没有反向传播算法,新知机采用了无监督学习的方式来训练。乐春(LeCun)等人将反向传播算法引入了卷积神经网络,并在手写体数字识别上取得了很大的成功。

目前,卷积神经网络已经成为自然语言处理的主流模型。通过引入跨层的直连边,可以训练上百层乃至上千层的卷积网络。随着网络层数的增加,卷积层越来越多地使用 1×1 和 3×3 大小的小卷积核,也出现了一些不规则的卷积操作,如空洞卷积、可变形卷积等。网络结构也逐渐趋向全卷积网络(fully convolutional network,FCN),减少汇聚层和全连接层的作用。

卷积神经网络(convolutional neural networks,CNN)是一类包含卷积计算且具有深度结构的前馈神经网络,是深度学习的代表算法之一。由于卷积神经网络能够进行平移不变分类,因此也被称为“平移不变人工神经网络”。

(2)循环神经网络

与卷积神经网的关键区别在于,循环神经网络是一个序列的神经网络,即前一时刻的输出和后一时刻的输入是有关系的。循环神经网络可以建模时间序列数据之间的相关性,和延时神经网络以及有外部输入的非线性自回归模型相比,循环神经网络可以更方便地建模长时间间隔的相关性。

常用的循环神经网络的参数学习算法是 BPTT 算法,其计算时间和空间要求会随时间线性增长。为了提高效率,当输入序列的长度比较大时,可以使用带截断(truncated)的 BPTT 算法,只计算固定时间间隔内的梯度回传。

一个完全连接的循环神经网络有着强大的计算和表示能力,可以近似任何非线性动力系统以及图灵机,解决所有的可计算问题。然而,由于梯度爆炸和梯度消失问题,简单循环网络存在长期依赖问题。为了解决这个问题,人们对循环神经网络进行了很多的改进,其中最有效的改进方式为引入门控机制,如 LSTM 网络和 GRU 网络。当然,还有一些其他方法,如时钟循环神经网络(Clockwork RNN)、乘法 RNN 以及引入注意力机制等。

LSTM 网络是目前为止最成功的循环神经网络模型,成功应用在很多领域,如语音识别、机器翻译、语音模型及文本生成。LSTM 网络通过引入线性连接来缓解长距离依赖问题。虽然 LSTM 网络取得了很大的成功,但其结构的合理性一直受到广泛关注。人们不断尝试对其进行改进而寻找最优结构,如减少门的数量、提高并行能力等。

LSTM 网络的线性连接以及门控机制是一种十分有效地避免梯度消失问题

的方法。这种机制也可以用在深层的前馈网络中,如残差网络和高速网络都通过引入线性连接来训练非常深的卷积网络。对于循环神经网格,这种机制也可以用在非时间维度上,如 Gird LSTM 网络等。

此外,循环神经网络可以很容易地扩展到更广义的图结构数据上,称为图网络。递归神经网络是一种在有向无环图上的简单的图网络。图网络是目前新兴的研究方向。在不同的网络结构以及任务上,都有很多不同的具体实现方式,其中比较有名的图网络模型包括图卷积网络(graph convolutional network,GCN)、图注意力网络(graph attention network,GAT)、消息传递神经网络(message passing neural network,MPNN)等。

第 3 章

原始数据资料的选择与整理

触法青少年的风险评估和风险管理工作并不是由一个部门来实施及完成全部管理工作。在整个风险评估和管理流程中,触法青少年涉及警察部门、拘留所、检察部门、少年法庭、社会福利院、社区监管、研究机构等多个部门。青少年犯罪的早期干预研究计划旨在调整量刑指南和国家监督制裁从而降低青少年的累犯率。项目研究组成人员包括法院工作人员、惩教署工作人员、研究人员等。数据源也同样是由多方提供的:法庭提供了人口统计数据、先前的指控、缓刑开始年龄;惩教署则提供青少年制裁期间的信息数据;研究人员完成对这部分青少年定期的访谈。由于种种因素,采集到触法青少年的信息资料难免会出现部分资料缺失、数据格式不统一、数据不一致等多种问题。这些问题会影响后继的数据分析工作的展开,数据的采集与清洗是后继工作的前提与基础。

3.1　数据集的选择

3.1.1　数据的选择

同所有社会科学研究一样,针对预防青少年犯罪、触法青少年风险评估及管理所面对的数据来源也是多方面的。研究青少年风险评估和管理的政策中的风险、需求、责任原则要具有可操作性。特别是核心政策的制定要侧重于机构的评估、有关对触法青少年的服务与监督决策,以及对触法青少年的干预计划的定制策略。数据采集必定与这些需求相吻合,而不同的需求决定了信息采集的内容必然也会有所区别。

从研究理论进展方面来看,针对触法青少年风险评估领域一直致力于应用基础研究。近20年来,风险评估技术与需求技术得到了明显的提升。从第一代的“临床医学”决策、第二代的精算方法评估、第三代的静态和动态风险评估,一直到第四代增加了教育、家庭、同伴关系、精神、身体健康和药物滥用。评估过程中需要收集的信息的从静态风险评估因素,扩大到静、动态风险因素的收集。所收集的种类从几十种扩大到了上百种。收集数据的范围会随着研究理论的不断细化和深入而不断扩大。

从实际应用角度来看,目前应用的各种风险评估和风险管理过程中的量表种类繁多。学术评估专家、少年司法和技术援助机构等都提供了基于一定理论和实践基础上的评估工具。评估工具的研发所依据的理论不同,应用目标不同,其在相关的因素的选择上也会存在很大的差异。少年法庭的风险评估包括预筛选评估和全面风险评估两部分。预筛选评估工具一般是触法青少年的初步筛选,要求能在较短的时间内完成评估,以决定是否需要对其进行拘留。全面的风险评估工具,评估的因素较前预筛选工具增加了很多,其使用的目标列多的应用于辅助决策对触法青少年的监督和监管水平及安置管理设施的决策。

从社会研究的时间跨度来看,研究可分为横向研究、纵向研究和聚合交叉研究。横向研究,指的是关于某类社会现象在一个时间点或时间段里的存在状况及其因果关系的研究。例如,青少年首次犯罪的统计分析、指定年份的青少年犯罪程度分析。这种调查分析数据资料格式比较统一、标准化程度也高,而且资料来源于同一时间,未受到环境变化的影响,因而可对该种类型的研究对象进行描述和比较。纵向研究,指的是在前后不同的时间里分别对某种或某些社会现象进行调查,收集该社会现象在当时的资料,将这些资料结合起来分析,以描述某种社会现象的发展变化,以及解释不同现象前后之间的联系。纵向研究的范围也比较广,如在犯罪研究领域的随访记录综合统计分析。聚合交叉研究,则是从横断方向抽取部分数据(如同年龄)进行横向研究,其后按一定的时间间隔对同一批数据进行所需次数的重复测查,使之成为纵向研究,从而使横向研究和纵向研究结合在一起。这种方法既可以在较短时间内获取研究对象的总体状况和特点,又可以纵向研究角度研究被试者随着时间增长而发生的变化,探讨对未来的影响。后两种方法都包含时间维度的数据,并且某位青少年的某一特征属性也会随着采集时间不同,而发生相应的变化。

总之,针对青少年的风险评估和管理的相关因素的选择会受到多种条件的影响,其研究及应用的因素选择一定要与研究目标相一致。研究初期应尽可能地将研究问题相关的数据资料收集全。在研究进入中期和后期时,风险、需求和保护因素会根据研究目标影响程度、相关度等约束条件进行筛选,最终留下部分数据资料完成模型构建。

3.1.2　数据选择的局限性

(1)采集者的主观局限性

同所有的研究一样,针对触法青少年的数据采集也存在一定的局限性。数据维度的筛选受采集者主观因素的影响。研究所需要数据的维度和广度受限于研究者对问题的研究理解程度和专业知识储备。不同的研究者对问题的理解角度不同,研究的层次不同,对于同一问题分析所采纳的数据的维度也不同。

(2)数据可获取的局限性

触法青少年的信息资料是受到严格保护的,因此,在数据资料获取和使用过程中,必须严格遵守相关法律规定。已有的触法青少年的数据集获取途径有两种:一种是与相关的司法机构展开合作。经其授权可以使用部分数据进行分析研究,数据的使用和管理要严格遵守相关法律规定。另一种是使用公开数据集。有的国家为了促进相关理论研究的发展,也会将部分脱敏数据集公开,相关研究人员可以从指定的官网下载部分数据集。部分数据集的使用需要单独申请,使用时官网中也会有额外的要求。

(3)数据表达能力的局限性

数据是微观层面上的展示,可以通过数据的推导对某一问题从特定角度得出结果,但无法代表全面的评估活动。虽然数据与调查结果似乎与司法评估方面的专业经验相一致,但由于数据选择受到空间、时间的二维的约束,数据的表达能力仍然受到一定的限制。

3.2 原始数据资料的描述

(1)定量与定性数据资料

在数据科学和分析领域,数据处理对象通常可分为定量数据和定性数据。循证科学理论体系中的证据,不仅包含定量数据,而且包含定性数据。两种数据都蕴含着巨大的价值。

定性数据主要用于描述性和概念性的问题属性阐述,它具有主观叙述性和非统计性。它可以根据事物的特征、属性或其他标识进行分类。在对触法青少年进行信息采集时,很多收集到的信息为定性数据类型,如个人基础社会统计资料中的性别、家庭是否完整、是否辍学、家长管控是否适宜、犯罪类型、是否具为累犯等。同时,触法青少年心理状况量表中很多项测试题得到的结果也是定性。定性数据在使用时会遇到一定的缺点,即很多题目的回答具有很大的灵活性,其结果的选择会受到人的主观因素的影响。

定量数据是统计的,可以用数字来进行计数、测量和表示。定量数据可以用来问“多少”或“频次/频率”的问题,生成结论性的信息,如未成年人首次犯罪的年龄、心量测试得分、触法犯罪过去违法次数等。这类数据资料具有客观性,足够严格和明确。

定量研究容易受到既存知识范畴和规范限制,在解释问题和验证理论方面表现优异,更适合采用离散数据模型进行分析。定性研究强调带着描述和理解意图去观察,更加关注事物变化的过程,可以得到比较丰富的资料,给研究者较大的诠释空间,连续型数据处理模型则更适合定量数据。

(2)数据资料的分布特征

以图表形式展示数据,可以对数据分布的形态有一定程度的了解。但要把握数据全面的分布特征,就要从以下三个方面进行描述,即集中分布趋势、分布的离散程度及数据的分布形态。

①集中分布趋势

数据的集中分布趋势研究数据向某一中心点(值)的集中程度。通常描述数据的集中程度时,分类数据采用众数,顺序数据采用中位数或分位数,数值型数据采用平均值。

②分布的离散程度

离散程度反映了各变量与中心点(值)的远离程度。其描述所表达的含义正好与数据集中程度相反。常用的方法为:分类数据采用异众比率、顺序数据采用四分位差、数据值型数据采用方差或标准差。

③数据的分布形态

数据资料的分布主要可分为离散型数据资料的分布和连续型数据资料的分布。

离散型随机变量,是指如果随机变量经 X 所有取值都可以逐个列举出来,则称 X 为离散型随机变量。离散型随机变量的分布通常有均匀分布、二项分布和泊松分布几种。

连续型随机变量,是指如果随机变量 X 所有取值无法逐个列举出来,而是数据轴上某个区间内的任一点,则称 X 为连续型随机变量。连续型性随机变量分布最重要的分布就是正态分布(也称高斯分布)。其又导出几个重要的分布:χ^2 分布、t 分布和 F 分布。

(3)不平衡数据集

触法青少年在全体青少年总数中仅占很小的比例,而重新触法的青少年数占触法青少年总数的比例则更小。针对青少年性犯罪研究,研究人员发现,仅有很少一部分触法青少年会重新犯罪。即使这部分青少年重新犯罪,第二次犯罪类型是性暴力的人数也很少,而通常是其他类型的犯罪。这种现象产生的根本原因与青少年成长的特殊阶段相关,青春期的快速发展变化(社交、身体、家庭和性等)影响着未成年人性犯罪的风险、需求因素。

采集的样本数据往往是反例样本数据量占很大比例,而正例样本数仅占很小的比例。我们称这样的数据集为不平衡数据集。不同类别之间样本数量相差巨大,会导致大样本类别特征被放大,而少量数据类别特征被忽视,造成分类结果的参考价值降低。不平衡数据集的分类问题的处理方法主要有两类:基于数据层面的不平衡采样法和基于算法层面的优化不平衡数据分类算法。

不平衡数据集的数据层面的优化主要是将不平衡的数据集改造成平衡数据集,从而达到使用传统的数据分析训练分类器的前提假设。目前常用方法主要有过采样、欠采样和混合采样。过采样问题的解决方法主要是通过对正样本的反复抽取放入原始样本空间中形成一个平衡的新样本空间，或通过计算生成新样本数据加入原始样本空间而形成的新样本空间数据集。欠采样方法则是通过从原始空间中选择部分负样本与原始空间中的正样本合并，形成新的平衡数据集。最常用的方法就是随机欠采样方法。混合采样则是通过把过采样算法与欠采样在算法结合起来构造平衡数据集的一种方法。

不平衡数据集的算法层面的优化方法则是通过对传统分类算法的改进或设计新的分类算法，以适应在不平衡数据的分类需要。其主要包含代价敏感学习(cost - sensitive)、集成学习、单类学习等方法。

代价敏感学习主要解决分类问题时对于出现的不同分类错误使用不同的惩罚力度。传统的分类算法以分类精度作分类评指标，对于分类对别错分代价不敏感。然而，在现实应用过程中，类别错分代价的忽视对于分类性能影响巨大。例如，庭审前预评估系统主要用于评估触法青少年在庭审前再次犯罪或出现在法庭的可能性，来决定是否需要对未成年人进行拘留。如果对有严重暴力倾向的青少年风险等级误判，很可能造成其在法庭审判前重新犯下严重的罪行。代价敏感性评估通过惩罚度的调整分类错误，其核心要素就是代价矩阵(cost matrix)，见表3 - 1。

表3 - 1　代价矩阵

样本类型	预测为正样本	预测为负样本
真实的正样本	0	Cost t_{FP}
真实的负样本	Cost t_{FN}	0

其中，$Cost\ t_{FP}$表示正样本误判为负样本的代价，$Cost\ t_{FN}$表示负样本被误判为正样本的代价。当$Cost\ t_{FP} = Cost\ t_{FN}$差异越大，说明代价不平衡程序越大。对于不平衡数据，可通过调高正样本的误判代价，同时调小负样本的误判代价来解决，即$Cost\ t_{FP} \ll Cost\ t_{FN}$。

代价敏感学习的分类目标是使分类器对未知样本进行分类时，期望代价最小，即

$$argmin\ E_{(x,y)} \sim D[\,cost_y h(x)\,] \qquad (3-1)$$

其中，D 表示样本的分布，E 表示期望代价，$h(x)$ 表示 x 的经验风险值，$cost_y h(x)$ 表示某个类别的分类代价值。由于样本分布 D 未知，故而在训练过程中通过最小化经验风险得到分类器 h：

$$argmin \sum_{i=1}^{n} cost_y h(x) \tag{3-2}$$

3.3　组间数据差异检验

在触法青少年的预防、风险评估和风险管理研究过程中，评估风险的工具有很多种。哪种风险评估工具对特定地域的触法青少年评估更有效、更准确，则需要通过不同样本组间进行对比分析，从而确定评估工具的选择。最简单的方法就是通过将样本空间的数据分为两组，根据实验结果来决定评估工具的好坏。但这种风险评估工具的筛选方法并不是很严谨。由于实验样本是从样本空间中随机选取的，有可能选中的风险评估工具的样本要比其他样本的价值高。为避免由于随机性造成的结果不一致，就需要证明结果是不是由随机抽取引起的。

3.3.1　基本理论

掌握未成年人犯罪和再犯的总体特征最好的方法就是对触法青少年整体中的每一个样本都观察、分析。这在现实生活中是不可能实现的。因此，触法青少年研究往往是采取抽样研究，即从总体中抽取一个或多个样本，通过已有的样本信息进行推断。在推断过程中，也需要对样本与样本之间，样本与总体之间的关系进行分析。此时就要用到组间数据差异进行检验。

(1)按组间分组数

单组资料检验，是指已知的样本与总体样本进行比较。总体样本一般是指已经通过理论验证的标准或通过大量实验反复验证的稳定值。

配对资料检验，是指样本按照某种特征进行对子比较。对子比较既可以是两组样本接受两种不同的处理方法，也可以是同一组样本在经某种方法处理前后的对比。

多组资料，是指将根据研究设计需要将研究对象随机分为多个组并施加不同的处理因素。不同的处理因素也称干预，处理因素取不同的值也称水平。

(2)按组内数据类型

根据因变量的数据类型不同及比对组的个数不同,较常采用的方法主要如表3-2所示:

表3-2　组间比较方法

自变量(X)数据类型	自变量(X)组别	因变量(Y)数据类型	分析方法
定类	仅两组	定量	T检验
定类	两组或两组以上	定量	方差分析
定类	两组或两组以上	定类	卡方检验

3.3.2　*T*检验

*T*检验适用于样本数据服从正态分布(数据总量超过30),且用于检验的总体方差未知的前提下,完成两组样本数据均值是否相等的检验。

(1)单样本资料

对于单组资料,其样本的观察值服从正态分布。推断样本平均数与已知的总体平均数是否相等,可采用*T*检验来实现。其求解步骤为:

a.建立假设

H_0:样本智商水平与正常人智商水平无差异

H_1:样本智商水平与正常人智商水平有差异

b.设立检验水准

给定α的值,0.05,0.1等。

c.计算统计量的值

记总体均值为μ,总体方差为σ^2(未知),样本均值$\overline{X}=\frac{1}{n}\sum_{i=1}^{n}X_i$,样本标准差$s=\sqrt{\frac{1}{n-1}\sum_{i=1}^{n}(X_i-\overline{X})^2}$有:

$$t\approx\frac{\sqrt{n}(\overline{X}-\mu)}{s} \tag{3-3}$$

服从$v=n-1$的*T*检验。

d. 等号两边平方

$$t^2 \approx \frac{n\ (\overline{X}-\mu)^2}{s^2} \tag{3-4}$$

e. 计算 F 值

$$F=\frac{n-m}{(n-1)m}t^2 \qquad v_1=m, v_2=n-m \tag{3-5}$$

其中 m 代表反应变量的个数，n 代表样本个数。当 $m=1$ 时，$F=t^2$。

查表得到$F_\alpha(v_1, v_2)$，并确定 F 边界值。

如果 F 值 $<F_{表}$边界值，则表明数据之间没有显著性差异，接受H_0假设。

如果 F 值 $>F_{表}$边界值，则表明数据之间存在显著性差异，接受H_1假设，拒绝H_0假设。

例：从某地区的少年矫正中心抽取 20 名触法未成年人，对其情商进行测试，其结果为 86 分、112 分、87 分、101 分、99 分、91 分、83 分、68 分、82 分、84 分、84 分、90 分、97 分、98 分、93 分、82 分、107 分、110 分、77 分、92 分。试分析当显著性水平为 0.05 时，触法青少年的智商水平与正常人相比(90 分)是否有差别？

a. 计算 X 平均值

$$\overline{X}=\frac{x_1+x_2+\cdots+x_{20}}{n}=\frac{86+112+87+\cdots+92}{20}=90.65 \tag{3-6}$$

b. 计算标准差

$$\begin{aligned} S^2 &= \frac{\sum_{i=1}^{n}(x_i-\overline{x})^2}{n-1} \\ &= \frac{1}{(20-1)}[(86-90.65)^2+(112-90.65)^2+\cdots+(92-90.65)^2] \\ &= 129.503 \end{aligned} \tag{3-7}$$

c. 计算 T 检验

$$T=\frac{\sqrt{n}(\overline{X}-\mu_0)}{S}=\frac{\sqrt{20}\times(90.65-90)}{\sqrt{129.503}}=0.2554 \tag{3-8}$$

d. 计算 F 值

$$F=\frac{n-m}{(n-1)m}t^2=\frac{20-1}{(20-1)\times 1}\times 0.2554^2=0.0652 \tag{3-9}$$

查 F 界值表，$F_{0.05}(1,19)=4.318$。$0.0652<4.318$，所以接受原假设，该少年矫正中心的触法青少年的智商与正常人的智商未见显著差异。

(2)两独立样本的均值

已知两组样本原分别为$X_1 \sim N(\mu_1,\sigma_1^2)$，$X_2 \sim N(\mu_2,\sigma_2^2)$。当有多个反应变量时，样本均数$\overline{X}$，总体的均数$\mu$，样本方差$S^2$分别对应样本的均数向量$\overline{X}$，总体均数向量$\mu$，两组样本协方差矩阵 S 的合并矩阵S_p，t^2即推广为 Hotelling T^2，即

$$T^2=\frac{n_1 n_2}{n_1+n_2}(\overline{X}_1-\overline{X}_2)' S_p^{-1}(\overline{X}_1-\overline{X}_2) \tag{3-10}$$

其中，

$$S_p=\sqrt{\frac{(n_1-1)s_1^2+(n_2-1)s_2^2}{n_1+n_2-2}} \tag{3-11}$$

其中，S_p为两样本的合并标准差。

F 值

$$F=\frac{(n_1+n_2-m-1)}{(n_1+n_2-2)m}T^2 \quad v_1=m, v_2=n_1+n_2-m-1 \tag{3-12}$$

3.3.3 方差分析

相对于 T 检验方法来讲，方差分析可以处理两组或两组以上的数据比较。方差分析通过对数据总变异进行分解检验，来检验多个总体均值是否相等。它的思想是将全测值总的离均差平方和及自由度分为两个或多个部分，除随机误差外，其余每个部分的变异可由各个因素的作用加以解释。通过比较不同来源变异的均方，借助于 F 分布作出统计推断，从了解该因素对观察指标有无影响。

(1)常用的变异指标

总变异(SST)，也称总体平方和，反映全部观测值之间总的变异程度。其大小是所有样本数据与总体平均值之差的平方和。

组间变异(SSA)，也称组间平方和，用来反映组与组之间的差异程度。

组内变异(SSE)，也称组内平方和，用来反映组内数据之间的差异程度。

F 值：其值的大小用来判断各组之间是否存在显著性差异。

具体变异关系如表 3-3 所示：

表 3-3　变异关系

变异来源	离均差平方和(SS)	自由度(v)	均方(MS)	F 值
总变异	$SS_{总} = \sum_i \sum_j (x_{ij} - \bar{x})^2$	$v_{总} = n - 1$		
组间变异	$SS_{组间} = \sum_i \sum_j (x_i - \bar{x})^2$	$v_{组间} = k - 1$	$MS_{组间} = \frac{SS_{组间}}{v_{组间}}$	$F = \frac{MS_{组间}}{MS_{组内}}$
组内变异	$SS_{组内} = \sum_i \sum_j (x_{ij} - \bar{x_i})^2$	$v_{组内} = n - k$	$MS_{组内} = \frac{SS_{组内}}{v_{组内}}$	

(2)分析的使用前提及算法步骤

使用方差分析的前提:每组样本数据对应的总体应该服从正态分布;每组样本数据对应的总体方差要相等,方差相等称方差齐性;每组之间的值是相互独立的,就是各组数据元素是不相互影响。

方差分析的流程为:

a. 建立假设

H_0:各组均值相等

H_1:各组均值不相等或不完全相等

b. 设立检验水准

给定 α 的值,0.05,0.1 等。

c. 计算组统计量的值

F 值 = 组间方差/组内方差

查表得到 $F_{表}(\alpha, v_{组间} \times v_{组内})$。

通过比较两组 F 值大小,判断各组之间是否存在著性水平,并确定 F 边界值。

如果 F 值 $< F_{表}$边界值,则表明数据之间没有显著性差异,接受H_0假设。

如果 F 值 $> F_{表}$边界值,则表明数据之间存在显著性差异,接受H_1假设,拒绝H_0假设。

假设两组数据进行比较,试分析两组数据是否有显著性差异 $\alpha = 0.05$

A1:80,85,96。

A2:110,135,130,145,160。

a. 建立假设

H_0:两组样本之间没有显著性差异

H_1:两组样本之间存在显著性差异

b.计算统计量

首先,计算第一组与第二组的总的算术均值

$$\overline{X} = \frac{80 + 85 + 96 + 110 + 135 + 130 + 145 + 160}{8} = 116.375$$

分别计算各组的算术平均值

$$\overline{X_1} = \frac{80 + 85 + 96}{3} = 87$$

$$\overline{X_2} = \frac{110 + 135 + 130 + 145 + 160}{5} = 134$$

接下来,计算变异变量的值:

组间变异(第一组的算术平均值与总体平均值的平方和×第一组的样本数+第二组的算术平均值与总体平均值的平方和×第二组的样本数)

$$SSA = (87 - 116.375)^2 \times 3 + (134 - 116.375)^2 \times 5 = 4141.875$$

组内变异(第一组的平方和+第二组的平方和)

$$SSE = [(80 - 87)^2 + (85 - 87)^2 + (96 - 87)^2 + (110 - 134)^2 + (135 - 134)^2 + (130 - 134)^2 + (145 - 134)^2 + (160 - 134)^2]$$

总体变异=所有样本数据与总体平均值之间的平方和

$$SST = (80 - 116.375)^2 + (85 - 116.375)^2 + (96 - 116.375)^2 + (110 - 116.375)^2 + (135 - 116.275)^2 + (130 - 116.375)^2 + (145 - 116.375)^2 + (160 - 116.375)^2 = 5745.875$$

组间均方

$$MSA = \frac{SSA}{V_1} = \frac{4141.8751}{(2 - 1)} = 4141.8751$$

组内均方

$$MSE = \frac{SSE}{V_2} = \frac{1604}{(8 - 2)} = 267.333$$

计算 F 值

$$F = \frac{MSA}{MSE} = \frac{4141.875}{267.333} = 15.4933$$

c. 确定边界值并作出决策

查 F 表，$F(1,6)$，边界值为 5.99。15.4933 大于边界值 5.99，拒绝接受原假设，接受备择假设，两组数据存在差异。

3.3.4　卡方检验

卡方检验是一种用途广泛的计算资料的假设检验方法。它属于非参数检验范畴。主要是比较两个或两个以上样本率（构成比）以及两个分类变量关联性分析。其根本思想是比较理论频数和实际频数吻合程度或拟合优度问题。

卡方检验基本原理：

H_0（零假设）：观察频数与期望频数没有差异

H_1（备择假设）：观察频数与期望频数存在差异

求解步骤：

（1）假设H_0成立，计算出χ^2值，它给出观察值与理论值之间的偏差程度。

（2）根据χ^2分布及自由度可以确定H_0假设成立的情况下，独得当前统计量及更极端情况的概率 p。

如果 p 值很小，说明观察值与理论值程度偏大，应拒绝无效和假设，表示资料之间差异显著；否则，不能拒绝原假设H_0，尚不能认为样本所代表的实际情况和理论假设已有差别。

卡方值表示观察值与理论值的偏离程度。计算这种偏离程度基本思路如下：设 A 代表某个类别的观察频数，E 代表基于H_0计算出来的期望频数，A 与 E 之间的差称为残差。显然，残差可以表示某一类别的值和理论值的偏离程度，但如果将残差相加以表示各类别观察频数和期望频数的差别，因为残差有正，有负，相加后彼此抵消总和为 0。为此可以将残差平方后求和。另外，残差大小是一个相对概念。相对于期望频数为 10 时，期望频数为 20 的残差非常大。但相对于期望频数为 1000 时，20 的残差就很小。

残差平方和/期望频数再求和，以估计观察数期望：

$$\chi^2 = \sum \frac{(A - E)^2}{E} = \sum_{i=1}^{k} \frac{(A_i - E_i)^2}{E_i} = \sum_{i=1}^{k} \frac{(A_i - np_i)^2}{np_i}$$

其中，A_i为 i 水平的观察频数，E_i为 i 水平期望频数，n 为总频数，p_i为 i 水平期望频数。χ^2统计量近似服从 $k-1$(计算E_i时间的参数个数)个自由度的卡方分布。χ^2值越小,两者越接近;χ^2值越大,两者差异越大。

卡方检验类型主要有:四格表资料卡方检验、行 × 列资料卡方检验、列联表法。采用列联表法,说明其法解过程。

青少年风险评估工具的开发方法差异很大,从选择基于理论的风险因素,到对先前的研究结果的一般评估,这些结果决定了各种机构的发展研究中证明有效的选定因素。研究基于 PACT 和 JSC 两种工具,对同一人群进行测试。观察两种评估工具是否存在差异(见表 3-4)。

表 3-4　对男性青少年采用 PACT 和 JSC 两种工具分类结果比较

风险等级	PACT	JSC	总计
低级	66	13	79
中级	18	56	74
中高级	11	26	37
高级	6	5	11
总计	101	100	201

(1)建立假设

H_0(零假设):PACT 和 JSC 分类结果不存在差异

H_1(备择假设):PACT 和 JSC 分类结果存在差异

(2)计算期望值

每个单元格的值为$X_i \times Y_j / n$,其中 n 为样本总量

表 3-5　期望值

风险等级	PACT	JSC	总计(X_i)
低级	101 × 79/201 = 39.7	100 × 79/201 = 39.3	79
中级	101 × 74/201 = 37.2	100 × 74/201 = 36.8	74
中高级	101 × 37/201 = 18.6	100 × 37/201 = 18.4	37
高级	101 × 11/201 = 5.5	100 × 11/201 = 5.5	11
总计(Y_j)	101	100	201

(3)实际值减去期望值,取平方,然后再除以期望值

表 3-6　计算卡方

风险等级	PACT	JSC	总计(X_i)
低级	$\frac{(66-39.7)^2}{39.7}=17.4$	$\frac{(13-39.3)^2}{39.3}=17.6$	79
中级	$\frac{(18-37.2)^2}{37.2}=9.91$	$\frac{(56-36.8)^2}{36.8}=8.23$	74
中高级	$\frac{(11-18.6)^2}{18.6}=3.11$	$\frac{(26-18.4)^2}{18.4}=3.14$	37
高级	$\frac{(6-5.5)^2}{5.5}=0.05$	$\frac{(5-5.5)^2}{5.5}=0.05$	11
总计(Y_j)	101	100	201

$\chi^2 = 17.4 + 17.6 + 9.91 + 8.23 + 3.11 + 3.14 + 0.05 + 0.05 = 59.49$

(4)查表计算χ^2值

$V=(4-1)\times(2-1)=3$,查表$\chi^2(0.05,3)=7.815$ 得到统计量的临界值。

(5)比较统计量和临界值

$\chi^2>\chi^2(0.05,3)$,则 $P<0.05$。在 $\alpha=0.05$ 水准上拒绝H_0,两组总体率真差有统计的显著性,即两组总体率不同,PACT 高于 JSC 组。

第 4 章

可靠性及有效性验证方法

风险评估通常利用专业化的判断方法，预测某种行为发生的可能性。这些预测的基础是事情保持不变的前提下行为发生的可能性。风险评估旨在捕捉重新犯罪的潜在风险，而非预测未来的事件。触法未成年人的风险评估结果是决定对其监督的程度、安置水平、康复矫治的计划定制等重要决策的基础。评估误差会带来新的社会安全隐患或给青少年带来意想不到的负面影响。鉴于风险评估的重要性，各类评估工具只有在可靠性和有效性验证后，方可投入使用，保证对触法未成年人的惩罚力度和监督水平适当，更好地满足未成年人成长需求的同时，保障社会公共安全。

4.1 可靠性验证方法

未成年人风险评估工具从研发到推广应用，是一个从科研机构/团体转向到应用机构/团体的过程。工具的开发机构/部门通常是未成年人缓刑官员或监管人员（RRA，YLS/CMI，YASI，CAFAS，CANS，COMPAS 青年）、法院心理健康临床医生（CAFAS）或医疗补助心理健康提供者（CAFAS）、案例工作者（YASI）、持牌 MSW 管理（YASI）或其他研究员水平评估专家（CAFAS，JIFF）、住宅提供者（MJJAS，CAFAS）或其他外部机构（YASI）。那些使用工具的人通常是法院临床医生、CMH 工作人员、警察部门工作人员、缓刑官员、负责转移认定的工作人员、家庭护理监督员及其他外部服务提供者。每一位风险评估工具的使用者，由于其自身工作经验、认知水平的差异，决策结果也可能存在一定差异。评估者之间的可靠性是模型（项目）评估的必要条件，因为它有助于确保面对相同案例信息的不同,案例工作者针对关键决策阈值(如未来违法风险)能够达到相同的评分和建议。如果评估模型(项目)不可靠,则它们不太可能具有预测性。

可靠性研究主要为评估者和评估者内的可靠性。较常用的方法有类内相关系数和组间系数法。目前,青少年风险评估工具在研究过程中和推广前,都需要进行一致性检验,确保风险评估工具的可靠性。其一致性检验主要是:观察者一致性,用于分析不同观察者对同一研究对象进行评估的一致性;内部一致性,用于分析测量工具(如问卷)中不同问题对同一事物的测量信度。

4.1.1　评估者间的信度

在统计学中,评分者间信度是衡量多个评分者或法官之间一致性水平的一种方法。它被用作评估测试中不同项目所产生答案的可靠性的一种方式。如果测试具有较低的评估者间信度,这可能表明测试中的项目令人困惑、不清楚,甚至是不必要的。有两种常用的方法来衡量评价者间的可靠性:

(1)百分比一致性

衡量评分者间可靠性的简单方法是计算评委同意的项目百分比。这称为一致性百分比,始终介于 0 和 1 之间,0 表示评分者之间没有一致,1 表示评分者之间完全一致。该措施是直观的,被广泛应用于风险评估领域。评估者之间达成的百分比表明评分者对每个风险因素和总评分达到相同分数的频率。百分比一致性使用的公式计算为:

$$Average\ percent\ agreement\ for\ item\ i = \frac{(a_1 + a_1 + \cdots + a_n)}{(r_1 + r_2 + \cdots + r_n)} \qquad (4-1)$$

其中,a_i是同意响应的评估者数量,n 是项目完成的案例总数,r_i是评估者数量。

与专家评分的百分比是通过在整个研究案例中匹配专家评级的评级数量相加,然后除以总数来计算的,公式为:

$$Percent\ agreement\ for\ item\ i = \frac{(e_1 + e_2 + \cdots + e_n)}{(r_1 + r_2 + \cdots + r_n)} \qquad (4-2)$$

其中,e_i是同意项目的专家评分的评估者数量,n 是项目完成的案例总数,r_i是评估者(包括专家)的数量。

假设要求两名评委对测试中 10 个项目进行评分,评分的标准为 1 ~ 3 等级,测试结果如表 4 －1 所示：

表 4 －1　两位评委的评分

问题	评委 A 评分	评委 B 评分
问题 1	1	1
问题 2	1	1
问题 3	2	3
问题 4	2	2
问题 5	1	2
问题 6	2	3
问题 7	3	3
问题 8	2	2
问题 9	3	3
问题 10	3	3

对于每个问题，如果两位评委同意，我们可以写 1，如果他们不同意，我们可以写“0”，如表 4 －2 所示。

表 4 －2　两位评委评分的同意项统计

问题	评委 A 评分	评委 B 评分	同意
问题 1	1	1	1
问题 2	1	1	1
问题 3	2	3	0
问题 4	2	2	1
问题 5	1	2	0
问题 6	2	3	0
问题 7	3	3	1
问题 8	2	2	1
问题 9	3	3	1
问题 10	3	3	1

经计算，可得评委同意的问题百分比为 7/10 ＝70％ 。

(2)Cohen's Kappa 评估系数法

Cohen's Kappa 评估系数法是衡量评估者间可靠性方法之一。它用于衡量两个评分者或评委之间的一致程度,使用前提条件是项目分类为相互排斥的类别。Cohen's Kappa 分析的思想是一项风险评估试验的可重复性,既与观察一致率和机遇符合率有关,又与不同研究者在一项评估试验中可能实现的最大符合率有关。一致性既是评价风险评估试验的重要指标,也是在风险评估工具应用的常用指标。它用来评价不同的司法工作专职人员的评价结果质量的衡量标准,用来确定风险评估试验的可重复性。机遇符合性在一项评估中的评价结果有多大的比例是由于机遇因素造成的。如随机抽取部分司法专职人员使用某种评估工具对一组触法青少年完成等级评估。在评估期间,大家互不干扰,独立得出结论。他们的评估结果可能会存在部分评估结果一致,而这种一致性结论也可能是机遇因素导致的。Cohen's Kappa 不仅仅是计算评分者同意的项目的百分比,而是试图解释这样一个事实,即评分者可能碰巧同意某些项目纯粹是偶然的。其计算方法为:

$$K = \frac{P_0 - P_e}{1 - P_e} \tag{4-3}$$

其中,P_0表示评分者之间观察到的相对一致性(一致率),P_e代表机遇符合性(符合率)。这两项一般均采用百分比的形式。Kappa 值始终介于 0 和 1 之间,0 表示评估者之间没有一致,1 表示评估者之间完全一致。

Cohen's Kappa 计算了评分者之间的一致性。当评分者对同一项任务给出了相同的判断或分数,那么他们的一致性得到了体现。Kappa 值的不同值解释,如表 4－3 所示:

表 4－3　Cohen's Kappa 不同值解释

Cohen's Kappa	含义
0	不一致
0.01～0.4	一致性不够理想
0.41～0.6	一致性一般
0.61～0.8	一致性中等
0.81～0.99	一致性强
1	完全一致

Cohen's Kappa 计算步骤：

第一步：计算评分者之间的相对一致性P_0

评分者一致性是表示评分者都投"是"或"否"的评分的和占全部评分的比例。

第二步：计算评分者纯粹偶然一致性的概率P_e

计算方法：专家1认为"是"的总次数除以评价总次数，再乘以专家2认为"是"的总次数除以评价总次数，再加上专家1认为"否"的总次数乘以专家2认为"否"的总次数。

第三步：根据公式，计算 Cohen's Kappa 值

假设有两位评估专家采用某青少年安置评估工具，对一组触法青少年进行评估，以确定青少年是否采用基于社区的家庭安置方式。具体见表4-4：

表4-4　触法青少年安置分类策略试验

		专家A		
		基于社区的家庭式安置	非居家安置	总计
专家B	基于社区的家庭式安置	41	3	44(58.7%)
	非居家安置	4	27	31(41.3%)
	总计	45(60%)	30(40%)	75(100%)

从表4-4中可以看出，专家A认为75名触法未成年人中有45名可采取基于社区的家庭式安置策略，占60%；另外30名采取非居家安置策略，占40%。同时，专家B认为44名触法未成年人可采取基于社区的家庭式安置策略，占58.7%；另外31名触法未成年人可采用非居家安置策略，占41.3%。两位专家评估结果一致的人数为68人，因此观察一致率为：

$$p_0 = \frac{41 + 27}{75} = 0.904$$

第四步：计算评分者纯粹偶然一致性的概率P_e

若实验中，两位专家采用完全不同的评估标准，得到一致结论即为机遇因素导致。

$$p_{(是)} = \frac{45}{75} \times \frac{44}{75} = 0.352$$

$$p_{(否)} = \frac{30}{75} \times \frac{31}{75} = 0.165$$

$$P_e = p_{(是)} + p_{(否)} = 0.352 + 0.165 = 0.517$$

根据公式：

$$K = \frac{p_0 - p_e}{1 - p_e} = \frac{0.907 - 0.517}{1 - 0.517} = 0.828 = 82.8\%$$

如果阈值高定为75%，则计算的Kappa值为82.8%。对比表4－3内容，可得出结论：两名专家在社区矫治设施的评估中，一致性较强，项目设置较合理，评估表可以使用。

评分者间的可靠性越高，多个评委对具有相似分数的测试项目或问题进行评分就越一致。在大多数领域中，Kappa分数需要至少75%的评分者间一致性才能使测试被认为是可靠的。在特定领域，项目可能需要更高的评估者间可靠性，如在多个医生判断是否应该对给定患者使用某种治疗的医疗环境中，可能需要95%的评估者间可靠性。

4.1.2　组内相关系数

组内相关系数（ICC）可应用于两个或者更多评分者对研究对象进行评分，即衡量测试值或评级可靠性程度。组内相关系数指的是一类数据中的相关性（如重复测量中的相关性），而不是两类不同数据之间的相关性（如体重与身高之间的相关性）。后者的相关性可以通过Pearson相关系数来实现。

（1）测量数据矩阵构建

组内相关性可用于描述各种不同的实验数据，既可以是直接测量的物理数据，也可以是疼痛或焦虑症状的分类数据。若测量结果为分类数据，分类数据必须转化成一个可以用实数以及有意义的方式表示的量，才能用于ICC可靠性计算的输入值。

在总体P中，随机选择了$n(i=1,2,\cdots,n)$个受试者。在这些主体上，对特定量x（如反社会性人格测量值）进行某种测量。在每个受试者上，测量进行k次$(j=1,2,\cdots,k)$。受试者i在第j次测量中获得的测量结果为x_{ij}（反社会人格测量值）。因此，所有受试者和具有测量者的完整性实验结果可以作为具体 n 行和 k 列的矩阵。受试者被认定为个体（如目标或人），而测量被认定评估者或条件。

（2）ICC 模型

Ronald Fisher 最先提出的 ICC 是基于 Pearson 相关系数改造而来。假定有 n 个数据对（x_{1i}, x_{2i}），$i = 1, 2, \cdots, n$。ICC 与 Pearson 相关系数分别定义如下：

$$ICC = \frac{\sum_{i=1}^{n}(x_{1i} - \bar{x})(x_{2i} - \bar{x})}{(n-1)S^2} \tag{4-4}$$

$$r = \frac{\sum_{i=1}^{n}(x_{1i} - \overline{x_1})(x_{2i} - \overline{x_2})}{(n-1)Sx_1\ Sx_2} \tag{4-5}$$

两个公式区别在均值和标准差的计算。r 中用的是x_1和x_2各自的均值和标准差，而 ICC 中用的是x_1和x_2合并的均值和标准差。当每个受试者测量值较多时，ICC 近似于：

$$\frac{\sum_{i=1}^{n}(\overline{x_i} - \bar{x})^2}{(n-1)S_x^2} \tag{4-6}$$

这就可以理解为组间变异占总变异的百分比。

目前，ICC 有许多不同的统计量，这些统计量并不估计相同的总体参数。选择恰当的 ICC 取决于模型、类型及度量标准三个方面。

①ICC 传统模型包括单向随机效应、双向随机效应和双向混合效应。

单向随机效应模型：该模型假设每个受试者由一组不同的随机选择的评分者进行评分。该模型主要用于检验每个受试者的均值全部相等的假设，但实际上并不能检验 x 的重测信度。若对受试者间的差异感兴趣，可选用该模型。

双向随机效应模型：该模型假设从人群中随机选择一组 k 个评分者，然后用于对受试者进行评分。使用这个模型，评估者和受试者都被认为是随机效应的来源。当我们想将我们的发现推广到与研究中使用的评估者相似的任何评估者时，通常会使用此模型。

双向混合效应模型：该模型还假设从人群中随机选择一组 k 个评分者，然后用于对受试者进行评分。然而，这个模型假设我们选择的评估者组是唯一感兴趣的评估者，这意味着我们没有兴趣将我们的发现推广到任何其他可能与研究中使用的评估者具有相似特征的评估者。

双向随机效应和双向混合效应同时分解了行变量和列变量的影响，可以用来检验重测信度。二者的区别在于列变量即评定者效应是随机效应还是固定效应。若评定者来自所有可能的情况，统计推断也限于这些情况，则评定者效应是固定效应；若评定者是从一个理论上无限大的总体中随机抽样而来的样本，统计推断也要推广到该总体，则评定者效应是随机效应。不管列变量是固定效应还是随机效应，ICC 的计算结果均相同，不同之处是结果解释时双向随机效应模型中的 ICC 可推广到所有可能的评定者，而两因素混合效应模型中的 ICC 仅限于给定的评定者。

②类型

一致性：不考虑评定者系统误差，分母方差中去掉列方差即评定者方差，用于测量评定者评分是否高度相关。

绝对一致：评分者系统误差，分母方差中保留了列方差即评定者方差，用于测评定者是否给被测试者相同的绝对评分。

③度量单位

单一测量 ICC 分析单位：是每个评定者的评分，给出每个评定者的评分的可靠性，若进一步研究时使用单个评定者评分，可采用此度量。

平均值测量 ICC 分析单位：k 个评定者评分的均值，给出 k 个评定者评分的可靠性，如果研究设计使用每个条目多个评定者的均值时，采用此度量。

表 4-5　ICC 模型汇总

模型	类型	公式
随机单一因素	单一度量、绝对一致性	$\frac{MS_R - MS_w}{MS_R + (k-1)MS_w}$
随机单一因素	平均度量、一致性	$\frac{MS_R - MS_w}{MS_R}$
双因素随机/混合因素	单一度量、绝对一致性	$\frac{MS_R - MS_w}{MS_R + (k-1)MS_w + k(MS_C - MS_E)/n}$
双因素随机/混合因素	平均度量、绝对一致性	$\frac{MS_R - MS_w}{MS_R + (MS_C - MS_E)/n}$

续表

模型	类型	公式
双因素随机/混合因素	单一度量、一致性	$\frac{MS_R - MS_w}{MS_R + (k-1)MS_E}$
双因素随机/混合因素	平均度量、一致性	$\frac{MS_R - MS_w}{MS_R}$

其中,MS_R 为行变量均方;MS_C 为列变量均方;MS_W 为组内变异均方;MS_E 误差均方。一般认为信度系数低于 0.4 表示信度较差,大于 0.75 表示信度良好,对于定量资料常常需要更高的 ICC 值。

假设 5 名司法工作人员使用某反社会人格测量工具对一批未成年人进行评分,测量其评估是否一致,或测量复测信度。数据的收集是通过多次收集某位司法工作人员对 100 名未成年人反社会人格测量的评分(或同一批工作人员的评分平均值)。试测量其每次评分的相关度是否一致。案例原始数据见表 4-6:

表 4-6　5 名司法工作人员评分表

编号	A	B	C	D	E
1	72.84	71.09	72.66	73.76	76.7
2	82.45	81.91	81.48	8.25	77.14
3	95.98	95.84	97.53	99.21	97.32
4	68.29	66.36	66.27	67.55	66.81
5	71.15	72.7	69.82	68.61	66.74
6	83.03	83.16	81.83	82.56	80.27
7	88.56	88.46	88.56	86.76	90.02
8	82.19	81.5	80.78	81.47	79.67
9	84.45	85.3	86.35	88.29	91.67
10	81.32	82.46	83.41	83.72	86.52
11	86.1	87.6	85.28	85.82	84.93
12	77.89	77.89	78.35	80.07	83.08

表 4－7　借助于统计软件可得到组内相关系数结果表

组内相关系数分析							
	组内相关性	95%置信区间		使用真值 0 的 F 检验			
		下限	上限	值	df_1	df_2	P
单个测量 ICC(1,1)	0.957	0.942	0.969	111.683	99	400	0.000
平均测量 ICC(1,K)	0.991	0.988	0.994	111.683	99	400	0.000

由表 4－7 可知，针对单个测量的组内相关系数结果显示，显著性 p 值为 0，水平上呈现显著性，拒绝原假设，说明信度的一致性是可信的。相关系数为0.957，说明该数据的信度是很强。针对平均测量的组内相关系数结果显示，显著性 p 值为 0，水平上呈现显著性，拒绝原假设，说明信度的一致性是可信的。相关系数为 0.991，说明该数据的信度是很强。一般认为信度系数低于 0.4 表示信度较差，大于 0.75 表示信度良好，对于定量资料常常需要更高的 ICC 值。

4.2　有效性验证方法

为验证研究风险评估工具对不同样本群体预测和分类的性能，或者在没有可用构建样本的情况下，测量风险评估工具在其实施机构中的绩效，一般而言，有效性可以理解为一种衡量其意图程度的工具。目前，较常用的有效性验证方法有接收器操作特征曲线和精度召回曲线。

4.2.1　ROC 方法

在数据分析应用实践中，二分类是最简单和最常使用的分类方法，已在多领域中广泛使用。从临床诊断到居家安置策略，都一直在使用二分类。在许多分类算法使用概率将样本分中。在大多数情况下，概率阈值默认为 0.5。然而，在实际应用中，很多问题还要考虑各种其他的因素，这个默认阈值可能就不能满足需求。例如，选择较低的概率阈值确立触法未成年人被错误的分类可能是明智的。因此，关键数据的分类需要满足某些要求更多的自定义的阈值。接收者操作特征曲线(receiver operating characteristic curve，ROC)能充分发挥分二元分类器的诊断能力。ROC 曲线可视化了所选概率阈值对分类效率的影响。它有助于分析二元分类的效率如何随概率阈值而变化的。

(1)混淆矩阵

分析分类效率的最简单方法是创建具有预测结果的混淆矩阵。混淆矩阵也称误差矩阵,通过它可以分类预测中的错误率,具体内容见表4-8。

表4-8 混淆矩阵

观察/预测	正例	反例	合计
正例	真正例 TP (true positive)	假反例 FP (false positive)	预测正例 TP+FP
反例	假正例 FN (false negative)	真反例 TN (true negative)	预测反例 FN+TN
合计	实测正例(TP+FN)	实测反例 (FP+TN)	TP+FP+ FN+TN

考虑一个简单的分类问题,其目标是预测青少年性犯罪者再次犯罪的可能性。这里给出的结果为两种,分别是再次犯罪和不再犯罪。这里用 $y=1$ 表示青少年性犯罪者是非再犯,$y=0$ 是表示青少年性犯罪者是再犯。

由表4-8可知:

TP 表示预测为非再犯,而实际是非再犯的样例数;

FN 表示预测为再犯,而实际是非再犯的样例数;

FP 表示预测为非再犯,而实际是再犯的样例数;

TN 表示预测为再犯,而实际是再犯的样例数。

(2)相关术语

ROC 曲线是绘制分类问题的各种概率阈值而形成的曲线,也就是说,通过真阳性率和假阳性率的数据对来绘制。这就要借助于混淆矩阵来完成 ROC 曲线的绘制。

关于 ROC 曲线绘制的一些基本术语。

①伪阳性率(FPR):其含义是指实际上负例被预测成正比的概率。

$$FTR = \frac{FP}{FP + TN} = 1 - TNR \quad (4-7)$$

伪阳性率告诉我们,随机抽取一个累犯的样本,有多大概率会被其预测成非再犯。显然我们会希望 FPR 值越小越好。

②真阳性率(TPR)也称正例召回率,或敏感度。其含义是指实际上为正例的样本被判为正例的概率。

$$TPR = \frac{TP}{TP + FN} \tag{4-8}$$

在实际的预测分析时,不仅关心未成年罪犯中累犯发生的比率,更关心累犯,即不能错放任何一个累犯。因为将发生累犯风险较好的未成年罪犯评估成风险较低时,这可能影响针对未成年罪犯的康复矫治策略的制定,造成严重后果。如召回率越高,代表实际上再次犯罪风险较高的青少年被预测出来的概率越高。

③真阴性率(TNR),也称特异度。判定为负例也是真负例的概率,即真负例中判为负例的概率。

$$TNR = \frac{TN}{N} = \frac{TN}{TN + FP} \tag{4-9}$$

④准确率(classification accuracy,ACC):

$$ACC = \frac{TP + TN}{TP + TN + FP + FN} \tag{4-10}$$

虽然准确率可以判断总体的正确率,但是在样本不平衡的情况下,并不能作为很好的指标来衡量结果。举个简单的例子。在一个总样本中,正样本占 90%,负样本占 10%,样本是严重不平衡的。对于这种情况,只需要将全部样本预测为正样本即可得到 90% 的高准确率。这就说明样本不平衡的问题,导致了得到的高准确率结果含有很大的水分。即如果样本不平衡,准确率就会失效。

(3)绘制 ROC 曲线

ROC 曲是由真阳性率为(*TPR*,y 轴)与假阳性率(*FPR*,x 轴)组成。ROC 曲线中的每个点都来自混淆矩阵中的值,这些值与分类器的预测分数,应用特定的截止值相关联。ROC 曲线使用每个分类器的估计值作为正类/负类的截止值。

如果以 *FPR* 为横坐标,*TPR* 为纵坐标,可得到以下的坐标系(见图 4-1):

在 ROC 曲线上有几个特殊的点:

①点(0,1)

$FPR=0$,则 $FP=0$,即没有假正例;$TPR=1$,则 $FN=0$,即没有假反例。这说明预测正确性达到了百分之百,即正例全部预测为正例,反例全部预测为反例。

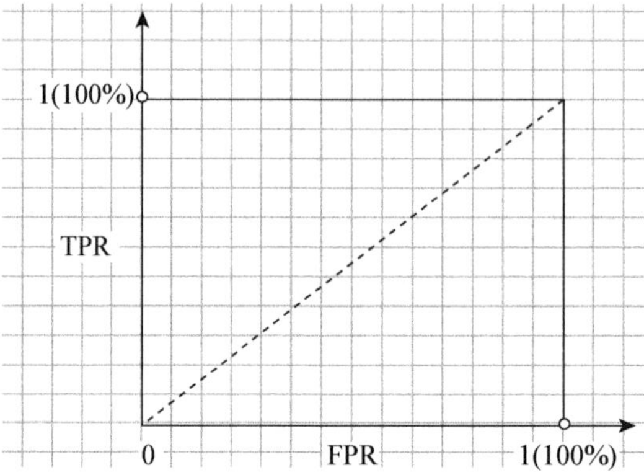

图 4-1 ROC 曲线

②点(1,0)

$FPR=1, TPR=0$。说明所有的预测都错了,这是最糟糕的情况。

③点(0,0)

$FPR=0, TPR=0$。也就是 $FP=0, TP=0$。所有的预测结果都是累犯或是有暴力倾向的受试者。

④点(1,1)

$FPR=1, TPR=1$。对于所有样本来说,其测试结果均为非累犯或无暴力倾向受试者。

在二分类模型中,一般 y 的值为概率输出值。以逻辑回归为例,y 的输出值只有两种取值 0 或 1。y 值是取 0 还是 1,是由阈值决定的。当 y 的概率值大于阈值,则 $y=1$;反之,则 $y=0$。所以,当阈值由 0 向 1 移动过程中,就会形成很多的(FPR、TPR)数据对,将它们映射到坐标系上,就形成 ROC 曲线。

假设有 11 个观测值组成的数据集,其中 4 个属于正类,7 个属于负类。正例 $y=1$,负例 $y=-1$。通过对模型的值的估计值(决策值)阈值来构建相应的 ROC 曲线。

表 4-9 原始数据估计值与类别表

估计值	-3.0	-2.5	-1.0	-1.0	-0.5	-0.5	0.5	1.0	2.0	2.0	3.5
类别	-1	-1	-1	-1	-1	1	-1	1	-1	1	1

设定分类器的阈值,当估计值大于等于阈值时则判定为正例,反之则判定为负例。

分类器0:阈值 > 3.5, $TPR = FPR = 0$

分类器1:阈值在2.0与3.5

估计值小于3.5的划分为一类,大于等于3.5的划分为另一类。

表4－10　分类器1

估计值	−3.0	−2.5	−1.0	−1.0	−0.5	−0.5	0.5	1.0	2.0	2.0	3.5
类别	−1	−1	−1	−1	−1	1	−1	1	−1	1	1
预测	−1	−1	−1	−1	−1	−1	−1	−1	−1	−1	+1
状态	*TN*	*TN*	*TN*	*TN*	*TN*	*TN*	*TN*	*TN*	*TN*	*TN*	*TP*

$$TPR = \frac{TP}{TP + FN} = \frac{1}{4}$$

$$FPR = \frac{FP}{FP + TN} = \frac{0}{7} = 0$$

分类器2:阈值在1.0与2.0

估计值小于1.0的划分为一类,大于等于2.0的划分为另一类。

表4－11　分类器2

估计值	−3.0	−2.5	−1.0	−1.0	−0.5	−0.5	0.5	1.0	2.0	2.0	3.5
类别	−1	−1	−1	−1	−1	+1	−1	+1	−1	+1	+1
预测	−1	−1	−1	−1	−1	−1	−1	−1	−1	+1	+1
状态	*TN*	*TN*	*TN*	*TN*	*TN*	*TN*	*TN*	*TN*	*TN*	*TP*	*TP*

$$TPR = \frac{TP}{TP + FN} = \frac{2}{4}$$

$$FPR = \frac{FP}{FP + TN} = \frac{0}{7} = 0$$

分类器3:阈值在0.5与1.0　$TPR = 0.75, FPR = 1/7$

分类器4:阈值在−0.5与0.5　$TPR = 0.75, FPR = 2/7$

分类器5:阈值在−1.0与−0.5　$TPR = 1.0, FPR = 3/7$

分类器6:阈值在−2.5与−1.0　$TPR = 1.0, FPR = 5/7$

分类器 7：阈值在 -3.0 与 -2.5　$TPR=1.0, FPR=67$

分类器 8：阈值 < -3.0　$TPR=1.0, FPR=1.0$

计算最终得到 9 组 *FPR* 和 *TPR* 的值，将它们映射到坐标轴上得到的 ROC 曲线（见图 4-2）：

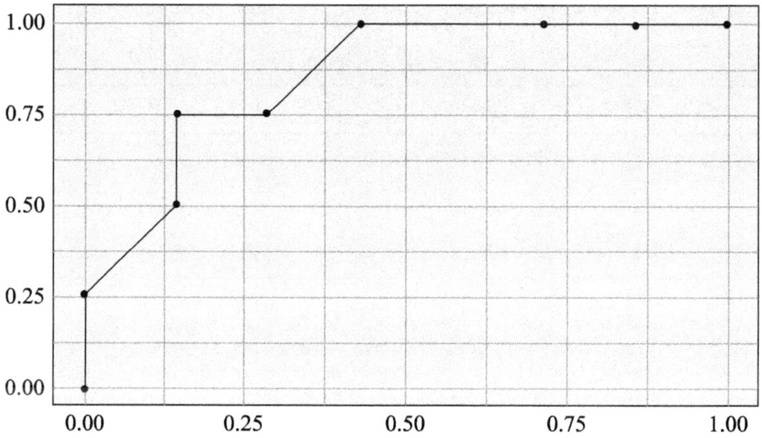

图 4-2　ROC 曲线

ROC 曲线显示了敏感性（*TPR*）和特异性（1 - *TPR*）之间的权衡。曲线越靠近左上角分类器性能越好。ROC 基线是随机分类器给出沿对角线（*TPR* = *FPR*）的点。曲线越接近 ROC 基线，说明测试精度越低。

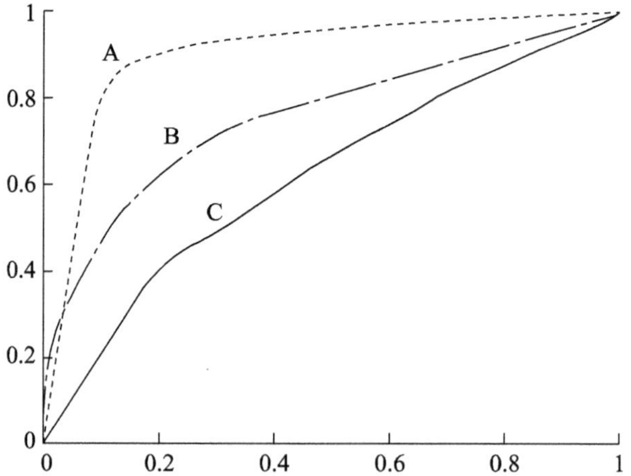

图 4-3　ROC 曲线

从图 4－3 可以看出，A、B、C 三条 ROC 曲线，其中 A 最接近左上角，则说明 A 的测试精度最高。

（4）曲线下面积（AUC）

曲线下面积（the area under the Roc Curve，AUC）通过 ROC 曲线与 X 轴围绕的面积的量化评估分类器的预测能力。它相当于把每个分类器的性能汇总成一单个度量单位的值，即等效于 Wilcoxon 和统计量。因此，AUC 既可以解决面对样本不均衡的问题，也可作为评价不同分类模型优劣的指标。

假设某测试组中有 8 个未成年性犯罪者，1 表示再犯，0 表示非再犯。在表 4－12 中，label 表示测试样本的标签（是否再犯），prediction 表示测试组中性犯罪者判定为再犯者的概率。

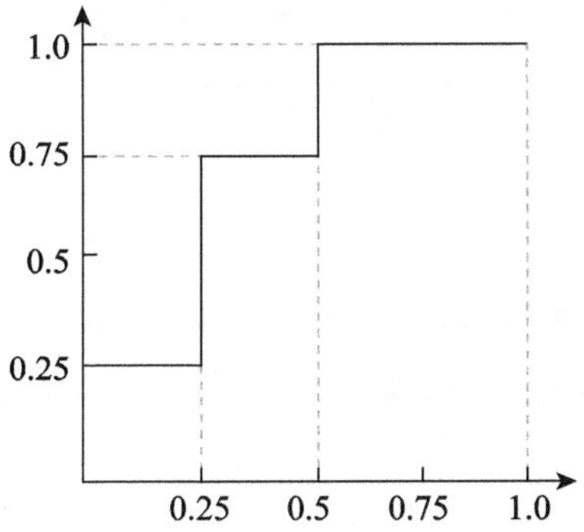

图 4－4　ROC 曲线

表 4－12　预测结果

预测	标签
0.91	1
0.85	0
0.77	1
0.72	1
0.61	0
0.48	1
0.42	0
0.33	0

如图 4－4 所示，图例中共有 8 个测试样本，模型的预测值（按大小排序）和样本的真实标签如表 4－12 所示，绘制 ROC 曲线的整个过程如下所示：

a. 令阈值等于第一个预测值 0.91，所有大于等于 0.91 的预测值都被判定为阳性，此时 $TPR=1/4$，$FPR=0/4$，所以，我们有了第一个点（0.0，0.25）

b. 令阈值等于第二个预测值 0.85，所有大于等于 0.85 的预测值都被判定为阳性，这种情况下第二个样本属于被错误预测为阳性的阴性样本，也就是 FP，此时 $TPR=1/4$，$FPR=1/4$，所以我们有了第二个点（0.25，0.25）

c. 按照这种方法依次取第三、四……个预测值作为阈值，就能依次得到 ROC 曲线上的坐标点（0.5，0.25）、（0.75，0.25）…（1.0，1.0）

d. 将各个点依次连接起来，就得到了如图 4－4 所示的 ROC 曲线

e. 计算 ROC 曲线下方的面积为 0.75，即 AUC = 0.75

从 AUC 判断分类器(预测模型)优劣的标准：

AUC = 1，是完美分类器。

AUC = [0.85,0.95]，效果很好。

AUC = [0.7,0.85]，效果一般。

AUC = [0.5,0.7]，效果较低，但用于预测股票已经很不错了。

AUC = 0.5，跟随机猜测一样(例：丢铜板)，模型没有预测价值。

AUC < 0.5，比随机猜测还差；但只要总是反向预测而行，就优于随机猜测。

总之，一个优秀的模型的 AUC 接近 1，表明有一个良好的可分离性测量。因此，不良模型的 AUC 趋近于 0，显示出最差的可分离性度量。特别注意的一点就是具有高 AUC 的分类器有时在特定区域的得分可能低于另一个具有较低 AUC 的分类器。但在实际中，AUC 作为预测准确性的一般衡量标准表现还是良好的。

4.2.2 精度召回率曲线

与 ROC 曲线一样，精度召回率曲线(PR 曲线)也可以用于解决二元分类预测模型的优劣。精度召回率曲线的工作方式与 ROC 曲线方式不同，它通过精准率和召回率及两者的对应关系来衡量模型性能。

(1) 相关术语

精度，也称阳性预测量。用来量化正确预测的百分比。结果的值介于0.0之间(表示无精度)和 1.0 表示完全或完全精度。

$$Precison = \frac{TP}{TP + FP} \tag{4-11}$$

召回率，也称灵敏度。量化识别积极因素方面的敏感程度。结果的值介于 0.0之间(表示无召回)和 1.0 表示完全或完全召回。

$$Recall = \frac{TP}{TP + FN} \tag{4-12}$$

假设有 22 名触法未成年人基本信息组成的数据集，采用一款暴力犯罪评估工具，用来进行判断是否具有暴力倾向(测试结果仅为是或否)，其中 12 名有暴力倾向未成年人的数据信息和 10 名没有暴力倾向未成年人的数据信息。经过工具测试，判定结果为其中 8 名未成年人有暴力倾向，14 名没有暴力倾向的未成年人。

模型的精度和召回率为：

$$Precision = \frac{TP}{TP + FP} = \frac{5}{5 + 3} = \frac{5}{8}$$

$$Recall = \frac{TP}{TP + FN} = \frac{5}{5 + 7} = \frac{5}{12}$$

经计算可以看出，精确率和召回率分别从不同的角度来衡量了一个模型的表现能力，其中精确率衡量的是模型发现正样本相关性的能力，而召回率则是衡量模型在整个数据集中发现正样本的能力，并且可以发现两者的结果都是越大越接近于 1 越好。

（2）F－score 指标

准确率、精确率或召回率都从不同的角度来衡量一个模型性能的好坏，但他们都不能全面地评估一个模型。列举几个实例来说明：

表 4－13 双模型指标对比

模型	数据集 N = 10000	准确率 $ACC = \frac{TP + TN}{N}$	精度 $\frac{TP}{TP + FP}$	召回率 $\frac{TP}{TP + FN}$
模型 1	TP = 300 FP = 9700 TN = 0 FN = 0	$\frac{300}{10000} = 0.03$	$\frac{300}{10000} = 0.03$	$\frac{300}{300 + 0} = 1$
模型 2	TP = 50 FP = 0 TN = 9700 FN = 250	$\frac{50 + 9700}{10000} = 0.975$	$\frac{50}{50 + 0} = 1$	$\frac{50}{50 + 250} = 0.167$

从表 4－13 中可以看出，模型 1 中的召回率高，但准确率和精度都很低；模型 2 中的准确率和精度都很高，但召回率低。模型 1 与模型 2 的分析结果表明精确率和召回率存在某种联系，这种联系可以通过一个统一的指标来衡量，即*F－score* 指标。

$$F - score = (1 + \beta^2) \frac{Precision \times Recall}{\beta^2 \times Precision + Recall} \tag{4-13}$$

当 $\beta = 1$ 时，公式可简写为：

$$F_1 = \frac{2}{\frac{1}{Recall} \times \frac{1}{Precision}} = 2 \times \frac{Precision \times Recall}{Precision + Recall} = \frac{TP}{TP + \frac{1}{2}(FP + FN)}$$

(4 - 14)

当 $Score = 1$ 时,也称为 F_1 指标。

当数据集中的所有样本均为预测正样本,TP = 200,FP = 100000,TN = 0,FN = 0,则:

假设我们有个数据集包含了 10 名触法未成年人,其中有 7 人是累犯,3 人非累犯。采用某种预测分析方法,可以识别出累犯和非累犯。使用 $F_1 - score$ 分数进行评估。

第一步:建立混淆矩阵

表 4 - 14 混淆矩阵

		实测		合计
		正例	反例	
预测	正例	5	1	6
	反例	2	2	4
	合计	7	3	10

第二步:模型的精度

$$Precision = \frac{TP}{TP + FP} = \frac{5}{5 + 1} = 0.83$$

第三步:召回率

$$Recall = \frac{TP}{TP + FN} = \frac{5}{5 + 2} = 0.71$$

第四步:计算 F 分数

$$F_1 = \frac{2}{\frac{1}{Recall} \times \frac{1}{Precision}} = 2 \times \frac{Precision \times Recall}{Precision + Recall} = 2 \times \frac{0.83 \times 0.71}{0.83 + 0.71} = 0.77$$

F_1 分数是精度和召回率的几何平均值。与算术平均值一样,作为几何平均值,F_1 介于精度和召回率之间。

(3)精度 - 召回率曲线(或 PR 曲线)

PR 曲线是不同概率阈值的精度(y 轴)和召回率(x 轴)的图。

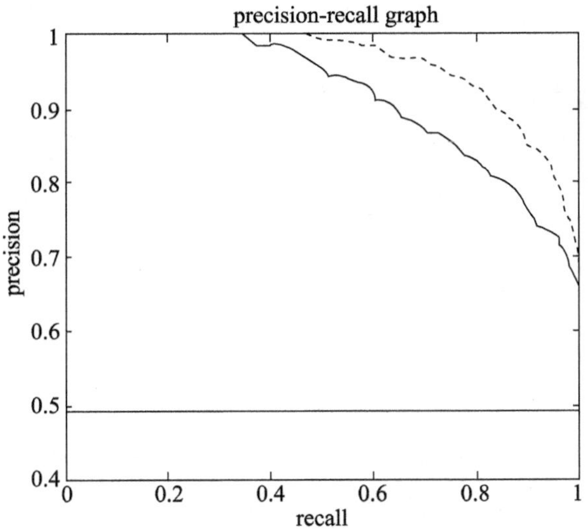

图4-5 精度-召回率

与ROC曲线类似,当两个结果分开时,精度-召回率曲线将接近右上角。通常,生成更接近右上角的精度-召回率曲线的模型比生成偏向图底部的精度-召回率曲线的模型更好。

精确召回曲线下面积(AUC)与ROC曲线下面积(AUC)类似,因为它将具有一系列阈值的曲线汇总为单个分数。该分数可被用作二元分类问题上不同模型之间的比较点,其中分数1.0表示具有完美技能的模型。

PR曲线下的面积与模型的性能联系:PR曲线下的面积尽可能大,而在y轴上有精度,尽可能高。换句话说,就是各种阈值的高召回率和高精度值。这只有在模型能够正确分类两个类的样本时才有可能,即模型为正类样本提供高概率,为负类样本提供低概率。这将转化为PR曲线下方具有更多面积的曲线。因此,PR曲线下的面积与模型的性能直接相关。

ROC曲线与PR曲线之间的区间:

ROC通常用于呈现机器学习的二元决策问题的结果。PR曲线在面对数据不平均衡时,可以更深入地了解算法的性能。

第5章

逻辑回归分析

逻辑回归分析(logistic regression)是研究分类问题的一种分析方法,其具有处理速度快、模型简单、预测结果准确率高等特点。逻辑回归分析是未成年人犯罪危险性评估、风险管理及矫治康复研究领域研究中最常用的方法之一,常用来分析某种结论(因变量)与影响因素(自变量)关系,可应用于触法未成年人的风险因素,也可剔除原始数据集中的一些无关因素以确保分析结果的有效性并进行预测。

5.1 逻辑回归的相关定义

逻辑回归分析与线性回归分析都是一种广义线性模型,但两者之间存在很大的差异。线性回归分析是对连续数据进行分析的一种方法,逻辑回归分析则是用来解决数据分类问题;逻辑回归假设因变量 y 服从伯努利分布,而线性回归假设因变量 y 服从高斯分布。二者也有相同之处,即逻辑回归以线性回归为理论基础,通过 Sigmoid 函数引入了非线性因素,也可实现0/1 分类问题的处理。

(1) sigmoid 函数

逻辑回归使用称为 sigmoid 函数的逻辑函数来映射预测及其概率。sigmoid 函数是机器学习中一个比较常用的函数,可用于隐层神经元的输出,也可用来做二分类。

sigmoid 函数是指将任何一个实际值转换为 0 到 1 之间范围的 S 曲线,也称 S 逻辑回归的激活函数,定义为:

$$g(x) = \frac{1}{1+e^{-x}} \tag{5-1}$$

其中,e 为自然对数的底数;x 为希望转换数值。

其函数曲线如下:

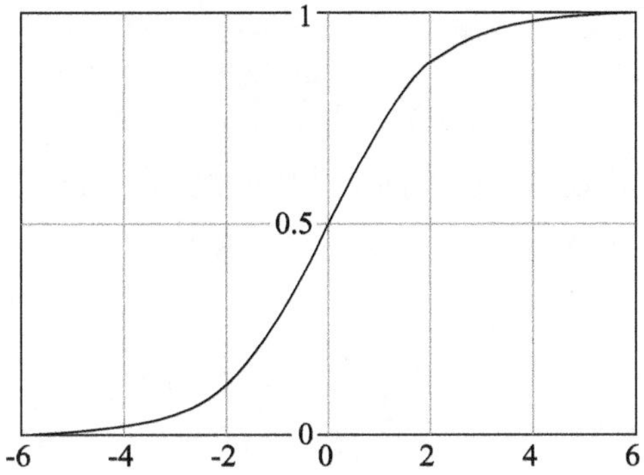

图 5－1　sigmoid 函数

从图 5－1 可以看到 sigmoid 函数是一个光滑的 S 形曲线,它的定义域在 $(-\infty, +\infty)$,值域在(0,1)之间。函数值在自变量远离 0 的地方,会很快接近 0 或者 1。这个特性对于解决二分类问题十分重要。

sigmoid 函数还具有可导性,具体如下:

$$\begin{aligned} sigmoid'(x) &= \left(\frac{1}{1+e^{-x}}\right)' = \frac{1}{1+e^{-x}}e^{-x}(-1) \\ &= \frac{e^{-x}}{(1+e^{-x})^2} = \frac{1}{1+e^{-x}}\left(1-\frac{1}{1+e^{-x}}\right) \\ &= sigmoid(x)(1-sigmoid(x)) \end{aligned} \tag{5-2}$$

(2)几率

将 y 视为 x 为正例的可能性,$1-y$ 为 x 为负例的可能性。两者的比值称为几率(odds),指该事件发生与不发生的概率比值。

$$odds = \frac{y}{1-y} \tag{5-3}$$

则对数几率:

$$logit(y) = ln(odds) = ln\frac{y}{1-y} \tag{5-4}$$

上式也称为关于 y 的 *logit* 变换，记为 $logit(y)$。几率可以确定成功与失败的比率，而成功的概率是成功次数占整体次数的百分比。

(3)优势比

优势比(odds ratio，OR)是用来描述某种推测为真的概率与某种推测为假的概率比值。公式如下：

$$OR = \frac{odds_1}{odds_2} \tag{5-5}$$

P_1和P_0分别表示特定事件在不同组发生的概率。当特定事件发生率极低时，优势比可以近似看为相对危险度(relative risk，RR)。

$$OR = \frac{\dfrac{P_1}{1-P_1}}{\dfrac{P_0}{1-P_0}} \approx \frac{P_1}{P_0} = RR \tag{5-6}$$

5.2 二元逻辑回归模型构建步骤

二元逻辑回归模型在给定自变量的情况下，对特征存在的概率进行建模。自变量可以是分类变量、连续变量或者是两者的组合，因变量则是具有单个试验或成功概率的二项式随机变量。

二元逻辑回归的因变量只有两个分类，如模型判定结果是累犯和非累犯。自变量既可以是分类变量，也可以是连续变量。它可以从多个自变量中选出对因变量有影响的自变量，并给出结果用于预测。一般二元逻辑回归构建都分三个步骤：寻找假设构造函数，构造 J 函数(损失函数)，使 J 函数最小并求得回归参数。

第一步：假设构造函数

输入特征变量函数可表示为：

$$z = \theta_0 x_0 + \theta_1 x_1 + \theta_2 x_2 + \cdots \theta_n x_n = \sum_{i=1}^{n} \theta_i x_i = \theta^T X \tag{5-7}$$

其中，X 为输入向量，参数 θ 表示回归系数，z 表示预测函数的输入。

逻辑回归是一种广义的线性模型，借助指数分布和正规连接来构建模型。z 的条件概率 $p(z|x;\theta)$ 服从指数分布，在给定 x 和参数 θ 后，逻辑函数可表示为：

$$g(z) = \frac{1}{1+e^{-z}} \tag{5-8}$$

构造的假设函数表示为：

$$h_\theta(x) = g(\theta^T X) = \frac{1}{1+e^{-(\theta^T X)}} \tag{5-9}$$

假定$h_\theta(x)$表示结果取1的概率，则对于输入x的分类结果的类别1和0的概率则可表示为：

$$p(y=1 \mid x;\theta) = h_\theta(x) = \frac{1}{1+e^{-\theta^T x}} = \frac{e^{\theta^T x}}{1+e^{\theta^T x}} \tag{5-10}$$

$$p(y=0 \mid x;\theta) = 1 - h_\theta(x) = \frac{1}{1+e^{\theta^T x}} \tag{5-11}$$

注：这里$g(h)$是为sigmoid函数，与之相比对应的决策函数为：

$$y^* = 1, if P(y=1 \mid x) > TH \tag{5-12}$$

其中，TH表示阈值。在实际的应用过程中，阈值会根据实际的特定情况进行选定。如果对正例判别准确性要求较高，可以将阈值设值大一些，如选定0.6或0.7等。TH值一般默认选定为0.5。

第二步：损失函数

损失函数也称代价函数（cost function），用来衡量模型的预测值和真实值不一样的程度。在应用中，损失函数通常作为学习准则和优化问题相联系，即通过最小化损失函数求解和评估模型。

如果把单样本看成一个事件，这个事件发生的概率为：

$$P(y \mid x) = \begin{cases} p, y=1 \\ 1-p, y=0 \end{cases} \tag{5-13}$$

等价于：

$$P(y_i \mid x;\theta) = (h_\theta(x))^y (1-h_\theta(x))^{1-y} \tag{5-14}$$

对于有N个样本的数据集，第i个样本可表示为$(x^{(i)}, y^{(i)})$。如果标签$y=1$，则$1-y$代表$y=0$的标签。

对样本集$\{(x^1,y^1),(x^2,y^2),\cdots,(x^N,y^N)\}$发生的总概率：

$$\begin{aligned} L(\theta) &= \prod_{i=1}^{N} P(y^{(i)} \mid x^{(i)};\theta) = \prod_{i=1}^{N} (h_\theta(x^{(i)}))^{y^{(i)}} (1-h_\theta(x^{(i)}))^{1-y^{(i)}} \\ &= \prod_{i=1}^{N} (P(x^{(i)}))^{y^{(i)}} (1-P(x^{(i)}))^{1-y^{(i)}} \end{aligned} \tag{5-15}$$

为了更方便求解，我们对等式两边同取对数：

$$l(\theta) = lnL(\theta) = \sum_{i=1}^{N} [y^{(i)} lnP(x^{(i)}) + (1 - y^{(i)}) ln(1 - p(x^{(i)}))]$$

$$= \sum_{i=1}^{N} [y^{(i)} ln \frac{P(x^{(i)})}{1 - P(x^{(i)})} + (1 - y^{(i)}) ln(1 - P(x^{(i)}))]$$

$$= \sum_{i=1}^{N} [y^{(i)} (\theta \cdot x^{(i)}) - ln(1 + e^{\theta \cdot x^{(i)}})] \quad (5-16)$$

最大似然函数估计就是求 $l(\theta)$ 取最大值时的 θ,其求得的 θ 就是要求的最佳参数。

逻辑回归模型,最常用的损失函数为交叉熵,记为 $J(\theta)$。其取值为:

$$J(\theta) = -\frac{1}{N} l(\theta) \quad (5-17)$$

如果有多个样本,则可以将所有代价函数的取值求均值,记作 $J(\theta)$。

$$J(\theta) = -\frac{1}{N} \sum_{i=1}^{N} [y^{(i)} (\theta \cdot x^{(i)}) - ln(1 + e^{\theta \cdot x^{(i)}})] \quad (5-18)$$

因为乘以了一个负数 $-1/N$,所以取 $J(\theta)$ 最小值的 θ 为要求的最佳参数。

第三步:优化参数

求解逻辑回归的方法有非常多,通常采用的方法为梯度下降法和牛顿迭代法。优化的主要目标是找到一个方向,参数朝这个方向移动之后使损失函数的值能够减小,这个方向往往由一阶偏导或者二阶偏导各种组合求得。

(1)梯度下降法

梯度下降法是通过迭代找到目标函数的最小值(收敛到最小值)。这就好比是在一个陡坡上,找到当前点的最陡峭的地方,然后向下降方向移动一步,然后接着计算当前基准点的基础上,找到一个陡峭的地方,直到最后到达最大低处。梯度下降法是在变量空间中某一点处,函数沿着梯度方向具有最大变化率,那么在优化目标函数的时候,自然沿着负梯度方向去减小函数值,以此达到优化目标。损失函数对各个参数的偏导数,偏导数的方向决定了在学习过程中参数下降的方向,学习率(通常用 α 表示)决定了每步变化的步长。

将损失函数代入公式,通过 $J(\theta)$ 对 θ 的一阶导数来找下降方向,并且以迭代的方式来更新参数,更新方式为:

$$\frac{\partial J(\theta)}{\partial \theta_j} = \sum_{i=1}^{m} \frac{1}{m}\left(\frac{e^{\theta^T x^{(i)}}}{1+e^{-\theta^T x}} x_j^{(i)} - y^{(i)} x_j^{(i)}\right)$$

$$= \sum_{i=1}^{m} \frac{1}{m}(h_\theta(x^{(i)}) - y^{(i)}) x_j^{(i)},(j=0,1,2,\cdots,n) \quad (5-19)$$

所以参数迭代更新式为：

$$\theta_j = \theta_j - a\frac{1}{m}\sum_{i=1}^{m}(h_\theta(x^{(i)}) - y^{(i)}) x_j^{(i)},(j=0,1,2,\cdots,n) \quad (5-20)$$

$$g_i = \frac{\partial J(w)}{\partial w_i} = (p(x_i) - y_i) x_i \quad (5-21)$$

$$w_i^{k+1} = w_i^k - a g_i \quad (5-22)$$

其中，k 为迭代次数。每次更新参数后，可以通过比较 $||J(\theta^{k+1}) - J(\theta^k)||$。小于阈值或者到达最大迭代次数来停止迭代。

①单变量函数梯度下降法应用

假设 $J(\theta)=\theta^2$，初始化$\theta^0=1$，学习率为 0.4，利用梯度下降法确定 θ 的极小值。（迭代次数为 4）

答：

$$J'(\theta) = 2\theta$$

根据梯度下降法算法：

$$w_i^{k+1} = w_i^k - a g_i$$

则梯度下降迭代法计算过程：

$$\theta^0 = 1$$

$$\theta^1 = \theta^0 - 0.4\times(2\times\theta^0) = 1 - 0.4\times(2\times1) = 0.2$$

$$\theta^2 = \theta^1 - 0.4\times(2\times\theta^1) = 0.2 - 0.4\times(2\times0.2) = 0.04$$

$$\theta^3 = \theta^2 - 0.4\times(2\times\theta^2) = 0.04 - 0.4\times(2\times0.04) = 0.008$$

$$\theta^4 = \theta^3 - 0.4\times(2\times\theta^3) = 0.008 - 0.4\times(2\times0.008) = 0.0016$$

②多变量函数的梯度下降

假设目标函数 $J(\Theta)=\theta_1^2+\theta_2^2$

现在要计算这个函数的最小值

设$\Theta^0 = <1,3>, \alpha=0.1$

$\nabla J(\Theta) = <2\theta_1, 2\theta_2>$

$\Theta^0 = (1,3)$

$\Theta^1 = \Theta^0 - a \nabla J(\Theta^0) = <1,3> - 0.1 \times <2 \times 1, 2 \times 3 = <0.8, 2.4>$

$\Theta^2 = \Theta^1 - a \nabla J(\Theta^1) = <0.8, 2.4> - 0.1 \times <2 \times 0.8, 2 \times 2.4> = <0.64, 1.92>$

……

直到满足终止条件为止。此时应注意Θ^i为向量,结果用“< >”表示为向量。

(2)牛顿迭代法

牛顿迭代法的基本思路是在现有极小点估计值的附近对$f(x)$做二阶泰勒展开,进而找到极小点的下一个估计值。假设θ^k为当前的极小值估计值,那么有:

$$\varphi(\theta) = J(\theta^k) + J'(\theta^k)(\theta - \theta^k) + \frac{1}{2} J''(\theta^k)(\theta - \theta^k)^2 \tag{5-23}$$

然后令$\varphi'(\theta) = 0$,得到了$\theta^{k+1} = \theta^k - \frac{J'(\theta^k)}{J''(\theta^k)}$,因此有迭代更新式:

$$\theta^{k+1} = w^k - \frac{J'(\theta^k)}{J''(\theta^k)} = \theta^k - H_k^{-1} \cdot g_k \tag{5-24}$$

其中,H_k^{-1}为海森矩阵:

$$H_{mn} = \frac{\partial^2 J(\theta)}{\partial \theta_m \partial \theta_n} = h_\theta(x^{(i)}(1 - p_\theta(x^i))\, x_m^i\, x_n^i) \tag{5-25}$$

此外,这个方法需要目标函数是二阶连续可微的,文中的$J(\theta)$是符合要求的。

如果为分层资料,设有g层,每层有$n_k(k = 1,2,3,\cdots,g)$例观察对象,其中有d_k个病例,则似然函数为:

$$L = \prod_{k=1}^{g} P_k^{d_k} (1 - P_k)^{n_k - d_k} \tag{5-26}$$

式中P_k表示第k层阳性结果发生的概率。

5.3 逻辑回归的统计检验

逻辑回归方程的显著性检验的目的是检验所有自变量与逻辑回归的线性关系是否显著,是否可以选择线性模型。接受原假设则表示自变量与逻辑回归关系不显著,否则存在显著性。

5.3.1　总体拟合优度检验

在逻辑回归中,当观察数据的方差大于二项式模型的预测方差时,就会发生过度离散。拟合优度检验主要是运用判定系数和回归标准差,检验模型对样本观测值的拟合程度。譬如要检验一颗骰子是不是均匀的,那么可以将该骰子抛掷若干次。记录每一面出现的次数,从这些数据出发去检验各面出现的概率是否都是 1/6,拟合优度检验就是用来检验一批分类数据所来自的总体的分布是否与某种理论分布相一致。

逻辑回归的总体拟合优度的检验方法主要有以下两种:

(1)似然比检验结果

在逻辑回归中,样本的拟合程度是否得到显著提高,通常采用对数似然比测度拟合度。似然比检验的基本思想是在将解释变量增加到仅包含截距的模型(所有的自变量均为零),然后对比两种条件下模型似然对数比的变化。

H_0(零假设):假设各回归系数同时为 0。没有解释变量的模型与具有解释变量的模型预测过程结果表现一样好。

H_1(备择假设):假设各回归系数不同时为 0,没有解释变量的模型与具有解释变量的模型预测过程结果表现存在一定的差异。

似然比检验的 P 值小于 α,则说明模型有效的,否则说明模型无效。

具体做法,先拟合一个不包含准备检验的变量在内的逻辑回归模型(截距模型),求出它的对数似然函数值 $ln\ L_0$,然后把需要检验的变量加入模型中再进行配合,得到一个新的对数似然函数值 $ln\ L_1$。似然比统计量 G^2(拟合优度)可定量的描述自变量对模型拟合能力的提高。其计算公式为:

$$G^2 = 2(ln\ L_1 - ln\ L_0) \tag{5-27}$$

其中,L_0 和 L_1 分别是完整模型和简化模型的对数似然值。

假设简化模型回归系数为 0 的个数为 $k+1$ 个,完整模型中为 $r+1$ 个,则回归系数在原假设中被检验的数量为 $(k+1)-(r+1)=k-r$。当样本含量较大时,在零假设下得到的 G^2 统计量近似服务自由度为 $d=k-r$ 的 χ^2 分布。若 $G^2 \geqslant \chi^2_{\alpha,d}$ 时,表示新加入的 d 个变量对回归方和有统计学意义。如果只有一个回归系数检验,则 $d=1$。

表 5-1 项目研究原始数据集

分层 K	情绪稳定 X_1	有特殊教育需求 X_2	观察例数 nk	累犯例数 dk	非累犯例数 $nk-dk$
1	0	0	199	63	136
2	0	1	170	63	107
3	1	0	101	44	57
4	1	1	416	265	151

其中各变量编码：

$$X_1=\begin{cases}1,\text{情绪不稳定}\\0,\text{情绪稳定}\end{cases}\quad X_2=\begin{cases}1,\text{有特殊教育需求}\\0,\text{无特殊教育需求}\end{cases}\quad Y=\begin{cases}1,\text{累犯}\\0,\text{非累犯}\end{cases}$$

采用 newton - Raphson 迭代方法使对数似然函数达到极大值，获取参数值。由公式：

$$L=\prod_{k=1}^{g}P_k^{dk}\,(1-P_k)^{nk-nd}$$

算出：

$lnL(X_1)=-585.326 \quad lnL(X_2)=-597.436 \quad lnL(X_1,X_2)=-579.711$

对于 X_1，假设H_0：$\beta_1=0$，H_1：$\beta_1\neq 0$

$$G^2=2[lnL(X_1,X_2)-lnL(X_2)]=2[-579.711-(-597.436)]=35.45$$

查χ^2界值表得$\chi^2_{0.05,1}=3.84$，$G>3.84$，故 $\alpha=0.05$ 检验水准上拒绝H_0，接受H_1，说明从统计学意义上看控制情绪对累犯有显著性关系。

对于 X_2，假设H_0：$\beta_2=0$，H_1：$\beta_2\neq 0$

$$G^2=2[lnL(X_1,X_2)-lnL(X_1)]=2[-579.711-(-585.326)]=11.23$$

查χ^2界值表得$\chi^2_{0.05,1}=3.84$，$G>3.84$，故 $\alpha=0.05$ 检验水准上拒绝H_0，接受H_1，说明从统计学意义上看特殊教育需求对累犯有显著性关系。

(2)利用 Pearson χ2、偏差(deviance)和 Hosmer - Lemeshow(HL)指标

Pearson χ2 和偏差(deviance)这两个参数主要用于自变量不多且多为分类变量的情况。

Pearson χ2 相关系数(R 值)可以判断自变量与因变量的关系，以确定该自变量有没有纳入回归方程的必要。R^2表示每个观测点的离差，其值取值范围在 0 至

1 之间。当趋势线 R^2 越接近于 1，则意味着模型拟合程度越高，可靠性越高，反之则可靠性较低。

偏差（deviance）拟合优度检验的 P 值通常会随着每行试验数的递减而递减。二元响应/频率格式的数据中每行的试验数通常会较少。因此，如果数据为二元响应/频率格式，则偏差拟合优度检验可能指示拟合较差，即使实际上拟合很好也是如此。当数据为事件/试验格式，但每行的试验数较少时，偏差拟合优度检验还可能会错误地指出拟合较差。

Hosmer – Lemeshow 检验不依赖数据的格式。当数据中每行的试验数很少时，Hosmer – Lemeshow 检验能够更可靠地指出模型对数据的拟合优度。

Pearson$\chi 2$、偏差（deviance）指标值和 Hosmer – Lemeshow（HL）指标均服从 $\chi 2$ 分布，$\chi 2$ 检验无统计学意义（$P>0.05$）表示模型拟合得较好，$\chi 2$ 检验有统计学意义（$P\leqslant 0.05$）则表示模型拟合得较差。

5.3.2　回归系数的显著性检验

当逻辑回归模型整体检验有意义后，还需要对模型中的每一个自变量的回归系数进行假设检验，检验每一个变量的贡献或作用。Wald 检验是一种在统计模型中测定特定解释变量的重要性的方法，用来检测单个回归系数的显著性检验。在逻辑回归 Wald 检验后表明解释变量不具有重要意义，则可以从模型中省略这些解释变量。

假设两个未成年人生活在不同的家庭环境中，未成年人 A 家庭中父母双方中至少有一人经常出现暴力行为，未成年人 B 家庭中父母双方均没有过暴力行为。在猜测两个未成年人谁更有可能有暴力倾向时，多数人会选择未成年人 A。仅依赖回归系数不能充分说明父母的暴力行为与未成年人暴力倾向的相关关系，这需要进一步进行检验。Wald 检验可以完成这样的验证。

假设 β_i 表示父母暴力行为的回归系数。

原假设 $H_0: \beta_i = 0$

备择假设 $H_1: \beta_i \neq 0$

计算结果，接受原假设表示父母的暴力行为与未成年人的暴力倾向无统计学意义，两者不相关。若拒绝原假设，接受备择假设，这说明父母的暴力行为与未成年人的暴力倾向具有统计学意义,有显著相关性。

Wald 检验只需将参数β_j的估计值b_j与b_0比较,并用它的标准误S_{b_j}作为参照,为检验$H_0: \beta_j = 0, H_1: \beta_j \neq 0$,计算如下统计量

$$W = \frac{(\hat{b}_j - b_0)}{\widehat{se}(\hat{b}_j)} \sim N(0,1) \tag{5-28}$$

$$W^2 = \frac{(\hat{b}_j - b_0)^2}{\widehat{var}(\hat{b}_j)} \sim \chi^2 \tag{5-29}$$

对于大样本资料,在零假设下 W 似服从标准正分布,而W^2则近似服从自由度为 $\nu = 1$ 的χ^2分布。

故上述实例的 Wald 检验:

对于$H_0: \beta_1 = 0, H_1: \beta_1 \neq 0, \alpha = 0.05$

$$W^2 = \frac{(\hat{b}_j - b_0)^2}{\widehat{var}(\hat{b}_j)} = \left(\frac{0.8856}{0.1500}\right)^2 = 34.86$$

对于$H_0: \beta_2 = 0, H_1: \beta_2 \neq 0, \alpha = 0.05$

$$W^2 = \frac{(\hat{b}_j - b_0)^2}{\widehat{var}(\hat{b}_j)} = \left(\frac{0.5261}{0.1572}\right)^2 = 11.20$$

查χ^2界值表得$\chi^2_{0.05,1} = 3.84$,而上述两项的W^2值均大于 3.84,都拒绝H_0,接受H_1,说明累犯与情绪稳定、有特殊教育需求有统计意义的显著性关系。

5.4 回归系数和优势比

样本数据输入至逻辑回归模型进行处理,并且能正确解释其生成结果,则逻辑模型是准确的。通常采用分析估计值的统计显著性来对模型进行评价。但对回归系数的大小没有给予太多的关注。然而,解释回归系数与研究假设或问题的关系也是逻辑回归的实践应用之一。

系数在线性回归中很容易解释,但在逻辑回归中则不然,因为后者产生的估计值不那么直观。在逻辑回归中,*Logit* 变换可揭示自变量对因变量的自然对数变化的影响。逻辑回归模型的回归系数和 OR 值关系密切,类似于线性回归。β_0表示模型中所有变量均为 0 时,$ln(odds)$的值;回归系数β_j表示模型在其控制的其他

变量时，自变量x_j增加一个单位，引起的 $ln(odds)$ 的值的改变量。

根据逻辑回归模型公式可得：

$$ln(odds_0) = \beta_0 x_0 + \beta_1 x_1 + \beta_2 x_2 + \cdots + \beta_j x_j + \cdots + \beta_n x_n \quad (5-30)$$

$$ln(odds_1) = \beta_0 x_0 + \beta_1 x_1 + \beta_2 x_2 + \cdots + \beta_j (x_j + 1) + \cdots + \beta_n x_n \quad (5-31)$$

$$ln(odds_1) - ln(odds_0) = \beta_j \quad (5-32)$$

改写上述公式，变量x_j增加一个单位后与增加一个单位前的优势比的对数等于β_j。

$$ln\left(\frac{odds_1}{odds_0}\right) = \beta_j \quad (5-33)$$

x_j增加一个单位后与增加一个单位前的优势比的对数e^{β_j}，

$$OR = \frac{odds_1}{odds_0} = e^{\beta_j} = exp(\beta_j) \quad (5-34)$$

在 logistic 回归模型中，优势比可以作为估计效应大小的指标，用来度量某个自变量优势影响程度的大小。*OR* 值大小的意义如下：

$OR = 1$，表示该因素对结局变量不起作用；

$OR > 1$，表示该因素是危险因素；

$OR < 1$，表示该因素是保护因素。

研究结局变量是否犯罪，收集的自变量有未成年人年龄、种族、是否辍学、父母监督、药物滥用、父母婚姻状况等。某研究比较关注父母婚姻状况与未成年人犯罪之间的关系。具体信息如表 5－2 所示：

表 5－2　父母婚姻状况与未成年人犯罪数据统计

父母婚姻现状	是否犯罪		
	是	否	合计
正常	29	86	115
离异	30	44	74
合计	59	130	189

在实验对照研究中，*OR* 值表示实验组某因素的暴露比值与对照组该因素的暴露比值之比。可以反映出实验组某因素的比例为对照组的若干倍。从这组数据中可以分析父母婚姻状况与未成年人是否犯罪之间的关联强度。

实验组（犯罪）的暴露（离异）概率 =30/59

实验组（犯罪）的非暴露（正常）概率 =29/59

实验组（犯罪）的暴露（离异）与非暴露（正常）比值

$$odds = \frac{30/59}{29/59} = \frac{30}{29}$$

同理，可求得对照组（非犯罪）的暴露（离异）与非暴露（正常）的比值

$$odds = 44/86$$

则优势比为：

$$OR = \frac{odds_1}{odds_0} = \frac{30/29}{44/86} = 2.022$$

由此可得，回归系数 β 值为 $ln2.022 = 0.704$。

当有多个因素的 logistic 回归分析时，就需要采用校正 *OR* 值。未校正的混杂因素 *OR* 称为粗优势比（Crude odd ratio）。

若自变量纳入父母婚姻状况和父母监管。在校正父母监管因素，借助于相关的统计分析软件，可得到未成年人在父母离异家庭中犯罪的风险是不犯罪风险的 2.038 倍。

5.5 逻辑回归的应用

5.5.1 逻辑回归预测分析

假设某项研究欲分析父母吸烟对孩子的影响，采用逻辑回归法进行分析。

具体数据如下：

条件	孩子吸烟	
	是/人数	否/人数
父母双方都吸烟	400	1380
父母一方吸烟	416	1823
父母双方都不吸烟	188	1168

解答：

(1)构建逻辑回归方程

由上表可知,解释变量 x 具有三个水平,以父母双方都不吸烟,孩子吸烟为预测因子基线,并对其他解释变量设置,具体来说：

x_{0i}　父母双方均不吸烟

x_{1i}　父母双方有一人吸烟

x_{2i}　父母双方均吸烟

逻辑回归方程为：

$$Logit(\pi) = \beta_0 + \beta_1 x_1 + \beta_2 x_2$$

其中,π 表示孩子吸烟的概率,

β_0：当父母双方不吸烟,孩子吸烟的对数几率。

$$\widehat{\beta_0} = log\left(\frac{188}{1168}\right) = -1.826$$

同时,β_0 也代表估计的截距。

β_1：当比较一个吸烟家长的孩子与父母都不吸烟的孩子时,吸烟学生的对数比值比。

$$\widehat{\beta_1} = log\left(\frac{416/1823}{188/1168}\right) = log(1.42) = 0.351$$

β_2：当比较父母两个人都吸烟的孩子与父母都不吸烟的孩子时,吸烟孩子的对数比值比。

$$\widehat{\beta_2} = log\left(\frac{400/1380}{188/1168}\right) = log(1.8) = 0.588$$

将上述参数代入逻辑回归方程则有：

$$Logit(\pi) = -1.8266 + 0.3491\ x_1 + 0.5882\ x_2$$

孩子吸烟的估计概率,给定的解释变量为：

$$\widehat{\pi}_i = \frac{exp(-1.8266 + 0.3491\ x_1 + 0.5882\ x_2)}{1 + -1.8266 + 0.3491\ x_1 + 0.5882\ x_2}$$

假设只有一位家长吸烟,则孩子吸烟的概率为：

$$P(Y = 1 \mid x_1 = 1, x_2 = 0) = \frac{exp(-1.8266 + 0.3491)}{1 + exp(-1.8266 + 0.3491)} = 0.1858$$

(2)整体拟合度检验

首先,检验所有预测变量的联合显著性。

$H_0:\beta_1=\beta_2=0$,指定模型仅截距。

$H_1:\beta_1$或β_2至少有一个不为0。

表5-3 检验全局原假设:beta=0

测试	卡方 chi-Square	DF	Pr > ChiSq
似然比	38.3658	2	<0.001
比分检验(score)	37.5663	2	<0.001
Wald	37.0861	2	<0.001

从表5-3可以得出,似然比的显著性检验$p<0.01$,则模型整体的拟合度较好。

其次,Pearson和偏差拟合优度统计量。

表5-4 偏差和Pearson拟合优度统计量

标准	值	DF	Value/DF	Pr > chiSq
偏差	38.3658	2	19.1829	<0.001
Pearson	37.5663	2	18.7832	<0.001

事件/试验观测值数量:3

Pearsonχ^2和偏差G^2用于测试独立性,从表5-4可以得出,逻辑模型完成拟合,但独立模型不太拟合。

(3)测试单个参数

用于检验单个变量的显著性x_j

原假设$H_0:\beta_j=0$

备择假设$H_0:\beta_j\neq0$

使用Wlad检验统计量和P值。一个很大的z或z^2表明可以拒绝原假设并得出结论:β_j不是0。

表5-5 最大似然估计分析

参数	DF	估计	标准误差	Wald 卡方	Pr > ChiSq
截距	1	-1.8266	0.0786	540.2949	<0.001

续表

参数		DF	估计	标准误差	Wald 卡方	Pr > ChiSq
S	1	1	0.3491	0.0955	13.3481	<0.001
S	2	1	0.5882	0.0970	36.8105	<0.001

$$z^2 = \left(\frac{0.3491}{0.0955}\right)^2 = 13.3481$$

置信区间：近似值$(1-\alpha)100\%$的置位区间β_j由

$$\widehat{\beta_j} \pm z_{(1-\alpha/2)} \times SE(\widehat{\beta_j})$$

例如：95% 置信区间是

$$0.3491 \pm 1.96 \times (0.0955) = (0.16192, 0.5368)$$

如果父母一方吸烟与不吸烟相比，孩子吸烟的比值比为 95% *CI* 为

$$(exp(0.16192), exp(0.5368)) = (1.176, 1.710)$$

P 值小于 α，则学生与家长吸烟行为是相关的。

优势比估计解释：

1）父母一方吸烟和不吸烟的孩子的估计条件比值比：

$$exp(\beta_1) = exp(0.3491) = 1.481$$

由于β_1大于零，父母一方吸烟的解释变量每增加一个单位，则孩子吸烟的风险增加 1.481 倍。

2）父母双方吸烟和不吸烟的孩子的估计条件比值比：

$$exp(\beta_2) = exp(0.5882) = 1.801$$

由于β_2大于零，父母双方吸烟的解释变量每增加一个单位，则孩子吸烟的风险增加 1.801 倍。

3）学生吸烟的父母双方吸烟和父母一方吸烟的估计条件比值比：

$$exp(\beta_2)/exp(\beta_1) = exp(\beta_2 - \beta_1) = \frac{1.801}{1.418} = 1.27$$

与只有父母一方吸烟的学生相比，父母双方吸烟的学生吸烟的概率是其 1.27 倍。

5.5.2　影响因素筛选

在对数据进行研究分析时，原始数据集通常包含多个自变量（解释因子）。过

多的自变量对于逻辑回归模型的构建并不能提高模型的性能,反而会降低模型的精度,增加模型的计算的复杂度。逻辑回归分析的第一步就是剔除冗余自变量,尽可能地找出具有显著影响的因素变量。

某地区拟研究社会环境与未成年累犯之间的关系,实验收集 100 名未成年违法者的数据资料,试用逻辑回归分析。

表 5-6　变量及其赋值说明

变量名	自变量与因变量名	赋值说明
X1	家庭/社会区基础	是 =1　否 =0
X2	庇护所/寄养	是 =1　否 =0
X3	住院评估	有 =1;无 =0　缺失记录 =9
X4	药物滥用	无 =1 偶尔 =2 经常 =3
X5	雇佣情况	否 =0 是 =1
X6	家庭是否有犯罪人员	否 =0 是 =1
Y	是否为累犯	Y =1 累犯;Y =0 非累犯

表 5-7　未成年累犯相关影响因素调查资料整理表

序号	自变量						因变量	序号	自变量						因变量
	X1	X2	X3	X4	X5	X6	Y		X1	X2	X3	X4	X5	X6	Y
1	0	1	9	1	0	0	0	12	0	0	2	1	0	0	0
2	0	0	2	1	0	0	0	13	0	0	2	1	0	0	0
3	0	0	2	3	0	0	0	14	0	0	2	1	0	0	0
4	0	0	2	2	0	0	1	15	0	0	2	1	0	0	0
5	0	0	2	2	0	0	1	16	0	0	2	1	0	0	0
6	0	0	2	2	0	0	1	17	0	0	2	1	0	0	0
7	0	1	2	1	0	0	1	18	0	0	2	1	0	0	0
8	0	0	2	1	0	0	0	19	0	0	2	1	0	0	0
9	0	0	2	1	0	0	0	20	0	0	2	1	0	0	1
10	0	0	2	1	0	0	1	21	0	0	2	1	0	0	1
11	0	0	2	1	0	0	0	22	0	0	2	1	0	0	0

续表

序号	自变量						因变量	序号	自变量						因变量
	X1	X2	X3	X4	X5	X6	Y		X1	X2	X3	X4	X5	X6	Y
23	0	0	2	1	0	1	1	58	1	0	2	1	0	0	1
24	0	0	2	3	0	1	1	59	1	0	2	1	0	0	0
25	0	0	2	1	0	1	1	60	1	0	2	1	0	0	0
26	0	0	2	1	0	1	1	61	1	0	2	1	0	0	1
27	0	0	2	1	0	1	1	62	1	0	2	1	0	0	1
28	0	0	2	1	0	1	1	63	1	0	2	1	0	0	1
29	0	0	2	1	0	1	1	64	1	0	2	1	0	0	0
30	0	0	1	2	0	0	1	65	1	0	2	1	0	0	0
31	0	0	1	1	0	0	0	66	1	0	2	1	0	0	1
32	0	1	1	3	0	1	1	67	1	0	2	1	0	0	1
33	0	0	1	1	0	1	1	68	1	0	2	1	0	0	1
34	0	0	2	1	1	0	1	69	1	0	2	1	0	0	0
35	0	0	2	1	1	0	1	70	1	0	2	1	0	0	0
36	0	0	2	1	1	0	1	71	1	0	2	1	0	0	0
37	0	0	2	1	1	0	1	72	1	0	2	1	0	0	1
38	0	0	2	1	1	0	0	73	1	0	2	1	0	0	1
39	0	1	1	3	1	0	1	74	1	0	2	1	0	0	0
40	0	0	1	2	1	0	1	75	1	0	2	2	0	1	1
41	1	1	9	1	0	0	1	76	1	0	2	2	0	1	1
42	1	0	9	1	0	0	1	77	1	0	2	2	0	1	1
43	1	0	2	2	0	0	0	78	1	1	2	2	0	1	1
44	1	0	2	1	0	0	1	79	1	1	2	2	0	1	1
45	1	0	2	1	0	0	1	80	1	1	2	2	0	1	1
46	1	0	2	3	0	0	1	81	1	0	2	1	0	1	1
47	1	0	2	3	0	0	1	82	1	0	2	1	0	1	1
48	1	0	2	3	0	0	1	83	1	1	2	1	0	1	1
49	1	0	2	3	0	0	1	84	1	0	2	1	0	1	1
50	1	0	2	3	0	0	1	85	1	0	2	1	0	1	1
51	1	0	2	2	0	0	1	86	1	0	1	1	0	0	0
52	1	0	2	2	0	0	1	87	1	1	1	1	0	0	1
53	1	0	2	2	0	0	1	88	1	1	1	3	0	0	1
54	1	0	2	2	0	0	1	89	1	0	1	3	0	0	0
55	1	0	2	2	0	0	1	90	1	1	1	2	0	0	1
56	1	0	2	2	0	0	1	91	1	0	1	1	0	0	0
57	1	1	2	2	0	0	1	92	1	0	1	1	0	0	0

续表

序号	自变量						因变量	序号	自变量						因变量
	X1	X2	X3	X4	X5	X6	Y		X1	X2	X3	X4	X5	X6	Y
93	1	0	1	1	0	0	1	97	1	0	2	1	1	0	1
94	1	1	1	3	0	1	1	98	1	1	2	1	1	1	1
95	1	1	1	1	0	1	1	99	1	1	2	1	1	1	1
96	1	0	2	1	1	0	1	100	1	1	1	3	1	0	0

(1)数据分析

原始数据集采集了100名(含3条部分数据资料缺失)未成年罪犯的数据资料,其中非累犯30名,累犯67名,累犯占全部数据资料的69.1%。

(2)结果分析

采用SPSS26进行分析,结果可以看出

分类表[a]

实测			预测		
			累犯 RECIDIVISM		正确百分比
			No recidivism	Recidivism	
步骤1	累犯 RECIDIVISM	No recidivism	19	11	63.3
		Recidivism	4	63	94.0
	总体百分比				84.5

a. 分界值为.500

模型的整体准确率在84.5%,其中对累犯的预测准确率在94%,而对非累犯的预测则较低,仅为63.3%。

方程中的变量

		B	标准误差	瓦尔德	自由度	显著性	Exp(B)	EXP(B)的95%置信区间	
								下限	上限
步骤1[a]	X5(1)	1.838	.927	3.933	1	.047	6.287	1.022	38.681
	X4			7.054	2	.029			
	X4(1)	3.195	1.224	6.816	1	.009	24.413	2.218	268.762

续表

	B	标准误差	瓦尔德	自由度	显著性	Exp(B)	EXP(B)的 95%置信区间	
							下限	上限
X4(2)	.637	.851	.561	1	.454	1.891	.357	10.020
X1(1)	1.378	.626	4.844	1	.028	3.967	1.163	13.535
X2(1)	2.062	1.344	2.355	1	.125	7.863	.565	109.469
X3(1)	1.711	.940	3.311	1	.069	5.535	.876	34.963
X6(1)	21.333	6941.707	.000	1	.998	1840385595	.000	
常量	-2.730	1.072	6.485	1	.011	.065		

a. 在步骤 1 输入的变量：X5，X4，X1，X2，X3，X6。

假设显著性水平以 $P=0.1$ 为基准，则其中变量 X5，X4，X1，X3 具有统计学意义，最终被选入方程中。四个变量的偏回归系数均为正数，则说明这四个变量也预测累犯呈正相关。

5.6 多项式逻辑回归

在二元逻辑回归中，响应变量是一个二元变量，如“成功”或“失败”两个类别。逻辑回归也可以扩展到处理多分类响应之中，即响应变量可以对应的类别数为 $r(r>2)$。这种情况下，就可以形成 $r(r-1)/2$ 个对数几率，但仅有 $r-1$ 是非冗余的。

Logit 回归共分为三种，分别是二元 Logistic 回归、无序多分类 Logistc 回归，有序多分类 Logistic 回归（也称 Oridinal 回归），这三个方法的区别在于因变量 Y 的数据类型。见表 5-8：

表 5-8 三种逻辑回归对比

项	自变量 X	因变量 Y	举例	其他
二元 Logistic 回归	定量数据 分类数据	分类数据 2 组	是否采取基于社区的居家安置策略	Y 的数字个数仅 2 个，且数字只能是 0 和 1

续表

项	自变量 X	因变量 Y	举例	其他
无序多分类 Logistic 回归	定量数据 分类数据	分类数据 多组无序	累犯的犯罪类型（暴力犯罪、非暴力犯罪、性犯罪）	类别数大于 2，类别数一般小于 10
有序多分类 Logistic 回归	定量数据 分类数据	分类数据 多组有序	风险评估等级（高、中、低）	但类别数大于 2，类别数一般小于 10

5.6.1 有序多分类逻辑回归

在未成年人触法问题研究时，经常会遇到因变量不仅是“是”或“否”的两分类，还可能是多类别选项。逻辑回归模型应用时，因变量存在两个以上的类别选项，同时级别具有自然顺序时（如“从不”，“有时”，“很多”），可使用有序逻辑回归。值得特别注意的是，这些有序类别之间的间隔也并不一定相等。

（1）有序多分类逻辑回归模型

有序 Logistic 回归的模型有累积 Logit 模型、比例优势比模型、连续比值 Logit 模型和相邻比值 Logit 模型，较常用的模型为累积 Logit 模型。

二元 Logistic 回归基础上，因变量的对数概率 $logit(Y)$ 与 X 的线性关系为：

$$logit(p_j) = ln\left(\frac{p_j}{1-p_j}\right) = \alpha_j + \theta_1 x_1 + \theta_2 x_2 + \cdots + \theta_n x_n = \alpha_j + X\theta \tag{5-35}$$

累积事件的概率则表示响应在每个可能的类别 k 或其下类别的概率假设因变量 Y 有 k 个等级有序变量，计算p_j表示的 Y 取到第 j 个值的累积概率，其表达式为：

$$P(Y \leqslant j) = P_1 + P_2 + \cdots + P_j = 1,2,\cdots,k \tag{5-36}$$

累积概率反应因变量的类别顺序。对于具有 k 个类别的模型：

$$P(Y \leqslant 1) < P(Y \leqslant 2) < \cdots < P(Y \leqslant k) = 1 \tag{5-37}$$

最后一个类别 $Y=k$ 时，累积概率和等于 1。

第 $j-1$ 累积概率的 $logit$ 为：

$$logitP(Y \leqslant j \mid x) = ln\left[\frac{P(Y \leqslant j \mid x)}{1-P(Y \leqslant j \mid x)}\right] = \alpha_j + \theta X \tag{5-38}$$

其中，θ 描述的是 X 对因变量 Y 落在类别 j 或者小于 j 的类别的对数优势的效应。

对于有序逻辑回归应用必须要满足两个前提条件：

一是自变量间无多重共线性。样本数据集包含两个或多个彼此高度相关的自变量时，就会发生多重共线性。这导致在理解哪个变量有助解释因变量及计算序数回归时，出现技术问题。确定是否存在多重共线性是有序多分类逻辑回归的重要步骤。

二是满足比例优势的假设。无论因变量的分割点在什么位置，模型中各自变量对因变量的影响不变，即自变量的回归系数与分割点无关。比例优势假设的实现是通过检测自变量的各取值对因变量的影响在各个回归方程中是否相同，也称为平行性检验。

（2）有序多分类逻辑回归模型应用

有一项研究着眼于影响未成年人具有暴力倾向的因素，并基于此制订相关的康复治疗方案。从地区随机抽取 400 名 15 ~ 17 岁的未成年人，采用暴力风险评估表进行测试，测评最终得分转化三类，即无暴力倾向、存在一定暴力倾向风险和暴力倾向较严重。同时，通过调查问卷收集参与测评的未成年人调查的内容主要包含父母是否具有暴力倾向、就读学校是公立还是私立，学生的平均成绩点三方面信息。试用有序多分类 Logistic 进行分类。

解答：

（1）变量编码

解释因素：父母是否具有暴力倾向，就读学校是公立还是私立，学生的平均成绩点。对解释因素的定性变量过编码：

S1i = 0　父母没有暴力倾向 pared

S1i = 1　父母具有暴力倾向

S2i = 0　学校为私立　public

S2i = 1　学校为公立

Y 可分为三类：apply

Y = 0　无 Y = 1 存在一定的暴力倾向　Y = 2 暴力倾向较为严重

（2）优势比主效应模型

$$logit(Y \leqslant J) = \alpha_j + \beta_1 x_1 + \beta_2 x_2 + \beta_3 x_3$$

（3）借助于某统计分析软件，可得到如下结果（见表5－9至表5－12）：

表5－9　未成年人暴力倾向与父母暴力倾向的交叉表

未成年人暴力倾向	父母暴力因素		总计
	无	有	
无（0）	200	20	220
有一定的风险（1）	110	30	140
有暴力倾向（2）	27	13	40
总计	337	63	400

表5－10　未成年人暴力倾向与就读学校的交叉表

未成年人暴力倾向	就读学校		总计
	私立	公立	
无（0）	189	31	220
有一定的风险（1）	124	16	140
有暴力倾向（2）	30	10	40
总计	343	57	400

表5－11　模型整体优化拟合

模型	－2似然对数	Chi_square	df	Sig.
截距	557.272			
最后方程	533.091	24.180	3	0.000

从表5－11中可以看出，$P<0.05$

表5－12　参数估计表

		估计	标准误	Wald	df	Expb	Sig.	95%置信区间	
								低	高
基线	apply＝0	2.203	0.784	7.890	1		0.005	0.666	3.741
	apply＝1	4.299	0.809	28.224	1		0.000	2.713	5.885

续表

		估计	标准误	Wald	df	Expb	Sig.	95% 置信区间	
								低	高
参数	Pared	1.048	0.268	15.231	1	2.85	0.000	0.522	1.574
	Public	-0.059	0.289	0.041	1	0.94	0.839	-0.624	0.507
	Gpa	0.616	0.263	5.499	1	1.85	0.019	0.101	1.130

在参数和估计表中,可以看到系数、标准误差、Wald 检验、相关 P 值(Sig.)以及系数的 95% 置信区间。其中,Pared 和 Gpa 的 $P<0.05$,说明具有统计学意义。Pared 的系数大于 0,说明其每增加一个单位,则暴力风险增加 2.85 倍。Gpa 的系数大于 0,说明其每增加一个单位,则暴力风险增加 1.85 倍。

平行性检验:

表 5-13　平行性检验

模型	-2 * 似然比	Chi - square	df	Sig.
截距	533.091			
方程	929.077	4.014	3	0.260

从结果可以看出,其 $P>0.05$ 则表明接受原假设,预测可采用有序逻辑回归分析。

5.6.2　无序多分类逻辑回归

有序多分类逻辑回归分析要求必须满足平行性检验,但在很多应用中无法通过,原则可采用无序多分类逻辑回归来解决。假设相对于有序多分类逻辑回归,因变量的取值对应的是无序类别变量,如未成年人安置建议结果为居家、社区、集中管理等。

二元逻辑回归可以一般化为多元逻辑回归用来训练和预测多分类问题。对于多分类问题,算法将会训练出一个多元逻辑回归模型,它包含 $K-1$ 个二元回归模型。给定一个数据点,$K-1$ 个模型都会运行,概率最大的类别将会被选为预测类别。

对于输入点 x,分类结果为各类别的概率,公式如下:

$$p(y=0 \mid x;w)=\frac{1}{1+\sum_{i=1}^{k-1} e^{xw_i}} \quad (5-39)$$

$$p(y=1 \mid x;w)=\frac{e^{xw_1}}{1+\sum_{i=1}^{k-1} e^{xw_i}} \quad (5-40)$$

$$p(y=k-1 \mid x;w)=\frac{e^{xw_{k-1}}}{1+\sum_{i=1}^{k-1} e^{xw_i}} \quad (5-41)$$

其中,k 表示类别个数。对于 k 类的多分类问题,模型的权重 $w=(w_1,w_1,\cdots,w_{k-1})$ 是一个矩阵。如果添加截距,矩阵的维度为 $(K-1)\times(N+1)$,否则为 $(K-1)\times N$。

第 6 章

生存分析

在未成年人风险评估与矫治康复研究中,常常需要用追踪的方式来研究事件发展的规律。生存分析就是研究某一事件与它的发生时间的关联,常常采用追踪的方法来研究事物的发展规律。生存分析是既考虑结果又考虑生存时间的一种统计方法,并可充分利用截尾数据所提供的不完全信息,对生存时间的分布特征进行描述,对影响生存时间的主要因素进行分析。研究未成年累犯问题时,未成年人被转介或出狱后多长时间内会再次犯罪及其相关的风险因素;特殊的心理健康教育对预防未成年人犯罪的作用等。

6.1 生存分析基础概述

生存分析主要用来分析事件时间结果变量,即对给定时间区间的事件进行分析和推断,主要研究生存时间、结局及预后因子间的关系、相关程度大小的一种方法,也称生存率分析或存活率分析。事件时间变量反映了参与者发生感兴趣的事件(如反社会人格、再次犯罪)之前的时间。事件变量的时间具有独特的功能。事件发生的时间总是正的,它们的分布往往是偏斜的。比如,在一项评估高风险罪犯再次犯罪时间的研究中,大多数事件(复发)可能发生在随访早期,很少发生在后期。基于社区的样本在对死亡时间的研究中,大多数事件(死亡)可能发生在随访的后期。由于事件变量时间的独特性,对事件变量的时间统计分析需要与描述的其他类型结果不同的技术。这些变量的统计分析称为事件时间分析,或生存分析,即使结果总是死亡。这种情况下,这里所说的生存是指随着时间的推移没有保持特定结果。由此可见,生存是一个广义的概念,用来表示一个非负随机变量的“寿命”。在未成年人风险评估和风险管理研究中,生存分析可以用对某种康复矫治方法进行评估,即在康复治疗后触法未成年人持续守法的统计分析。生存分析研究旨在研究某一整体与时间有关的规律,而非针对个体的偶然性。

6.1.1 基本概念

随访记录:考虑参与者为某一特定研究群体,将该群体分为多组,在初始时间分别施加不同的策略,在一段对时间后对群体中的每一个体进行随访以观察其状况。例如,某中心为评估未成年人矫治方法的效果,需要对被矫治的未成年人进行一定间隔时间进行随访,并做好数据记录。

起始事件:反映生存时间的起始特征的事件,如未成年人假释、法院裁决。在对未成年人矫治方法评估中,对于未成年人的生存分析的起始事件都是相同的,即康复治疗结束。研究对象的起始事件是相同的,但由于康复治疗结束时间不同,对应的各研究对象起始时间也是不同的。

失效事件:在生存分析随访研究过程中,一部分参与者可观察到终点事件(死亡),可以得到准确的生存时间,它提供的信息是完整的,这种事件被称为失效事件,也称死亡事件或终点事件。在矫治方法评估中,触法未成年人在释放后再次触法即为失效事件。失效事件中包含两种数据,分别为完全数据与不完全数据:完全数据是指从观察起点到终点事件所经历的时间。

不完全数据也称删失数据,是指在生存时间观察过程的截止不是由于死亡事件,而由其他原因引起的。其产生的原因在于失访、退出和终止。具体来说,研究中的每个参与者并不总是提供完整的数据(实际事件时间数据)。在许多研究中,参与者在一段时间(几个月或几年)内入组,研究在特定日历日期结束。因此,较晚注册的参与者比提前注册的参与者的跟踪时间更短。一些参与者可能会在随访期结束前退出研究(例如,离开,变得不感兴趣),而其他人可能会在随访期间死亡(假设感兴趣的结果不是死亡)。如果是因为在研究过程期间,拒绝或失联,或死于非研究因素则称这种情况为区间删失数据;如果在研究截止时间已到而终止观察,但研究对象并没有发生终点事件,则称为截断数据(删失数据)。

审查时间:在每种情况下,我们的后续信息都不完整。真正的生存时间(有时称为失败时间)是未知的,因为研究结束或因为参与者在经历事件之前退出研究。

我们所知道的是，参与者的生存时间大于他们上次观察到的随访时间。这些时间被称为审查时间。

生存函数：生存概率又称生存率（Survial Rate）或生存函数，符号为 $S(t)$。它表示一个研究个体的生存时间长于时间 t 的概率，当 $t=0$ 时生存函数取值为 1，随时间延长生存函数逐渐减小。

若有删失数据需要进行计算生存概率。

若无删失数据，则：

$$S(t) = P(T > t) = \frac{t\text{ 时刻仍存活的个体数}}{\text{总数}} \tag{6-1}$$

若有删失数据，则要假设各个时刻生存情况是独立的，依据概率乘法法则，有：

$$S(t) = P(T > t) = p_1 \cdot p_2 \cdot \cdots \cdot p_t \tag{6-2}$$

其中 p_i 定义为第 i 个时间段的生存概率。

若随机变量类型为连续变量，则生存函数为：

$$S(t) = P(T > t) = \int_t^{\infty} f(u)\,du = 1 - F(t) \tag{6-3}$$

其中，T 为随机变量，$f(t)$ 为概率密度函数，$F(t)$ 为分布函数。

6.1.2　生存分析的方法

生存分析的方法可分为描述法、非参数法、半参数法和参数法。

（1）描述法

直接利用已有的生存函数、死亡函数、风险函数公式，将样本观测值代入公式中并求相应的数据结果，生存时间的分布规则律则通过列表或曲线图的方式显示出来。这种方法简单易行且对数据分布无要求，但无法分析危险因素。

（2）非参数法

此方法对生存时间的分布没有要求，可检验危险因素对生存时间的影响，也可以比较两组或多组生存分布函数。常用非参数法主要有两个，即乘积极限法（Kaplan – Meier 法）与寿命表法。乘积极限法主要用于观察例数较少而未分组的生存资料，寿命表法适用于观察例数较多而分组的资料，不同的分组寿命表法的计算结果亦会不同，当分组资料中每一个分组区间中最多只有 1 个观察值时，寿命表法的计算结果与乘积极限法完全相同。

(3)半参数法

在事先不知道生存时间的分布的情况下,通过一个模型来分析生存时间的分布规律,分析危险因素对生存时间的影响。半参数法可以比较两组或多组生存分布函数,最常用的方法就是 Cox 回归。

(4)参数法

生存时间的分布符合某一特定类型,如对数正态分布、Weibull 分布、指数分布、Gamma 分布等,则可用特定的分布函数分析。要求获得生存时间的分布模型,然后根据数据来估计假定的分布模型中的参数,最后以分布模型来计算生存率。参数法是求出一个函数来表示是危险因素 $s(t)$ 和生存时间 t 的关系。参数法可以估计生存函数,可以比较两组或多组生存分布函数,可以分析危险因素对生存时间的影响,可以建立生存时间与危险因素之间的关系模型。

6.1.3 生存分析适用范围

生存分析研究方法可以解决估计、比较、影响因素分析及预测,其研究的内容主要为:

(1)描述生存过程

研究生存时间的分布特点,估计生存率及平均存活时间,绘制生存曲线等,根据生存时间的长短,可以估算出各个时点的生存率,并根据生存率来估计中位生存时间,也可以根据生存曲线分析其生存特点,一般使用 Kaplan – Meier 法和寿命表法。

(2)比较生存过程

可通过生存率及其标准误差对各样本的生存率进行比较,以探讨各组间的生存过程是否存在差异,一般使用 Log – Rank 检验和 Breslow 检验。对比分析某种康复治疗方法更优的情况下(多系统治疗系统与其他治疗系统)将数据分为实验组与对照组,分析不同康复治疗方法对未成年人预防累犯的效果。

(3)分析危险因素

分析危险因素是通过生存分析模型来探讨影响生存时间和终点事件的保护因素和不利因素、因素作用的大小及方向、相对危险度的大小,如 Cox 方法。

Benjamin D. Johnides① 等人通过对多系统治疗的多年随访记录研究，发现严重犯罪的监护人的人数对未成年人是否现再次犯罪并没有影响，育儿习惯的改变对预防未成年人再犯罪的影响较大。

(4)预测

具有不同因素水平的个体生存预测。在多系统治疗法对严重未成年人监护人的影响研究中，根据严重犯罪未成年人的监护人的婚姻状况、犯罪历史、财产所有权、精神情况等预测监护人对家庭的影响。

6.2　非参数估计法

非参数法使用时，不假设参与者发生事件的概率跟随随机时间的变化。非参数法通过寿命表法和 Kaplan - Meier 进行估计，并绘制生存分布或生存曲线。X 轴代表时间，Y 轴代表生存(处于危险中的人数比例)。需要特别注意的是，存活的参与者并不总是代表活着的百分比(假设兴趣的结果是死亡)。"生存"也可以指没有其他结果事件的比例(没有再次吸毒)，或者也可以代表没有经历健康的结果(吸毒症状有所缓解)的百分比。

6.2.1　寿命表法

寿命表是用来总结参与者经验的一种方法，常用于对于某一事物的总体知之甚少的情况。生命表可展示生存比例、累积危险函数以及随时间推移的一大群参与者的危险率。该分析考虑了死亡(失败)的参与者以及删失(中途撤出)的参与者。预防未成年累犯可使用寿命表法估计某种治疗方法的长度及强度。随访寿命表总结了参与者在队列研究或临床试验中预定义随访期间的经历，直到感兴趣的事件发生或研究结束，以先到者为准。

(1)确定间隔时长

寿命法需要将随访时间切割成等间隔。如果随访时间为 10 年，则可考虑以 1

---

① Benjamin D. Johnides, Charles M. Borduin et al. , *Effects of Multisystemic Therapy on Caregivers of Serious Juvenile Offenders: A 20 - Year Follow - Up to a Randomized Clinical Trial*. Journal of Consulting and Clinical Psychology, 2017, Vol. 85, No. 4, p. 323 - 334 .

年或2年为间隔。研究汇总每个间隔开始时活着的参与者数量、死亡数量及每个间隔周期删失的人数。

(2)常用的相关符号

N_t:在间隔 t 期间无事件并被认为有风险的参与者人数(如感兴趣事件的结果是死亡,则N_t为存活人数)

N_t:在间隔 t 期间死亡(或遭受感兴趣事件)的参与者人数

C_t:在间隔 t 期间被删失的参与者人数

N_t * :间隔 t 期间面临风险的平均参与者数量

假设感兴趣的事件(如死亡)发生在间隔结束时,且删失事件在整个间隔期间均匀(或均匀)发生。通常会对N_t进行调整,以反映区间内处于危险中的平均参与者数量N_t^*,其计算方法如下:

$$N_t^* = N_t - \frac{C_t}{2} \tag{6-4}$$

q_t:间隔期间死亡(或痛苦事件)的比例 t,计算公式为:

$$q_t = D_t / N_t^* \tag{6-5}$$

p_t:存活(剩余无事件)区间 t,$p_t = 1 - q_t$

$S(t)$在间隔 t 之后幸存(或剩余事件无)的比例,也称累积生存概率。

假设开始时间t_0幸存的参与者比例 $S(t=0)=1$,即所有参与者在研究开始t_0都活着或无事件。后续超过后续每个区间的比例是引入的条件概率计算。具体来说,参与者存活超过间隔1的概率是 $S(t=1)=P_1$。参与者在间隔2之后存活的概率意味着他们必须通过间隔1和间隔2存活:$S(t=2)=P$(存活到间隔2)$=P$(存活间隔2)$\times P$(存活间隔1),或 $S(t=2)=p_2\times S(t=1)$。一般来说:

$$S(t+1) = P_{t+1} \times S(t) \tag{6-6}$$

随访原始数据如表6-1所示:

表6-1　随访原始数据

时间(月)T	间隔期间的风险人数N_t	间隔期间死亡人数D_t	间隔期间的删失数据C_t
0~6	200	2	1
7~12	197	25	2

续表

时间(月)T	间隔期间的风险人数N_t	间隔期间死亡人数D_t	间隔期间的删失数据C_t
13 ~ 18	191	12	4
19 ~ 24	186	1	3
25 ~ 30	182	1	4

对于第一个间隔,0 ~ 6 个月:在开始时间t_0,第一个间隔(0 ~ 6 个月)的开始,有 200 名参与者活着或处于危险之中。2 名参与者在间隔内再次触法,1 名参与者删失。我们对该间隔内被审查的参与者数量进行校正,以产生

$$N_1^* = N_1 - \frac{C_1}{2} = 200 - \left(\frac{1}{2}\right) = 199.5$$

其余列的计算显示在表中。参与者存活超过 6 个月或超过第一个间隔(使用间隔的上限来定义时间)的概率为

$$p_1 = 1 - q_1 = 1 - \left(\frac{D_1}{N_1^*}\right) = 1 - \left(\frac{2}{199.5}\right) = 1 - 0.010 = 0.99$$

$$S(t = 1) = S(t = 0) \times p_1 = 1 \times 0.99 = 0.99$$

对于第二个间隔,7 ~ 12 月:风险数字是前一个间隔(0 ~ 6 个月)内的风险数字减去死亡和删失的人数,即

$$N_2 = N_1 - D_1 - C_1 = 200 - 2 - 1 = 197$$

$$N_2^* = N_2 - \frac{C_2}{2} = 197 - \left(\frac{2}{2}\right) = 196$$

参与者存活超过 12 个月的概率为

$$p_2 = 1 - q_2 = 1 - \left(\frac{D_2}{N_2^*}\right) = 1 - \left(\frac{4}{196}\right) = 0.979$$

$$S(t = 2) = p_2 \times S(t = 1) = 0.979 \times 0.99 = 0.969$$

完整的随访寿命表如表 6 - 2 所示:

表 6－2　完整随访寿命表

间隔（月）	间隔期间的风险数量 N_t	间隔期间的平均风险数 N_t^*	间隔期间的死亡人数 D_t	间隔期间的删失人数 C_t	间隔期间的比例 q_t	间隔期间高危人群中存活率 p_t	生存概率 $S(t)$
0～6	200	199.5	2	1	0.010	0.990	0.990
7～12	197	196	25	2	0.128	0.872	0.864
13～18	170	168	12	4	0.071	0.929	0.802
19～24	154	152.5	1	3	0.006	0.993	0.797
25～30	149	147	1	4	0.007	0.993	0.791

注：该表使用精算方法来构建随访寿命表，其中时间被划分为等间隔。

6.2.2　Kaplan－Meier 方法

Kaplan－Meier 方法，也称乘积极限方法，是一种流行的方法，它通过在每次事件发生时重新估计生存概率来解决这个问题。Kaplan－Meier 描述生存结局（或者说是终点事件）发生率的有效手段，是一种在不完整数据存在的情况下估计主题事件时间模型的方法。Kaplan－Meier 模型基于关于估计每个时间点的条件概率，当主题事件发生并将这些概率的乘积限制估计每个时间点的存活率。Kaplan－Meier 方法的计算与寿命表法的计算类似，都基于时间隔进行分析。两者主要区别：寿命表法中考虑等间隔，而在 Kaplain－Meier 方法中，使用观察到的主题事件时间和删失时间。Kaplain－Meier 法是针对单因素进行统计分析的方法，可用于生存率、生存率比较及比较影响因素分析。在医学研究中，它可用于测量治疗后生活一定时间的患者比例。在未成年人预防犯罪和康复治疗研究中，它能常用于采用某种策略和矫治方法后的一段时间内，再次发生违法事件的未成年人所占的比例。

6.2.2.1　Kaplan－Meier 生存曲线模型

适当使用 Kaplan－Meier 方法基于以下假设：审查与发生感兴趣事件的可能性无关，并且在早期和后期招募到研究的参与者中生存概率是可比的。在比较几个组时，每个比较组都满足这些假设也很重要，例如，审查在一个组中并不比另一个组更有可能。Kaplan – Meier 法适用于一系列中所有事件，而不仅仅是那些选定在截止日期之前的跟进事件。该方法将随访期划分为若干个小的时间间隔，为每个间隔确定的感兴趣的事件（如再次发生触法事件）发生数量。当存活比例乘以前每个时间段的存活比例时，可以获得存活到该时间段结束的概率。然后，根据时间绘制这种生存概率。

每个发生死亡事件的时间点上，进行生存率的计算。生存率函数计算公式为：

$$S(t) = S(t-1) \times \frac{N_t \times E_t}{N_t} \tag{6-7}$$

其中，对于指定时间点 t，$S(t)$ 代表生存概率，N_t 是面临风险的人数，E_t 是事件数。

假设数据集包含 20 名受试者的研究、每个参与者被跟踪的时间量以及每个参与者是否经历了感兴趣的事件或被审查。具体数据内容如表 6 – 3 所示：

表 6 – 3　完整 Kaplan – Meier 方法数据表

时间 t	面临风险人数 N_t	事件发生人数 D_t	删失人数 C_t	生存概率 $S(t)$
0	20			1.000
1	20	1		0.950
2	19		1	0.950
3	18	1		0.897
5	17	1		0.844
6	16		1	0.844
9	15		1	0.844
10	14		1	0.844
11	13		1	0.844
12	12		1	0.844
13	11		1	0.844
14	10	1		0.760
17	9	1	1	0.676
18	7		1	0.676
19	6		1	0.676

续表

时间 t	面临风险人数N_t	事件发生人数D_t	删失人数C_t	生存概率 $S(t)$
21	5		1	0.676
23	4	1		0.507
24	3		3	0.507

$t=1$：在开始时间t_0，有 20 名参与者处于危险（活着）之中，1 名参与者发生感兴趣事件（如死亡）。时间 1 的生存概率为：

$$S(t=1)=S(t=0)\times\frac{N_1-D_1}{N_1}=1\times\frac{20-1}{20}=0.950$$

$t=2$：有 19 名参与者处于危险（活着）之中，1 名参与者发生由于中途退出或其他事件发生，而产生删失数据。$t=2$ 的生存概率为：

$$S(t=2)=S(t=1)\times\frac{N_2-D_2}{N_2}=0.950\times\frac{19}{19}=0.950$$

由表 6－3 可得出 Kaplan－Meier 生存曲线（见图 6－1）：

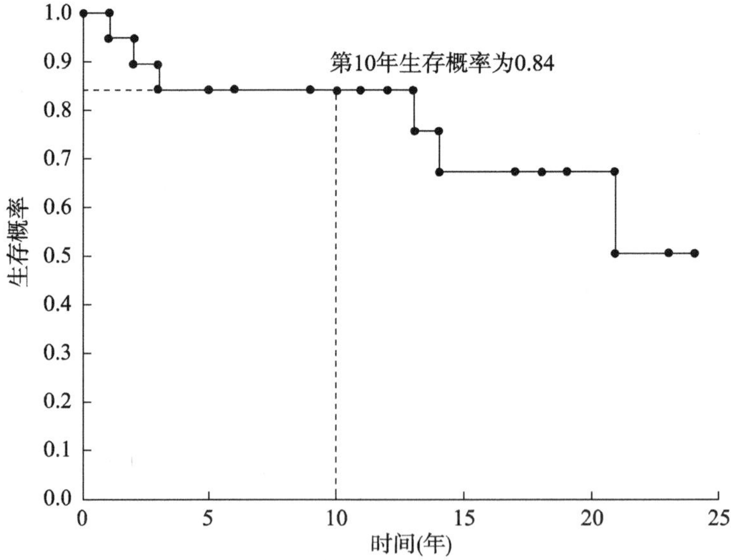

图 6－1　Kaplan－Meier 生存曲线

在图6－1显示的生存曲线中，X轴代表每个事件时间，死亡或审查时间，Y轴代表每一时间上的生存概率。基于时间间隔单位，获得一个阶梯"曲线"，每个步骤代表一个事件。从生存曲线中，通过在X轴上定位10年并向上和向上读取到Y轴来估计参与者存活过去10年的概率。存活过去10年的参与者比例为84%，存活过去20年的参与者比例为68%。中位生存期是通过在Y轴上定位0.5并在X轴上向下读取来估计的。中位生存期约为23年。随着随访时间的增加，该曲线基于越来越少的病例，因此变得越来越不可靠；需要设定阈值，当事件数小于事先规定好的阈值时就会截断生存曲线。

有些研究人员更喜欢生成累积发病率曲线，而不是显示经历感兴趣事件的累积概率的生存曲线。累积发生率或累积故障概率计算为$1-S_t$，并且可以使用Kaplan－Meier方法从寿命表中轻松计算。表6－4和图6－2显示上述示例的累积故障概率。

表6－4　完整 Kaplan－Meier 方法数据表

时间 t	面临风险人数 N_t	事件发生人数 D_t	删失人数 C_t	生存概率 $S(t)$	失效概率 $1-S(t)$
0	20			1.000	0
1	20	1		0.950	0.05
2	19		1	0.950	0.05
3	18	1		0.897	0.103
5	17	1		0.844	0.156
6	16		1	0.844	0.156
9	15		1	0.844	0.156
10	14		1	0.844	0.156
11	13		1	0.844	0.156
12	12		1	0.844	0.156
13	11		1	0.844	0.156
14	10	1		0.760	0.240
17	9	1	1	0.676	0.324
18	7		1	0.676	0.324

续表

时间 t	面临风险人数 N_t	事件发生人数 D_t	删失人数 C_t	生存概率 $S(t)$	失效概率 $1-S(t)$
19	6		1	0.676	0.324
21	5		1	0.676	0.324
23	4	1		0.507	0.493
24	3		3	0.507	0.493

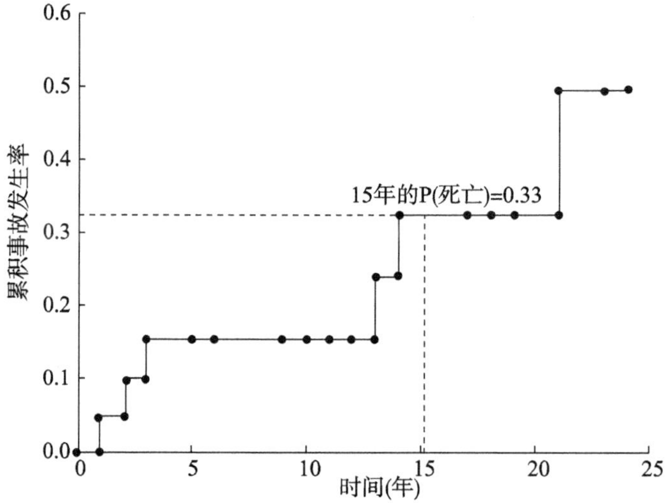

图 6-2　累积发病率曲线

6.2.2.2　生存概率的标准误差和置信区间估计

特定时间的生存概率估计值和中位生存时间是点估计值。生存估计标准误差的常用公式：

$$SE(S_t) = S_t \sqrt{\sum \frac{D_t}{N_t(N_t - D_t)}} \qquad (6-8)$$

其中，$\frac{D_t}{N_t(N_t - D_t)}$相加为感兴趣的时间 t 之前的所有时间的累积。

置信区间的计算公式为：

$$S_t \pm \alpha \times SE(S_t) \qquad (6-9)$$

$t=1$ 时：

标准误差：

$$SE(S_1) = S_1 \times \sqrt{\sum \frac{D_1}{N_1(N_1 - D_1)}}$$

$$= 0.950 \times \sqrt{\frac{1}{20 \times (20-1)}} = 0.950 \times 0.0513 = 0.049$$

置信区间为：$0.950 \pm 1.96 \times 0.049$

$t=2$ 时：

标准误差：

$$SE(S_2) = S_2 \times \sqrt{\sum \frac{D_i}{N_i(N_i - D_i)}}$$

$$= 0.950 \times \sqrt{\frac{1}{20 \times (20-1)} + \frac{0}{19 \times (19-0)}} = 0.049$$

置信区间为：$0.950 \pm 1.96 \times 0.049$

$i=1,2$；其余略。

Kaplan - Meier 生存曲线，其中实线为生存曲线，95% 置信线显示为虚线。

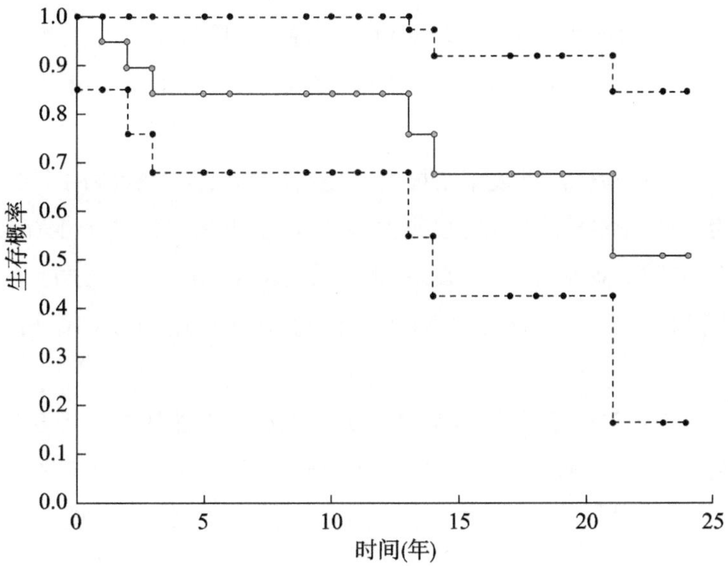

图 6－3　具有置信区间的 Kaplan－Meier 生存曲线

在图 6 – 3 中,两条虚线区间内对应的 95% 置信区间。每个时间点的生存概率是符合一种特定分布,通过生存概率函数 S(t) 可以估算出某个时间点的标准误差,从而得到特定的概率置信区间。

6.2.2.3 Kaplan – Meier 使用的局限性

Kaplan – Meier 方法探索被调查人群的生存和测试暴露组之间粗累积生存率的差异,并以图形方式表示终点发生作为时间的函数。KM 方法具有重要的局限性。首先,它不提供效应估计(即相对风险)或相关的置信区间来比较受试者组的生存率。其次,它不允许调整研究中的预测因素。最后,KM 方法需要数据分类,因此无法计算与候选风险因子的一个单位(或任何数量的单位)增加相关的给定事件的相对风险的增量增加(或减少)。

6.2.3 比较生存曲线

通常有兴趣事件评估不同参与者群体的生存率(或事件的累积发生率)是否存在差异。例如,在一项具有生存结果的戒毒临床试验中,比较接受新药的受试者与安慰剂(或标准疗法)的生存率。在一项观察性研究中,我们可能有兴趣比较男性和女性之间的生存率,或者有和没有特定危险因素的受试者之间的生存率。有几种测试可用于比较独立组之间的生存率。这里主要介绍 Log – Rank 检验。

Log – Rank 检验也称对数排名检验/对数秩检验,用于检验两个或多个独立组之间生存率没有差异的原假设。该测试比较了组之间的整个生存经历,可以被认为是生存曲线是否相同(重叠)的测试。该检验方法与卡方检验统计量密切相关,并将观察到的事件数与随访期内每个时间点的预期事件数进行比较。

假设某机构经过多年的研究,研制了关于未成年人性暴力矫治方案。为测试新治疗方案的有效性,随机抽取了 20 名严重性暴力未成年罪犯分别接受传统治疗方法与新治疗方法。参与者进行治疗后随访长达 48 个月,试验各组的测试结果如表 6 – 5 所示:

表 6－5 传统治疗方法组的生命表

时间(月)	面临风险人数 N_t	死亡人数 D_t	删失人数 C_t
0	10		
8	10	1	1
12	8	1	
14	7	1	
20	6		1
21	5	1	
26	4	1	
27	3	1	
32	2		1
40	1		1

每组的其他参与者被随访不同的月数,有些到研究结束 48 个月。首先使用 Kaplan－Meier 方法为每个治疗组构建生命表(见表 6－6)。

表 6－6 新治疗方法组的生命表

时间(月)	面临风险人数 N_t	死亡人数 D_t	删失人数 C_t
0	10		
25	10		2
28	8	1	
33	7	1	
37	6		1
41	5	1	
43	4		1
48	3		3

通过公式$S_{t+1} = S_t \frac{N_{t+1} - D_{t+1}}{N_{t+1}}$可以计算出每种治疗方案所对应生存概率(见表 6－7)。

表 6－7 两种治疗方法对应的生存概率

传统方法		新方法	
时间(月)	生存概率	时间	生存概率
0	1	0	1
8	0.900	25	1.000

续表

传统方法		新方法	
时间(月)	生存概率	时间	生存概率
12	0.788	28	0.875
14	0.675	33	0.75
20	0.675	37	0.75
21	0.54	41	0.6
26	0.405	43	0.6
27	0.27	48	0.6
32	0.27		
40	0.27		

所对应的生存曲线如下(见图6-4)。

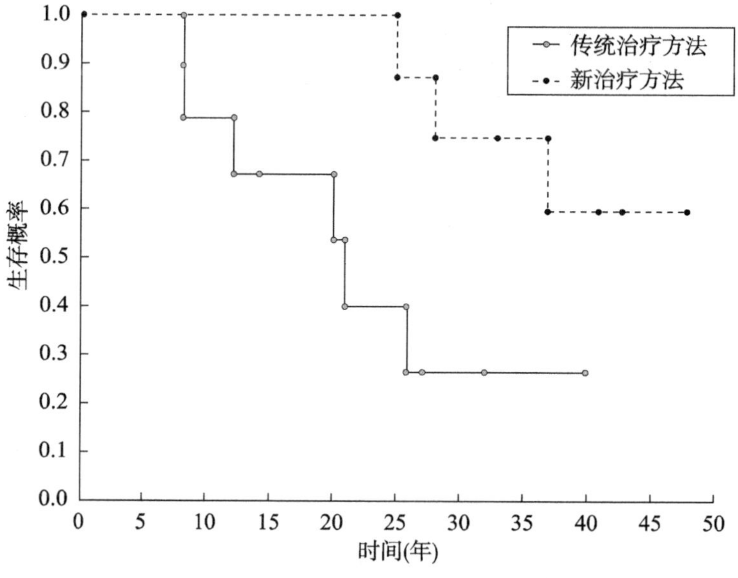

图6-4 两种治疗方法的生存曲线

新治疗方法的生存概率高于传统治疗方法的生存概率,表明新方法治疗效果较传统方法有一定的改进。然而,这些生存曲线是用小样本估计的。为了比较组之间的生存概率,我们可以使用 Logit - Rank。原假设是两组之间的生存概率没有差异,或者人群之间在任何时候的死亡概率都没有差异。对数排名检验是一种非参数检验,不对生存分布作出任何假设。实质上,对数排名检验将每组中观察到的事件数与原假设为真(如果生存曲线相同)时的预期数进行比较。

原假设 H_0:两条生存曲线相同($S_{1t}=S_{2t}$)。

备择假设 H_1:两条生存曲线不相同($S_{1t}\neq S_{2t}$在任何时间 t)($\alpha=0.05$)。

对数据统计量近似分布为卡方检验统计量。检验统计量有几种形式,它们的计算方式各不相同。其一计算公式:

$$\chi^2=\sum\frac{(\sum O_{jt}-\sum E_{jt})^2}{\sum E_{jt}} \tag{6-10}$$

其中,O_{jt}表示随时间推移第 j 组中观察到的事件数的总和,E_{jt}表示随时间推移第 j 组中预期事件数的总和。

表 6-8　原始数据统计表

组	事件发生个体数	生存个体数	风险个体数
组 A	d_A	n_A-d_A	n_A
组 B	d_B	n_B-d_B	n_B
合计	d	$n-d$	n

O_{At}是组 A 所有观察事件数之和,d_A

O_{Bt}是组 B 所有观察事件数之和,d_B

E_{At}是组 A 所有期望之和,$E_{At}=d\times\frac{n_A}{n}$

E_{Bt}是组 B 所有期望之和,$E_{Bt}=d\times\frac{n_B}{n}$

计算 Log-Rank 统计量:

$$\chi^2=\sum\frac{(\sum O_{jt}-\sum E_{jt})^2}{\sum E_{jt}}=\frac{(O_{At}-E_{At})^2}{E_{At}}+\frac{(O_{Bt}-E_{Bt})^2}{E_{Bt}} \tag{6-11}$$

为每个事件时间计算观察到的事件数和预期事件数的总和,并为每个比较组求和。对数排名统计量的自由度等于 $k-1$,其中 k 表示比较组的数量。在此示例中,$k=2$,因此检验统计量具有 1 个自由度。

为了计算检验统计量,我们需要在每个事件时间观察到的事件数和预期事件数。观察到的事件数来自样本,假设原假设为真(生存曲线相同),则计算预期的事件数。

为了生成预期的事件数，我们将数据组织到一个生命表中，其中行代表每个事件时间，而不管事件发生在哪个组中。我们还跟踪小组分配。然后，我们使用两组的数据在生存率没有差异的假设下（假设原假设为真）估计每次发生的事件的比例（O_t/N_t）。将这些估计乘以每个对照组中当时有风险的参与者人数（分别为第 1 组和第 2 组的N_{1t}和N_{2t}）。

计算每个事件时间 t，每组中的风险数量N_{jt}（j 表示组号）和在每组中的事件数量（O_{jt}）。表 6－9 中包含了 Log－Rank 测试比较上述生存曲线所需的信息。组 1 代表传统治疗方法，组 2 代表新治疗法。

表 6－9　用于比较生存曲线的对数排名测试数据

时间（月）	第 1 组风险数量 N_{1t}	第 2 组风险数量 N_{2t}	第 1 组事件数 O_{1t}	第 2 组事件数 O_{2t}
8	10	10	1	0
12	8	10	1	0
14	7	10	1	0
21	5	10	1	0
26	4	8	1	0
27	3	8	1	0
28	2	8	1	1
33	1	7	1	1
41	0	5	0	1

根据公式计算预测每组中的预期事件数：

表 6－10　预测期望值

时间（月）	第 1 组事件期望E_{1t}	第 2 组事件期望E_{2t}
8	0.5000	0.5000
12	0.444	0.556
14	0.412	0.588
21	0.333	0.667
26	0.333	0.667

续表

时间(月)	第 1 组事件期望 E_{1t}	第 2 组事件期望 E_{2t}
27	0.273	0.727
28	0.200	0.800
33	0.125	0.875
41	0.000	1.000
合计	2.620	6.380

现在,我们可以计算检验统计量:

$$\chi^2 = \sum \frac{(\sum O_{jt} - \sum E_{jt})^2}{\sum E_{jt}} = \frac{(6 - 2.620)^2}{2.620} + \frac{(3 - 6.380)^2}{6.380}$$

$$= 4.360 + 1.791 = 6.151$$

检验统计量近似分布为自由度为 1 的卡方。因此,检验的临界值可以在 χ^2 分布的临界值表中找到。对于此测试,决策规则是如果 $\chi^2 > 3.84$,则否定 H_0。我们观察到 $\chi^2 = 6.151$,超过了临界值 3.84。因此,我们拒绝 H_0。我们有重要的证据表明,$\alpha = 0.05$,两条生存曲线是不同的。

6.3　半参数模型

生存分析不仅可以分析单因素对指定事件发生时间的影响关联,而且可以扩展到多个风险因素对指定事件发生的影响。如未成年人性犯罪的风险因素包含年龄、心理因素、家庭因素等,而非仅仅心理因素。因此,调查任何一个因素相关的生存时,通常需根据其他因素的影响进行调整。非参数模型法往往是对单一危险因素的进行分析,而不能完成多危险因素的分析。半参数模型法不用事先假设任何特定的生存模型,直接分析危险因素对生存时间的影响,建立生存时间与危险因素之间的关系的模型。Cox 回归分析法是半参数模型众多方法中应用最多的一种。

Cox 回归模型也称比例风险回归分析。这是一种半参数方法,因为没有关于生存时间分布的假设,但它假设不同变量对生存的影响随着时间的推移是恒定的

(比例性假设)和在特定尺度上的累加①。

(1)相关术语

风险(危险)函数(Harzard Function):定义为个体在时间 t 瞬时时刻终点事件的风险(如死亡风险):

$$h(t) = \lim_{\Delta t \to 0} \frac{P(t \leq T < t + \Delta t \mid t \leq T)}{\Delta t} = \frac{f(t)}{S(t)} \tag{6-12}$$

其中,$S(t)$为生存函数, $f(t)$表示概率密度函数。

由公式可以看出,在某一时刻 T 存活下来的个体在此后的一个时间区间内 $\{T, T+\Delta T\}$,发生结局事件的概率。当 $\Delta t = 1$ 时,$h(t) \approx P(t \leqslant T < t+1 \mid T \geqslant t)$,此时的风险率就是时刻 T 存活的个体在此后一个单位时段内的死亡概率。因此,风险函数也被看成风险的度量。在 ΔT 之间,风险函数值越大,则结局事件发生的风险也就越大。

累积风险函数(Cumulative Hazard Function):风险的另一种度量指标,其值越大,直到时刻 T 时失效事件的风险越大。

对风险函数求积分,其为:

$$H(t) = -lnS(t) \tag{6-13}$$

或

$$S(t) = e^{-H(t)} \tag{6-14}$$

其中,$S(t)$表示风险函数,$H(t)$表示累积风险函数。

对于以区间存在的时间资料,可采用 $h(t_i) = \frac{2q_i}{[w_i(1+p_i)]}$ 计算风险函数。其中,w_i为第 i 区间的时间宽度,q_i和p_i分别以第 i 区间的死亡概率、生存概率。

生存函数、风险函数与累积风险函数相互关系:

若 $S(t)$是离散的,则

$$S(t) = exp\{-\sum_{u-0}^{t} h(u)\}, h(t) = -\frac{\frac{dS(t)}{dt}}{S(t)} \tag{6-15}$$

① M. J. Bradburn, T. G. Clark, S. B. Love, and D. G. Altman, "Survival analysis part Ⅱ: multivariate data analysis – an introduction to concepts and methods," *British Journal of Cancer*, Vol. 89, No. 3, p. 431 – 436, 2003.

若 $S(t)$ 连续，则

$$S(t) = exp\left\{-\int_0^t h(u)dt\right\}, h(t) = -\frac{S'(t)}{S(t)} \quad (6-16)$$

风险比：是两个独立对照组中观察到的事件总数与预期事件的比率。

$$HR = \frac{O_{At}/E_{At}}{O_{Bt}/E_{Bt}} = \frac{6/2.620}{3/6.380} = 4.870$$

从结果可知，传统治疗方法的复发率比新方法高 4.870 倍。

中位生存时间/平均生存时间：中位生存时间又称半数生存期，表示恰好一半个体未发生失效事件的时间，生存曲线上纵轴 50% 对应的时间。中位生存期越长，表示感兴趣事件的发生频率越低。平均生存时间则表示生存曲线下的面积。

（2）Cox 回归模型

Cox 回归模型计算一组给定协变量（特征）对事件发生（如死亡事件）的危险（风险）的影响。Cox 模型不仅可以提高分析几个因素的生存率，还可以提供每个因素的效应大小。

Cox 回归模型基于风险函数。在数学上，Cox 模型可以写为：

$$h(t) = h_0(t) \times \exp(\beta_1 x_1 + \beta_2 x_2 + \cdots + \beta_n x_n) \quad (6-17)$$

或

$$h(t) = h_0(t) \times exp(\sum (x_i \times \beta_i)) \quad (6-18)$$

其中：

$h_0(t)$ 是基准风险函数，是所有协变量取值为 0 时的风险函数。其不需要服务特定的分布形状，具有非参数特点。

$h(t)$ 是协变量 x 在时刻 t 时的风险函数。预测风险（$h(t)$）或下一瞬间遭受感兴趣事件的发生率是基线风险（$h_0(t)$）和预测变量线性组合的指数函数的乘积。因此，预测变量对预测的风险具有乘法或比例效应。

β_i 是 Cox 模型回归系数，用于测量协变量的影响（效应大小）。

x_i 是个体第 i 个协变量的值（可能影响生存时间的相关变量），其值既可以是定量的，也可以是定性的，在整个观察期内不随时间的变化而变化。

$\sum(x_i * \beta_i)$ 称为预后指数，而指数部分 $exp(\sum(x_i * \beta_i))$ 具有参数模型的形式。

$exp(\beta_i)$ 称为风险比（HR）。其值大于 0，或等效于大于 1 的风险比，表示作为协变量增加,事件危险增加,因此生存时间缩短。换句话说,风险比高于 1 表示协变量与事件概率呈正相关,与生存时间呈负相关。

Cox 模型被称为半参数模型,其原因可从上式看出:首先,Cox 模型不要求 $h_0(t)$ 服从哪种分布,也就意味着 $h_0(t)$ 是未知的;其次,$\sum(x_i * \beta_i)$ 中包含参数 β,也就意味着具有参数化形式。

(3)比例风险模型

协变量 X_i 和 X_j 风险函数之比称为相对危险度(relative risk,*RR*)或风险比(harzard ratio,*HR*),是一个与时间 t 无关的量,即

$$HR = \frac{h(t,X_i)}{h(t,X_j)} = exp[\beta(X_i - X_j)] \qquad (6-19)$$

假设预测变量仅有 x_1 的简单模型。第一个参与者预测变量取值为 a,第二组预测变量取值为 b,则两个参与者的风险为:

$$h_1(t) = h_0(t)exp(\beta_1 \times a) \qquad h_2(t) = h_0(t)exp(\beta_1 \times b) \qquad (6-20)$$

则他们的风险比为:

$$HR = \frac{h_1(t)}{h_2(t)} = \frac{h_0(t)exp(\beta_1 \times a)}{h_0(t)exp(\beta_1 \times b)} = exp(\beta_1 \times (a - b)) \qquad (6-21)$$

从上式可以看出,风险比是不依赖于时间。因此,风险是随着时间的推移成正比的。

固定时间点 t,取风险函数和基准风险函数之比可得到 t 时刻处的风险比值 *HR*,该 *HR* 是关于自变量 X 的函数,且不再依赖于时间 t,故称其为比例风险模型。

$$HR(t) = \frac{h(t)}{h_0(t)} = exp(\beta_1 X_1 + \beta_2 X_2 + \cdots + \beta_p X_p) \qquad (6-22)$$

$$ln(HR(t)) = \beta_1 X_1 + \beta_2 X_2 + \cdots + \beta_p X_p \qquad (6-23)$$

在应用中,兴趣在于每个风险因素或预测因子($X_1,X_2,\cdots,X_p$)与结果之间的关联。这些关联由回归系数($\beta_1,\beta_2,\cdots,\beta_p$)量化。Cox 比例风险回归模型中的估计系数 β_1 表示风险比相对于 X_1 中一个单位变化的预期对数的变化,使所有其他预测变量保持不变。估计回归系数 $exp(\beta_1)$ 的反对数产生风险比。如果预测因子是二分类的,则 $exp(\beta_1)$ 是比较两个参与者之间的事件风险的风险比。如果预测变量的风险比接近 1,则该预测变量不会影响生存。如果风险比小于 1,则预测变量具有保护性(与生存率提高相关),如果风险比大于 1,则预测变量与风险增加(或

生存率降低)相关。

Cox 模型一个关键假设是观察组(或参与者)的风险曲线应该是成比例的,任何组中事件的危害是任何其他组中的危险的恒定倍数。这一假设意味着,如上文所述,各组的风险曲线应该是成比例的,不能交叉。

(4)偏似然回归

Cox 模型中$h_0(t)$的具体形式未知,无法直接采用似然函数求得,而只能采用偏似然函数来代替似然函数。

条件死亡概率:表示某时段开始存活的个体,在该时刻内死亡的可能性,如年累犯概率 = 某年内累犯人数/某年年初人口数。如果有删失数据,需要对分母进行校正,校正人口数 = 年初人口数 - 删失例数/2

$$q_1 = \frac{h_1(t)}{\sum h_{j(t)}} \tag{6-24}$$

实例 i 以及其所发生事件的时间T_i,那么实例 i 发生的事件概率为:

$$L_i(\beta) = \frac{h(T_i, X_i)}{\sum_{j:T_j \geqslant T_i} h(T_i, T_j)} \tag{6-25}$$

其中,分子上的项,主要确定实例 i 发生事件的时间T_i,有了T_i才能为计算分母来选取实例。根据时间T_i,分母中首先找到在时间T_i之前还没有发生事件的实例(censored)应该不计入,同时应该包含 $h(T_i, X_i)$,然后分别计算他们在T_i时刻的风险值并求和作为分母。

这样就得到了针对发生过事件的实例 i 的发生事件概率$L_i(\beta)$:

$$L_i(\beta) = \frac{h(T_i, X_i)}{\sum_{j:T_j \geqslant T_i} h(T_i, T_j)} = \frac{h_0(T_i) \times exp(X_i\beta)}{\sum_{j:T_j \geqslant T_i} h_0(T_i) \times exp(X_i\beta)}$$

$$= \frac{exp(X_i\beta)}{\sum_{j:T_j \geqslant T_i} h_0(T_i) \times exp(X_i\beta)} \tag{6-26}$$

因此,该概率和时间无关,并不需要来对$h_0(T_i)$进行建模,所以称为偏似然(partial likelihood)。

在得到针对单个实例的事件发生概率之后,为了估计使所有样本出现的概率最大,我们需要使用极大似然估计来估计参数。假设每个实例是独立同分布的,我们可以得到针对样本的似然概率:

$$L(\beta) = \prod_{i:\delta_i=1} \frac{exp(X_i\beta)}{\sum_{j:T_j \geqslant T_i} exp(X_j\beta)} \tag{6-27}$$

该公式的意思为，需要将所有出现过感兴趣事件的实例的概率相乘。

得到上述似然概率，只需要选择使 $L(\beta)$ 得到最大值的 β 值即可，即

$$\arg\max_{\beta} L(\beta) \tag{6-28}$$

$$L_p = \prod_{i=1}^{d(\text{非删失时点数})} q_i = \prod_{i=1}^{d(\text{非删失时点数})} \frac{h_0(t_i)exp(\beta_1 x_1^{(i)} + \beta_2 x_2^{(i)} + \cdots + \beta_p x_p^{(i)})}{\sum_{j \in R_i} h_0(t_i)exp(\beta_1 x_1^{(j)} + \beta_2 x_2^{(j)} + \cdots + \beta_p x_p^{(j)})}$$

$$= \prod_{i=1}^{d(\text{非删失时点数})} \frac{exp(\beta_1 x_1^{(i)} + \beta_2 x_2^{(i)} + \cdots + \beta_p x_p^{(i)})}{\sum_{j \in R_i} exp(\beta_1 x_1^{(j)} + \beta_2 x_2^{(j)} + \cdots + \beta_p x_p^{(j)})} \tag{6-29}$$

为了便于计算，式 6－29 可转化为：

$$L_p = \prod_{i=1}^{n} \left(\frac{exp(\beta_1 x_1^{(i)} + \beta_2 x_2^{(i)} + \cdots + \beta_p x_p^{(i)})}{\sum_{j \in R_i} exp(\beta_1 x_1^{(j)} + \beta_2 x_2^{(j)} + \cdots + \beta_p x_p^{(j)})} \right)^{\delta_i} \tag{6-30}$$

其中，

$$\delta_i = \begin{cases} 1 & \text{第 } i \text{ 个体死亡} \\ 0 & \text{第 } i \text{ 个体删失} \end{cases}$$

使对数似然函数 $l(\beta) = ln\ L_p$

$$l(\beta) = \sum_{i=1}^{d} (\beta_1 x_1^{(i)} + \beta_2 x_2^{(i)} + \cdots + \beta_p x_p^{(i)}) - \sum_{i=1}^{d} ln\{ \sum_{j \in R_i} (\beta_1 x_1^{(i)} + \beta_2 x_2^{(i)} + \cdots + \beta_p x_p^{(i)}) \} \tag{6-31}$$

使对数似然函数 log L_p 最大，通过最大似然法的 Newton－Raphson 迭代得到参数 $\beta_1, \beta_2, \cdots, \beta_p$ 的估计值 $b_1, b_2, \cdots, b_p$。

(5) 应用实例

例一：假设随机抽取 200 名有暴力犯罪记录的未成年人信息，进行了一项研究目的旨在分析家庭暴力因素的 HR，并测试这种关系是否与家庭经济状况有关。

表 6－11　200 名有暴力触法记录的未成年人

ID	年龄	家庭暴力	时间(月)	再次犯罪	经济状况
1	13	0	15	0	0
2	15	0	9	0	1

续表

ID	年龄	家庭暴力	时间(月)	再次犯罪	经济状况
3	17	1	23	1	1
4	14	1	6	1	0
5	16	1	20	0	0
…				…	
200	15	0	11	0	1

使用 Cox 公式,再次犯罪、家庭暴力的危险性函数,可表达为:

$$H(t)=h_0(t)\times \exp(\beta\times 再次犯罪(是=1|否=0))$$

$$H(t)=h_0(t)\times \exp(\beta\times 家庭暴力(是=1|否=0))$$

其中,$h_0(t)$和β可借助于统计软件由偏最大似然函数计算得到。示例中的β经过计算得到值为 1.69。

通过公式,可得到:

$$HR=exp^{\beta}=2.71831^{1.69}=5.44$$

这意味着有家庭暴力的未成年犯是没有家庭暴力的未成年犯再犯罪风险的 5.44 倍。然而,研究测试家庭状况因素对这种关系的潜在影响。家庭状况因素是一个混杂因素,因为它的研究是基于前面的计算结果(家庭暴力比无家庭暴力的风险高)。Cox 方程现在包含两个变量:无家庭暴力犯罪和经济状况

$$H(t)=H_0(t)\times exp^{(\beta_1\times 家庭暴力+\beta_2\times 经济状况)}$$

将经济状况因素引入包含家庭暴力的 Cox 模型中,家庭暴力因素的回归系数从 1.69 降到 0.92。在同一等式中,家庭经济状况回归系数为 0.18。

因此,经济状况调整的家庭暴力下的 HR 计算:

$$HR_{家庭暴力}=2.7183^{0.92}=2.51$$

可以得到,具有家庭暴力且经济状况差未成年人 HR 是无家庭暴力且经济状况好的未成年人的 2.5 倍。

使用相同的计算,可以得到经济状况的家庭暴力调整的 HR,其计算如下:

$$HR_{经济状况}=2.7183^{0.18}=1.20$$

可推测经济状况好的再犯中有家庭暴力的 HR 比无家庭暴力的高 20%。

例二:借用 Shaikha Ahmedi 基于监狱数据集①,抽取 1000 名受试者的信息,其变量包含年龄、性别、社会地位、国籍、以前被捕和宗教。借助于 Cos 模型对监狱中的数据集进行分析。经过某统计软件进行处理,得到的结果如下(见表 6-12):

表 6-12 基于仿真数据集的 Cox 模型结果

变量	相关系数	对数系数	误差 SE	P 值	似然比值 * P 值
年龄	-0.7820	0.458	0.054	2.2E-16	42.8(5.98E-11)
性别	-1.281	0.278	0.201	1.7E-10	30.5(3.27E-08)
社会地位	-0.192	0.826	0.102	0.0610	3.47(0.046700)
国籍	-0.212	0.809	0.108	0.0500	3.95(0.046700)
以前被捕	-0.207	0.813	0.122	0.0910	2.97(0.08500)
宗教	-1.133	0.322	0.140	6.7E-16	52.4(4.49E-13)

由表 6-12 可知,年龄、性别、宗教变量的显著性水平 $P<0.05$,具有统计学意义。性别的系数为负数,表明男性犯罪要比女性犯罪高。

(6)Cox 结果的解释

a. 统计显著性。Wald 统计量值用“z”标记。它对应于每个回归系数与其标准误差的比率[z = coef/se(coef)]。Wald 统计量评估,β 给定变量的系数在统计上显著不同于 0。从上面的输出中,我们可以得出结论,变量性别具有高度统计显著的系数。

b. 回归系数。Cox 模型结果中要注意的第二个特征是回归系数(coef)的符号。阳性信号意味着该变量值较高的受试者的危害(死亡风险)更高,因此预后更差。变量被编码为数字向量。1:男性,2:女性。若 Cox 模型给出了第二组相对于第一组(女性与男性)的风险比(HR)。在这些数据中,性别的系数 β = -0.53 表明女性的死亡风险低于男性(较低的存活率)。

c. 风险比。指数系数[exp(coef) = exp(-0.53) = 0.59],也称为风险比,给

① Shaikha Ahmedi, et al., Cox's Model for Prison Partly Interval Censored Data, Journal of Physics Conference Series, 2020, March, 1489(1):012032.

出协变量的效应大小。例如,女性(性别 =2)将危害降低0.59倍,即41%。女性与良好的预后相关。

d. 风险比的置信区间。汇总输出还给出了风险比[exp(coef)]的95%置信区间上限和下限,95%下限 =0.4237,95%上限 =0.816。

e. 模型的全局统计显著性。输出为模型总体显著性的三个替代检验提供 p 值:似然比检验、Wald 检验和分数对数统计量。这三种方法在渐近上是等价的。对于足够大的 N,它们将给出类似的结果。对于小 N,它们可能会有所不同。似然比检验对于小样本量具有更好的行为,因此通常是首选。

6.4　生存分析法算法实施综合应用实例

对于生存分析,其求解与分析步骤如下:

(1)描述研究事件(如死亡时间等)

(2)说明研究起始时间与终止时间(症状出现与康复时间,诊断日期与终止日期等)

(3)说明删失数据的种类与原因

(4)说明计算生存率的统计学方法(如 Kaplan – Meier 法)

给出每一组的中数生存率、或生存期生存率(如5年生存率)估计值及其置信区间。

说明生存率的统计学方法(如 log – rank 法)及其检验获得的 P 值。

(5)给出 Cox 回归模型,呈现解释变量与风险之间的联系。

给出风险比(Hazard Ration)及其置信区间,同时也给出比例风险假定的假设检验结果。

假设某个未成年人惩教中心提出一种药物滥用诱发犯罪的治疗方法。为评估该方法有效性和风险因素在再次犯罪中的重要度,该中心收集已定罪的未成年人的相关数据,这些数据包含种族、先前犯罪类型、第一次判刑的年龄。其中,种族、先前犯罪类型为离散变量,初审年龄为连续变量。数据总量为554例,其中,离开中心再次犯罪为234人,未犯罪为320人。采用生存分析法,对该康复中心采用的治疗方法进行评估。

(1)查分原始数据分布情况

对于离散型分类变量种族、先前犯罪类型进行统计分析,种族变量分为白人(0)、黑人(1)、西班牙人(2)、亚洲人(3)、其他(4),先前犯罪类型分为轻罪(1)、重罪(2)、严重罪行(3)。

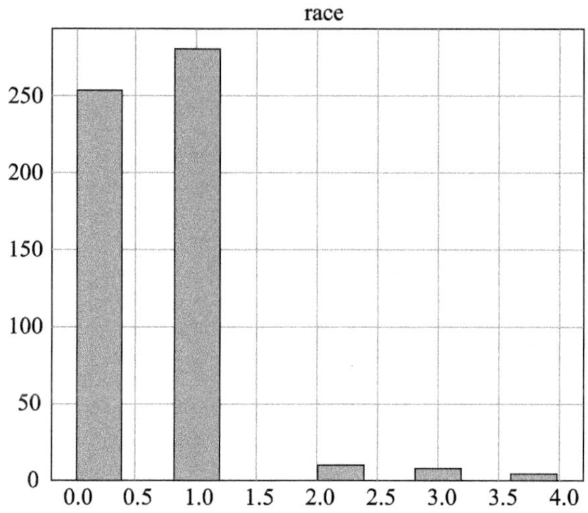

图6-5 种族分布

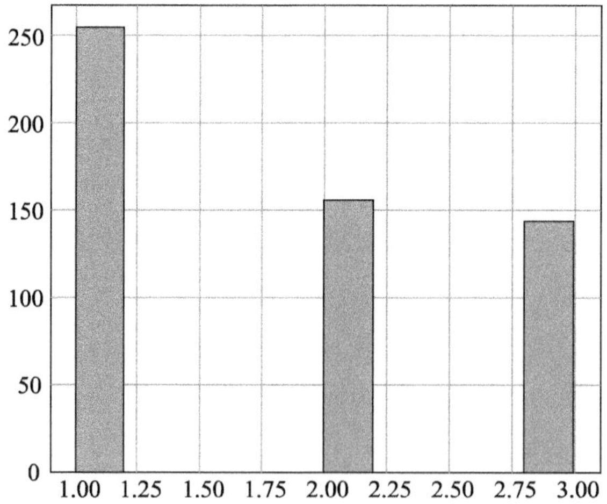

图6-6 先前犯罪类型

由图 6－5、图 6－6 可以看出，种族分布中，白人和黑人占绝大多数，而其他族人数仅占很少的比例，数据存在明显不平衡。根据需要对不平衡数据进行调整，调整方案为将除白人和黑人外的其他族人群归入黑人类。因此，调整后的人群分类为白人和其他两类。对于先前犯罪类型来说，数据基本平衡，不需要调整。

对于连续型变量，其分布特征见表 6－13：

表 6－13　连续型变量分布

变量	Mean	std	min	50%	max
初审年龄	16	1	11	16	18
生存时间	6	3.682	3	6	12

查看整体的生存曲线（见图 6－7）。

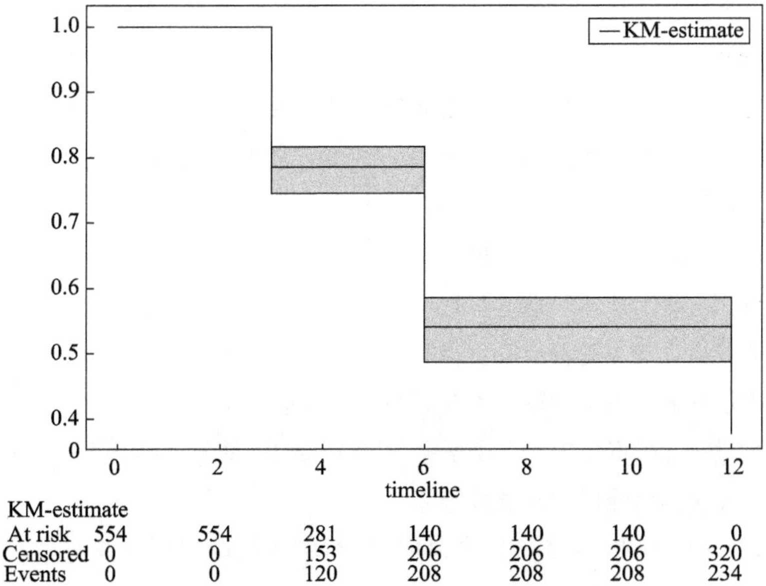

图 6－7　KM 生存曲线

从图 6－7 可以看出，随着时间的推移生存率也会跟随发生变化。按生存时间排序，结果发现中位数为 12。这意味着，至少超过 50% 的未成年人在一年之内没再次犯罪。

(2)基于 Kaplan - Meier 方法,基于先前犯罪类型进行比较生存时间(见图 6 -8)

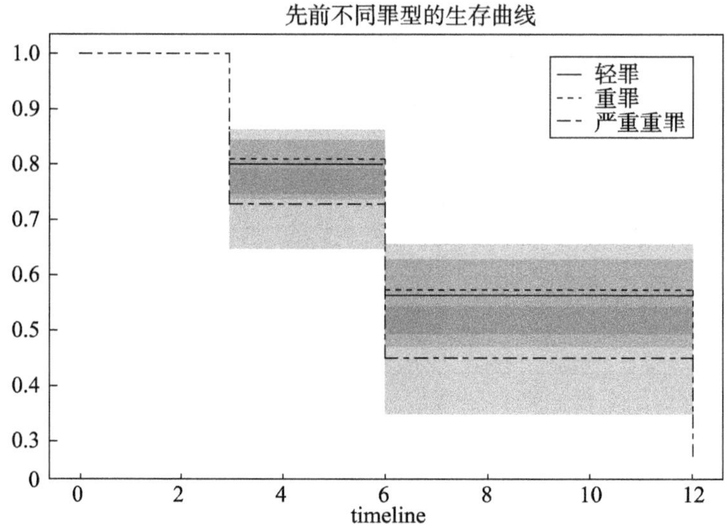

图 6 -8　带置信区间的 KM 生存曲线

从图 6 -8 可以看到,严重重罪的生存时间在轻罪和重罪下方,说明其平均存活时间明显小于前两组。

(3)基于 Log Rank 的假设检验

在实验中,欲比较各种族生存时间上是否有差异,则提出的统计假设为:

H_0:假设白人与其他种族的生存时间没有差别

H_1:假设白人与其他种族的生存时间存在显示差异

借助于某软件,将数据代入模型中,可求得结果(见表 6 -14)。

(4)Cox 比例风险回归模型分析

将数据集分为训练集和验证集,两类集合的数据量比例为 8∶2。

表 6 -14　数据集的生存率及其标准误差

变量	coef	exp (coef)	se (coef)	coef 95%		exp(coef)95%		Z	P	$Log_2^{(p)}$
				lower	upper	lower	upper			
种族	0.06	1.06	0.15	-0.24	0.35	0.79	1.42	0.38	0.71	0.5
先前犯罪类型	0.18	1.19	0.09	0	0.35	1	1.43	1.93	0.05	4.21
首次审判年龄	-0.25	0.78	0.07	-0.38	-0.11	0.68	0.9	-3.49	<0.005	11.04

从运算结果可以看出，变量首次审判年龄和先前犯罪类型的显著相关性，$P \leqslant 0.05$，先前犯罪类型从轻到严重重罪，风险比为 0.18，类型每向上升 1 级风险水平会增加 19%，对于犯罪年龄而言，年龄每增加 1 个单位，风险水平会减少 0.22 个百分点。

第 7 章

贝叶斯分类器

在机器学习中,分类器是一种模型或算法,用于根据特定特征来区分对象。贝叶斯分类器属于这个分类家族。贝叶斯分类器是使用贝叶斯定理的概率分类模型,可对新样本进行最可能的预测。贝叶斯分类器是概率领域的有力工具,它在机器学习领域也得到了广泛的应用,包括在将其用于将模型拟合到训练数据集的概率框架,以及用于开始分类预测建模。

7.1 贝叶斯的基础原理

贝叶斯定理是由英国学者托马斯·贝叶斯最早提出的一种归纳推理的方法,后被一些统计学家发展成一种系统的统计推断方法。贝叶斯公式为利用收集到的信息对原有判断进行修正提供了有效手段。在采样之前,主观主体对各种假设有一个判断(先验概率),关于先验概率的分布,通常可根据主观主体的经验判断确定(当无任何信息时,一般假设各先验概率相同),较复杂精确,可利用包括最大熵技术或边际分布密度以及相互信息原理等方法来确定先验概率分布。贝叶斯公式可以达到从结果推断原因的目的。

7.1.1 基础知识

(1)边际概率

边际概率是事件的概率,与其他随机变量无关。如果随机变量是独立的,那么它是直接事件的概率。如果变量依赖于其他变量,则边际概率是对因变量的所有结果求和的概率,称为求和规则。

(2)联合概率

表示两个或多个事件共同发生的概率。假设两个随机变量事件用 A 和 B 描述,则 A 与 B 的联合概率表示为 $P(AB)$或者 $P(A,B)$或者 $P(A\cap B)$。

(3)条件概率

事件 A 在另外一个事件 B 已经发生条件下发生的概率。条件概率表示为 $P(A|B)$,读作“在 B 条件下 A 的概率”。

若 V 是全集,A,B 是其中事件(子集),P 表示事件发生的概率,则

$$P(A \mid B) = \frac{P(AB)}{P(B)} \tag{7-1}$$

(4)乘法定律

设$A_1,A_2,\cdots,A_n$为 n 个事件,$n\geqslant 2$,且 $P(A_1,A_2,\cdots,A_{n-1})>0$,则有

$$P(A_1,A_2,\cdots,A_n) = P(A_1)P(A_2 \mid A_1)P(A_3 \mid A_1 A_2)\cdots P(A_n \mid A_1 A_2\cdots A_{n-1}) \tag{7-2}$$

(5)全概率公式(见图 7-1)

如果事件$B_1,B_2,\cdots,B_n$构成一个完备事件组,即它们两两素相容,其和为全集;并且 $P(B_i)$大于 0,则对任一事件 A 有:

$$P(A) = P(A \mid B_1) \times P(B_1) + P(A \mid B_2) \times P(B_2) + \cdots + P(A \mid B_n) \times P(B_n) \tag{7-3}$$

全概率公式的主要用途在于它可以将一个复杂事件的概率计算问题,分解为若干简单事件的概率计算问题,最后应用概率的可能性求出最终结果。

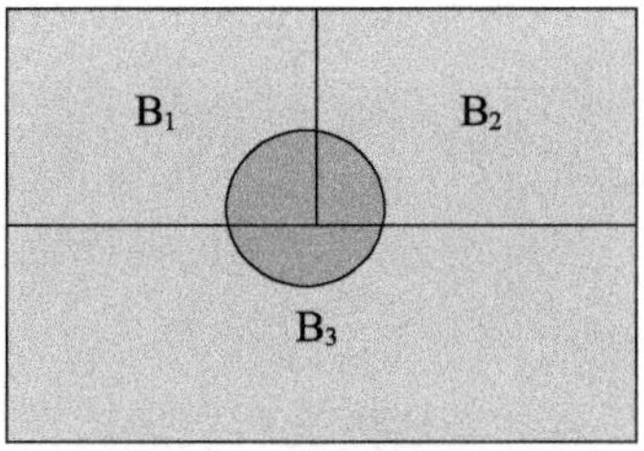

图 7-1　全概率公式

(6)条件独立性

定义:设 A,B 是两个随机事件,如果满足等式:

$$P(A \cap B) = P(A)P(B) \tag{7-4}$$

则称事件 A,B 相互独立,简称 A,B 独立。

在给定事件 C 的条件下,如果事件 A,B 满足:

$$P(A \cap B \mid C) = P(A \mid C)P(B \mid C) \tag{7-5}$$

则称 A 和 B 在给定条件 C 下条件独立。

7.1.2 贝叶斯基本原理

贝叶斯定理,是指概率统计中的应用所观察到的现象对有关概率分布的主观判断(先验概率)进行修正的标准方法。当分析的样本大到接近总体数时,样本中事件发生的概率将接近于总体中事件发生的概率。

基于上述联合分布概率公式可得:

$$P(AB) = P(B \mid A)P(A) = P(A \mid B)P(B) \tag{7-6}$$

可得到公式:

$$P(B \mid A) = \frac{P(A \mid B)P(B)}{P(A)} \tag{7-7}$$

其中:

$P(B)$是 B 的先验概率或边缘概率。它表示在任何观测值序列 A 时,我们对于 B 的不确定的认知。

$P(A)$是观测值或证据,也称标准化常量。在考虑所有可能 B 的分布下,所能能省则省到序列的非条件概率。

$P(B|A)$是基于 A 发生后 B 发生的条件概率,也称似然度。

$P(A|B)$是已知 B 发生后 A 条件概率,也称 A 的后验概率。它表示考虑了观测值序列 A 后,对 B 的不确定性的改进认知。

$\frac{P(B|A)}{P(B)}$称作标准似然度。

贝叶斯公式合理地将先验认知与实际证据结合在一起,得到一个更新的后验认知。

贝叶斯法则又可表述为:

$$\begin{aligned} \text{后验概率} &= (\text{似然度} \times \text{先验概率})/\text{标准化常量} \\ &= \text{标准似然度} \times \text{先验概率} \end{aligned} \tag{7-8}$$

从公式可以看出,如果 B 独立于 A 时被观察到的可能性越大,那么 B 对 A 的支持度越小。

举例说明,假设 A 事件表示逃学,B_1 表示有违法记录的未成年人,B_2 表示无违法记录的未成年人,具体的已知概率如下:

$$P(A|B_1)=0.9, P(A|B_2)=0.1, P(B_1)=0.01, P(B_2)=0.99$$

对于B_1来讲，$P(B_1)$为先验概率，统计得出的违法记录未成年人占成年人群中比例(概率)；$P(A|B_1)=0.9$ 为条件概率，即在违法记录未成年人中 90% 的学生有辍学经历。

由联合概率可得：

未成年人群中逃学并且有违法记录的未成年人的概率：

$$P(B_1,A)=P(B_1)\cdot P(A|B_1)=0.01\times0.9=0.009$$

未成年人群有逃学记录，并且未有触法记录的未成年人的概率

$$P(B_2,A)=P(B_2)\cdot P(A|B_2)=0.99\times0.1=0.099$$

利用贝叶斯公式求出检测为未成年人群中逃学并且触法记录的概率：

$$P(B_1|A)=\frac{0.009}{0.099+0.009}\approx0.083$$

在这个问题中，未成年人群中是否触法记录的概率是先验概率，先验概率是已知的，根据观测值；是否为逃学，来判断是否触法记录的后验概率。

7.2 朴素贝叶斯

朴素贝叶斯是基于贝叶斯定理，同时要求特征属性条件独立假设为前提的一种分类方法。特征之间的很强独立性假设，被称为“朴素”。对于给定的训练数据集，首先要求特征属性之间是相互独立的，也就是任意特征属性值都不会受到其他特征属性的影响；其次依据输入输出的联合概率分布，通过贝叶斯定理求出后验概率的最大输出。

(1)随机事件形式

假设 D 是训练样本和相关联的类标号的集合，分类模型样本是：

$$\{(x_1^{(1)},x_2^{(1)},\cdots,x_n^{(1)},y_1),(x_1^{(2)},x_2^{(2)},\cdots,x_n^{(2)},y_2),\cdots,(x_1^{(m)},x_2^{(m)},\cdots,x_n^{(m)},y_m)\}$$

其中样本的个数为 m 个，每个样本的特征为 n 个，特征输出为 k 类别，定义为 $C_1,C_2,\cdots,C_k$。

①样本为离散事件

由贝叶斯定理可得：

$$P(y_i \mid x) = \frac{P(x \mid y_i)P(y_i)}{P(x)} \quad (7-9)$$

由于全概率公式 $P(x) = \sum_k P(x|y_i)P(y_i)$，且 $\sum_k P(y_i) = 1$，则上式可变换为：

$$P(y_i \mid x) = \frac{P(x \mid y_i)P(y_i)}{\sum P(x \mid y_i)P(y_i)} \quad (7-10)$$

联合分布为：

$$\begin{aligned} P(x|y = C_k) &= P(Y = C_k)P(X = x|Y = C_k) \\ &= P(Y = C_k)P(X_1 = x_1, X_2 = x_2, \cdots, X_n = x_n|Y = C_k) \end{aligned} \quad (7-11)$$

从上式可以看出，$P(X_1 = x_1, X_2 = x_2, \cdots, X_n = x_n|Y = C_k)$ 是一个复杂的 n 维度条件分布。为了简化计算的难度，朴素贝叶斯提出了特征属性彼此之间独立的假设，这样就可以得出：

$$\begin{aligned} & P(X_1 = x_1, X_2 = x_2, \cdots, X_n = x_n|Y = C_k) \\ & = P(X = x_1|Y = C_k)P(X = x_2|Y = C_k)\cdots P(X = x_n|Y = C_k) \end{aligned} \quad (7-12)$$

条件独立降低了计算的复杂度，但这也可能带来预测的不准确性。

贝叶斯分类算法是根据后验概率最大化来判断分类的。对新样本x^{new}只要计算出所有的 k 个条件的概率 $P(Y = C_k|X = x^{new})$，然后找到最大的条件概率所对应的类别。

②样本为连续随机变量

当 x 为连续型随机变量时，那公式表达式为：

$$P(x \mid y) = \frac{f(y \mid x)\pi(x)}{\int_{\Theta} f(y \mid x)\pi(x)dx} \quad (7-13)$$

其中，Θ 表示样本空间。

如果是x_j一个连续值，通常取x_j的先验概率的正态分布，即在样本类C_k中，x_j的值符合正态分布。这样 $P(X_j = X_j^{test}|y = C_k)$ 的概率分布是：

$$(X_j = X_j^{test} \mid y = C_k) = \frac{1}{\sqrt{2\pi\sigma_k^2}} exp\left(-\frac{(X_j^{test} - \mu_k)^2}{2\sigma_k^2}\right) \quad (7-14)$$

其中，μ_k和σ_k^2是正态分布的期望和方差，可以通过极大似然估计求得。μ_k为在样本类别C_k中，所有X_j的平均值。σ_k^2为样本类别C_k中，所有X_j的方差。对于一个连续的样本值，代入正态分布的公式，就可以得出概率分布了。

(2)密度函数形式

随机变量形式是最常见的表达形式,此外,还有一种表示就是以密度函数的表式来描述:

当数据为离散值时:

$$\pi(\theta_j \mid x) = \frac{p(x \mid \theta_j)\pi(\theta_j)}{\sum_i p(x \mid \theta_j)\pi(\theta_j)} \quad j = 1,2\cdots \tag{7-15}$$

当数据为连续值时:

$$\pi(\theta_j \mid x) = \frac{h(x,\theta)}{m(x)} = \frac{p(x \mid \theta)\pi(\theta)}{\int_\Theta p(x \mid \theta)\pi(\theta)d\theta} \quad j = 1,2\cdots \tag{7-16}$$

其中,π 指的是参数的概率分布,$\pi(\theta)$ 指的是先验概率,$\pi(\theta|x)$ 指的是后验概率,$f(x|\theta)$ 是观测到的样本分布,也就是似然函数(Lieklihood),记住竖线“|”左边才是我们需要的。其中积分求的区间 Θ 域内的一个关于 θ 的概率密度分布,每一个 θ 都有一个对应的可能性(也就是概率)。

(3)似然函数和最大似然估计

公式 7-16 中的 $\pi(x_1|\theta)$ 就是一种似然函数,观测到样本 x 的分布是以某个参数 θ 为前提下得出来的,只是这个参数是未知的,在统计学里常用的求该参数的方法就是:最大似然估计。

假设有 n 个样本 $x_1,x_2,\cdots,x_n$,它们的每一个变量都对应一个似然函数:

$$\pi(x_1|\theta),\pi(x_2|\theta),\cdots,\pi(x_n|\theta)$$

把这些似然函数乘起来:

$$l(\theta) = \prod_{i=1}^{n} \pi(x_i \mid \theta) \tag{7-17}$$

求这个函数最大的 θ 值。

(4)朴素贝叶斯求解步骤

对于给出的待分类项,求出此分类项出现的情况下各个类别出现的概率,哪个最大,就认为待分类项属于哪个类别。即在没有其他可用信息时,选择条件概率最大的类别。朴素贝叶斯分类的定义如下:

①设 $x=(a_1,a_2,\cdots,a_m)$ 为待分类项,a_i 为 x 的一个特征属性。

②类别集合 $C=\{y_1,y_2,\cdots,y_n\}$。

③计算 $P(y_1|x), P(y_2|x), \cdots, P(y_n|x)$。

④选最大概率值 $P(y_k|x)=\max\{P(y_1|x), P(y_2|x), \cdots, P(y_n|x)\}$，则 $x \in y_k$。

关键一步在于如何计算第三步中的条件概率。

通常的做法是：

①找到一个已知的待分类项集合，作为训练样本集。

②统计在各个类别下各特征属性条件概率估计：

$$P(a_1|y_1), P(a_2|y_1), \cdots, P(a_m|y_1); P(a_1|y_2), P(a_2|y_2), \cdots$$
$$P(a_m|y_m), \cdots, P(a_1|y_n), P(a_2|y_n), \cdots, P(a_m|y_n)$$

③如果各个特征属性是条件独立的，即符合马尔科夫模型，则贝叶斯定理成立：

$$P(y_i \mid x) = \frac{P(x \mid y_i)P(y_i)}{P(x)} \tag{7-18}$$

$P(x)$ 对于所有类别都是一个常数，所以取极值就变为将分子最大化：

$$P(x \mid y_i)P(y_i) = P(a_1 \mid y_i)P(a_2 \mid y_i)\cdots P(a_m \mid y_i) = P(y_i)\prod_{j=1}^{m} P(a_j \mid y_i) \tag{7-19}$$

假设为研究风险预测变量如何与随后累犯相关联的，收集了 980 名未成年罪犯的信息数据，其中累犯 283 人，非累犯 697 人。研究包含特征属性有特殊教育的需求（学习障碍，特殊教育）a_1，帮派隶属关系 a_2，身体或精神虐待或忽视的历史 a_3，家庭成员犯罪史 a_4。具体内容如表 7－1 所示：

表 7－1　风险变量与后续累犯的关系（N＝980）

变量	非累犯（N＝697）/人	累犯（N＝283）/人
青年被诊断为有特殊的教育需求（学习障碍、特殊教育）	117	103
经证实有身体或精神虐待、忽视历史	69	45
家庭成员犯罪历史	452	208
帮派隶属关系	308	148

试用上面的样本训练得到的模型，通过特殊教育有无需求，有身体或精神虐待史，家庭成员有犯罪史，没参与过任何帮派 4 个特征，鉴别一个未成年罪犯再次

犯罪的可能性。

①确定各变量的编码：a_1, a_2, a_3, a_4

$$C=\begin{cases}1 & \text{累犯}\\0 & \text{非累犯}\end{cases}\quad a_1=\begin{cases}1 & \text{有需求}\\0 & \text{无需求}\end{cases}\quad a_2=\begin{cases}1 & \text{有虐待史}\\0 & \text{无虐待史}\end{cases}$$

$$a_3=\begin{cases}1 & \text{有犯罪历史}\\0 & \text{无犯罪历史}\end{cases}\quad a_4=\begin{cases}1 & \text{有帮派隶属关系}\\0 & \text{无帮派隶属关系}\end{cases}$$

②训练样本 C 的概率

$$P(C=0)=\frac{687}{890}=0.7719$$

$$P(C=1)=\frac{268}{890}=0.3011$$

计算每个类别条件下各个特征属性划分的频率：

$$P(a_1=0|C=0)=\frac{177}{697}=25.4\%\quad P(a_1=1|C=0)=\frac{697-177}{697}=74.6\%$$

$$P(a_1=0|C=1)=\frac{103}{283}=36.4\%\quad P(a_1=1|C=1)=\frac{283-103}{283}=63.6\%$$

$$P(a_2=0|C=0)=\frac{69}{697}=9.9\%\quad P(a_2=1|C=0)=\frac{697-69}{697}=90.1\%$$

$$P(a_2=0|C=1)=\frac{45}{283}=15.9\%\quad P(a_2=1|C=1)=\frac{283-45}{283}=84.1\%$$

$$P(a_3=0|C=0)=\frac{452}{697}=64.8\%\quad P(a_3=1|C=0)=\frac{697-452}{697}=35.2\%$$

$$P(a_3=0|C=1)=\frac{208}{283}=73.5\%\quad P(a_3=1|C=1)=\frac{283-208}{283}=26.5\%$$

$$P(a_4=0|C=0)=\frac{308}{697}=44.2\%\quad P(a_4=1|C=0)=\frac{697-308}{697}=55.8\%$$

$$P(a_4=0|C=1)=\frac{148}{283}=52.3\%\quad P(a_4=1|C=1)=\frac{283-148}{283}=47.7\%$$

③预判

设新样本数据为 $x=\{$无特殊教育需求$(a_1=0)$，有虐待史$(a_2=0)$，家庭成员有犯罪史$(a_3=1)$，无帮派隶属关系$(a_4=0)\}$，预判结果为：

$$P(C=0)P(x|C=0)=P(C=0)P(a_1=0|C=0)P(a_2=1|C=0)P(a_3=1|C=0)$$

$$P(a_4=0|C=0)=0.7719\times25.4\%\times90.1\%\times35.2\%\times44.2\%=0.02748$$

$$P(C=1)P(x|C=1)=P(C=1)P(a_1=0|C=1)P(a_2=1|C=1)P(a_3=1|C=1)$$

$$P(a_4=0|C=1)=0.3011\times36.4\%\times84.1\%\times26.5\%\times52.3\%=0.01277$$

通过模型鉴别,新样本倾向于划分为 C=0,即非累犯。

7.3 半朴素贝叶斯

朴素贝叶斯具有算法逻辑简单、易于实现、分类过程时空开销小等特点,被广泛被采用。朴素贝叶斯应用的前提假设是分类对应的属性间是相互独立的,这个假设在实际应用中往往不成立的。朴素贝叶斯在属性相关性较小时,性能最为良好;在属性个数较多或者属性之间相关性较大时,使用朴素贝叶斯建模后,模型的泛化能力和鲁棒性都很难达到满意的效果。人们尝试对这个假设进行一定的改进,由此产生了"半朴素贝叶斯分类器"。

半朴素贝叶斯尝试通过放宽属性的独立性假设来提高朴素贝叶斯的分类准确性和概率估计,同时保留其大部分简单性和效率。它适当考虑了某些属性之间的相互依赖性信息,从而既不需要进行联合概率计算,又不至于彻底忽略比较强的属性依赖信息。半朴素贝叶斯的"半"就体现在算法是假定每个属性最多只依赖于一个或多个其他属性为前提。

独依赖估计(one - dependent estimator,ODE)是半朴素贝叶斯分类器最常用的一种策略。所谓的"独依赖"就是假设每个属性在类别之外最多仅依赖于一个其他属性。

因此,对某个样本 x 的朴素贝叶斯公式为

$$h(x)=max(P(c)\prod_{i=1}^{d}P(x_i|c)) \tag{7-20}$$

修正半朴素贝叶斯分类器公式如下:

$$h(x)=max(P(c)\prod_{i=1}^{d}P(x_i|c,pa_i)) \tag{7-21}$$

其中,pa_i为属性x_i所依赖的属性,称为x_i的父属性。

假设父属性 pa_j已知,则可以使用下面的公式估计 $P(x_i|c,pa_i)$

$$P(x_j|c_i,pa_i)=\frac{P(x_j,c_i,pa_j)}{P(c_i,pa_j)} \tag{7-22}$$

于是,问题的关键就变成了如何确定每个属性的父属性。不同的做法产生了不同的独依赖分类器。最常见的半朴素贝叶斯算法为 SPODE 和 TAN。

SPODE(super - parent ODE)假设所有的属性都依赖于同一个属性,称为超父。

TAN(tree - augmented naive bayes)通过最大加权生成树算法的基础上发展的一种方法。

(1)SPODE 算法

SPODE 算法即超父(ODE)算法,其核心算法为:假设所有属性都依赖于同一个属性(称为超父),然后通过交叉验证等模型选择方法来确定超父属性。

因此,对某个样本 x 预测朴素贝叶斯公式如下:

$$h(x) = \max\left(\sum_{j=1}^{d} P(c, x_j) \prod_{i=1}^{d} P(x_i \mid c, x_j)\right) \tag{7-23}$$

假设某地区的研究项目不良童年经历区分暴力少年性犯罪者的受害者类型,收集受害者为同学类型的少年性犯罪者的数据,包括虐待、接触社区暴力、心理健康,标签数据为年龄组(1 = 大于 16 周岁,0 = 小于等于 16 岁)。这些特征数据的来源是未成年人风险评估数据及访谈。在当前的数据集下,输入新样本(少年犯罪者记录),其特征值分别为存在被虐待情况、接触过社区暴力、无心理健康问题。试用半朴素贝叶斯方法进行分析。

表 7 -2　原始数据统计表

#	虐待	社区暴力	心理健康	标签
1	否	是	否	否
2	是	否	否	是
3	是	否	是	是
4	是	是	是	否
5	是	是	否	否
6	否	否	是	是
7	是	是	否	否
8	否	否	否	否
9	否	是	是	否
10	是	否	是	是

测试集上要预测的某个样本如下：$x=$（虐待 = 是，接触社区暴力 = 是，心理健康 = 否），预测其结果。

解答：

采用拉普照拉斯修正后的反验概率 $P(c)$ 计算公式：

$$P(c)=\frac{D_c+1}{D+N}$$

基于类 C 和类外的依赖属性 pai 的条件概率计算公式如下：

$$P(x_i \mid c,p\,a_i)=\frac{D_{c,pa_i,x_i}+1}{D_{c,pa_i}+N_i}$$

属性的依赖关系定义如下：

虐待依赖于心理健康，且虐待属性取值为“是”时，依赖心理健康属性取值为“是”；

接触社会暴力不存在依赖属性；

心理健康依赖于虐待，且心理健康属性值为“是”时依赖虐待属性取值为“是”。

则先验概率 $P(c)$

$$P(c=\text{是})=\frac{4+1}{10+2}=\frac{5}{12}$$

$$P(c=\text{否})=\frac{6+1}{10+2}=\frac{7}{12}$$

带有依赖属性的类条件概率

$$P(\text{虐待}=\text{是} \mid c=\text{是},\text{心理健康}=\text{是})=\frac{2+1}{3+2}=\frac{3}{5}$$

$$P(\text{接触社区暴力}=\text{是} \mid c=\text{是})=\frac{0+1}{4+2}=\frac{1}{6}$$

$$P(\text{心理健康}=\text{是} \mid c=\text{是},\text{虐待}=\text{是})=\frac{2+1}{3+2}=\frac{3}{5}$$

$$P(\text{虐待}=\text{是} \mid c=\text{否},\text{心理健康}=\text{是})=\frac{1+1}{2+2}=\frac{2}{4}$$

$$P(\text{接触社区暴力}=\text{是} \mid c=\text{否})=\frac{5+1}{6+2}=\frac{6}{8}$$

$$P(\text{心理健康}=\text{是} \mid c=\text{否},\text{虐待}=\text{是})=\frac{1+1}{3+2}=\frac{2}{5}$$

因此,

$$P(c=\text{是})\times P(\text{虐待}=\text{是}|c=\text{是},\text{心理健康}=\text{是})$$
$$\times P(\text{接触社区暴力}=\text{是}|c=\text{是})\times P(\text{心理健康}=\text{是}|c=\text{是},\text{虐待}=\text{是})$$
$$=\frac{5}{12}\times\frac{3}{5}\times\frac{1}{6}\times\frac{3}{5}=0.025$$

$$P(c=\text{否})\times P(\text{虐待}=\text{是}|c=\text{否},\text{心理健康}=\text{是})$$
$$\times P(\text{接触社区暴力}=\text{是}|c=\text{否})\times P(\text{心理健康}=\text{是}|c=\text{否},\text{虐待}=\text{是})$$
$$=\frac{7}{12}\times\frac{2}{4}\times\frac{6}{8}\times\frac{2}{5}=0.0875$$

因此,基于测试集,符合新数据特征的数据预测为小于 16 岁的少年性犯罪者侵害同学的风险更高。

(2)TAN 算法

通过最大带权生成树算法确定属性之间的依赖关系,简单来说,就是每个属性找到跟自己最相关的属性,然后形成一个有向边(只能往一个方向)。

详解 TAN 算法

步骤如下:

第一步:计算任意两个属性之间的条件互信息(CMI,即相互依赖程度)

$$I(x_i,y_i \mid y) = \sum_{x_i,y_i;c\in y} P(x_i,y_i \mid c) log \frac{P(x_i,x_j \mid c)}{P(x_i \mid c)P(x_j \mid c)} \tag{7-24}$$

第二步:以每个属性为节点(node),CMI 为边(edge)形成一张图。找到这张图的最大带权生成树。即找到一个节点之间的连接规则,这个规则满足三个条件:

能够连接所有节点;

使用最少数目的边;

边长(CMI)总和最大。

第三步:再把节点连接关系设置为有向,即从父节点指向子节点。在这里把最先出现的属性设置为根节点,再由根节点出发来确定边的方向。把第二步和第三步一起执行。

第四步:计算:

$$\prod_{i=1}^{d} P(x_i \mid c,pa_i) \tag{7-25}$$

7.4 贝叶斯决策理论

决策通常是指从一个目标或一组备选方案出发,依据客观条件作出符合主观要求的决定。贝叶斯决策理论(BDT),也称贝叶斯假设检验和贝叶斯推理,它基于贝叶斯理定理,使用与决策分布和损失来量化各种决策之间的权衡,寻求最优的策略。换句话说,贝叶斯决策就是在所有先验概率和后验概率都已知的情况下,进一步作出事件归属的决定。

根据已有的经验,对某一事物进行分类。如已知某地区未成年人违法记录数据集,有暴力倾向的未成年人ω_1,无暴力倾向的未成年人ω_2,经大量统计先验概率$P(\omega_1)$,$P(\omega_2)$。若取该地区某个有违法记录的未成年人,只能由先验概率决定其是否有暴力倾向的概率,其分类决策结果意义并不大。如果对样本群体的再观察,就可以把先验概率转化为后验概率,充分利用后验概率对未知样本进行识别。这时候就可以依据贝叶斯决策理论构建贝叶斯分类器来实现。

7.4.1 贝叶斯决策理论

贝叶斯决策理论是模式分类的统计方法。它利用概率进行分类,并衡量风险将新事物分给指定的类。假设有 n 种可能的分类,$y=\{C_1,C_2,\cdots,C_n\}$,λ_{ij}代表将类别为C_j样本归分到C_i所产生的损失。基于后验概率 $p(C_i|x)$可得到将样本 x 分类到C_i所产的期望损失,即样本 x 上的条件风险。其计算公式为:

$$R(C_i \mid x) = \sum_{j=1}^{n} \lambda_{ij} p(C_j \mid x) \tag{7-26}$$

总体最小化风险可表示为:

$$h^* = \underset{c \in y}{\mathrm{arg}min} R(C \mid x) \tag{7-27}$$

h^*代表贝叶斯最优分类器,其含义为使每个样本的选择使用条件风险 $R(C|x)$最小的类别标记。$R(h^*)$则称为贝叶斯风险 $1-R(h^*)$指示分类器所能达到的最好性能。

(1)似然比检验(LRT)

假设 m 个样本分为两类ω_1和ω_2,每个样本抽取出 n 个特征,则

$$x=(x_1,x_2,\cdots,x_n)^T$$

假设特征向量 x,其分布取决类别状态可表示为 $P(x|w)$ 的形式,这称为类条件概率密度。即类别状态为 w 时 x 的概率密度函数。通俗理解为分类作为概率密度函数的条件。

若已知先验概率 $P(\omega_1)$,$P(\omega_2)$,类条件概率密度 $P(x|\omega_1)$,$P(x|\omega_2)$。经前面的朴素贝叶斯定理可知,观测值特征向量 x 最有可能的观察类 w_i,是通过评估每个一类的后验概率 $P(w_i|x)$ 所对应的最大值。

决策规则:

$$\text{若 } P(x \mid \omega_1) > P(x \mid \omega_2) \quad \text{则 } x \in \omega_1;\text{否则 } x \in \omega_2 \tag{7-28}$$

应用贝叶斯定理则为

$$\text{若} \frac{P(x \mid w_1)P(w_1)}{P(x)} > \frac{P(x \mid w_2)P(w_2)}{P(x)} \quad \text{则 } x \in \omega_1;\text{否则 } x \in \omega_2 \tag{7-29}$$

由于 $P(x)$ 不影响决策规则,则可以省去,上式可改写为:

$$\text{若 } P(x \mid \omega_1)P(\omega_1) > P(x \mid \omega_2)P(\omega_2) \quad \text{则 } x \in \omega_1;\text{否则 } x \in \omega_2 \tag{7-30}$$

$$\Lambda(x) = \frac{P(x \mid \omega_1)}{P(x \mid \omega_2)} > \frac{P(\omega_2)}{P(\omega_1)} \quad \text{则 } x \in \omega_1;\text{否则 } x \in \omega_2 \tag{7-31}$$

$\Lambda(x)$ 为似然比,$\frac{P(\omega_2)}{P(\omega_1)}$ 称为判决阈值,而此决策规则为似然比决策规则。

假设先验概率相等,且 $P(x|\omega_1) = \mathrm{N}(4,1)$;$P(x|\omega_2) = \mathrm{N}(10,1)$

根据上述似然比检验公式,可得:

$$\Lambda(x) = \frac{\frac{1}{\sqrt{2\pi}} e^{-\frac{1}{2}(x-4)^2}}{\frac{1}{\sqrt{2\pi}} e^{-\frac{1}{2}(x-10)^2}}$$

如果 $\Lambda(x) > 1$,则 x 归为 ω_1 类别,否则为 ω_2 类别。

假定 $\Lambda(x) = 1$,上式经简化可得:$(x-4)^2 - (x-10)^2 = 0$,求得 $x = 7$。由此可知,$x > 7$,则划为 ω_1 类别,否则划为 ω_2 类别。$x = 7$ 为判别边界。

(2)误差概率

在对事物进行分类时,当某一特征向量值 X 只为某一类事物所特有,对其作出的决策比较容易,不会出现任何差错。如果特征向量基于某些特征在分类时出现模棱两可的情况,则任何一种分类结果都可能产生误差。

任何决策都很难保证百分之百正确，其产生误差用全概率定理可表示为：

$$P[error] = \sum_{i=1}^{C} P(error \mid w_i)P(w_i) \tag{7-32}$$

类的条件概率可以表示为：

$$P(error \mid w_i) = P(chose\ w_j \mid w_i) = \int_{R_j} P(x \mid w_i)dx \tag{7-33}$$

对于两类问题的误差概率。假设类别分别为ω_1和ω_2，特征空间为R_d，其中$R = R_1 + R_2$，从图7－2可以看出，ω_1的误差区域为边决策边界t左侧网格的区域，即属于ω_1的类却落入R_2，称为第一类错误；ω_2的误差区域为边决策边界t右侧斜线的区域，即ω_2属于的类却落入R_1，称为第二类错误。采用公式表达为：

第一类错误：

$$P(error_1) = P(x \in R_2 \mid w_1) = \int_{R_2} P(x \mid w_1)dx \tag{7-34}$$

第二类错误：

$$P(error_2) = = P(x \in R_1 \mid w_2) = \int_{R_1} P(x \mid w_2)dx \tag{7-35}$$

因此，平均错误率：

$$P(error) = P(w_1)\ \varepsilon_i + P(w_2)\ \varepsilon_2 \tag{7-36}$$

$$P(error) = P(w_1)\int_{R_2} P(x \mid w_1)dx + P(w_2)\int_{R_1} P(x \mid w_2)dx \tag{7-37}$$

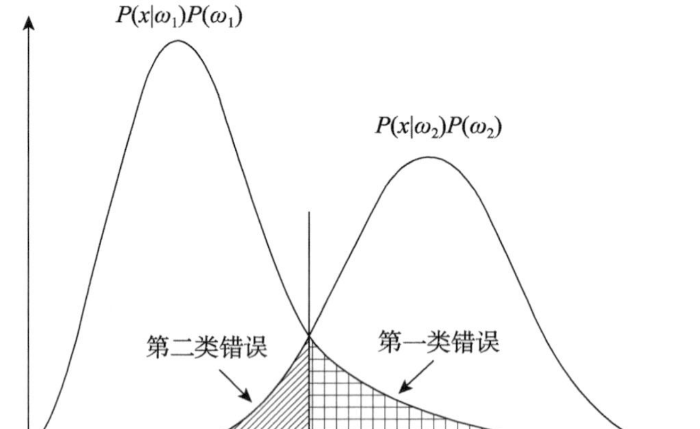

图7－2　两类问题的误差概率

其中，Y 轴为后验概率 $p(w_i|x)$，X 轴为特征。对于两类问题的误差概率。假设类别分别为ω_1和ω_2，特征空间为R_d，其中 $R = R_1 + R_2$，从图 7－2 可以看出，ω_1的误差区域为边决策边界 t 左侧网格的区域，即属于ω_1的类却落入R_2，称为第一类错误；ω_2的误差区域为边决策边界 t 右侧斜线的区域，即ω_2属于的类却落入R_1，称为第二类错误。X = t 处的线代表判别ω_1和ω_2的边界。

7.4.2　贝叶斯决策的规则

其主要包括两种决策方式，即最小错误贝叶斯决策和最小风险贝叶斯决策。前者是在比较理想或者各类类别地位均等的情况下的决策，而后者则要考虑决策本身带来的代价和各类别地位的不均等。

(1)最小错误贝叶斯决策

最小分类错误率策略的主要目的就是让分类错误率最小化，其判决遵从最大后验概率。这种方法在大多数情况下都是适用的。最小错误贝叶斯决策选择后验概率最大的分组或者类，则判断正确的可能就是最大的，进而犯错的概率就是最小的，即最小错误的贝叶斯决策等价于最大后验贝叶斯决策。由于概率非负，如果每一次决策错误率都最小那么总的错误率真也是最小的。

t 为决策点，在 $x < t$ 时，对数据 x 贡献ω_1大于ω_2，故最小错误贝叶斯决策将 x 归属为ω_1；在 $x > t$ 时，对产生数据 x 贡献ω_2大于ω_1，故最小错误贝叶斯决策将 x 归属ω_2。为使错误率最小条件，则应为在 t 点处。

$$\int_{R_2} P(\omega_1)P(x \mid \omega_1)dx = \int_{R_1} P(\omega_2)P(x \mid \omega_2)dx \tag{7-38}$$

最终求得：

$$P(e)_{min} = \int_{-\infty}^{Y_T} P(\omega_2)P(x \mid \omega_2)dx + \int_{Y_T}^{+\infty} P(\omega_1)P(x \mid \omega_1)dx \tag{7-39}$$

从上式可以发现，选择具有最大后验概率的类别作为预测结果能够达到最小分类错误率真的效果，这个原则也称最大后验概率原则。

贝叶斯最优分类器是就基于最大后验概率原则，使用训练数据和假设空间来查找最可能的预测，以便对新的数据进行预测。由于分类器的最优的，所以贝叶斯误差可以产生最小的误差。对于二分类问题，基于最小化误差概率，可转换为求最大后验概率，即 $P(w_1|x) > P(w_2|x)$则 x 被认定属于 w_1类别，否则属于 w_2类别。

对于多类问题，总错误率可表示为：

$$
\begin{aligned}
P(e) &= [P(x \in R_2 \mid \omega_1) + P(x \in R_3 \mid \omega_1) + \cdots + P(x \in R_M \mid \omega_1)]P(\omega_1) \\
&\quad + [P(x \in R_1 \mid \omega_2) + P(x \in R_3 \mid \omega_2) + \cdots + P(x \in R_M \mid \omega_2)]P(\omega_2) + \cdots \\
&\quad + [P(x \in R_1 \mid \omega_M) + P(x \in R_2 \mid \omega_M) + \cdots + P(x \in R_{M-1} \mid \omega_M)]P(\omega_M) \\
&= \sum_{i=1}^{N} \sum_{j=1 j \neq i}^{M} [P(x \in R_j \mid \omega_j)]P(\omega_j) \qquad (7-40)
\end{aligned}
$$

用平均正确分类概率：

$$
P(M) = \sum_{i=1}^{M} P(x \in R_i \mid \omega_i)P(\omega_i) = \sum_{i=1}^{M} \int_{R_i} P(x \in R_i \mid \omega_i)P(\omega_i)dx \qquad (7-41)
$$

错误率：$P(e) = 1 - P(M)$

同理，同样是选择具有最大后验概率的类别作为预测结果，能够达到最小分类错误。

假设某未成年人法庭在对未成年人安置地点进行决策时，通常分为居家/社区安置或家庭以外的地方安置两个大类。用ω_1表示评估结果为家庭以外其他地方（类别1），ω_2表示居家/社区安置（类别2），$x=0$ 表示评估结果不超过70分，$x=1$ 表示评估结果超过70分。T 表示参与研究总人数。

再设 $P(\omega_i)$ 表示两组（类）的分数占比，那么 $P(\omega_1)=0.5$，$P(\omega_2)=0.5$，即各占一半，此概率被称作先验概率。

再假设通过以往所有的某评估量表提供的信息，得出ω_1组得分70+的概率为0.2，ω_2组得分70+的概率为0.8，即 $P(x=1 \mid \omega_1)=0.2$，$P(x=1 \mid \omega_2)=0.8$，此概率常被称作类的条件概率。它反映两者最本质的区别——这里代表评估分70+的概率，是分类时最重要的依据。

容易发现，后验概率其实是在衡量各组分对结果的贡献，概率大，表示所有此结果中该组分（类）占比大。在引例中，如果有10人参加评估，在不知道评估量分数情况下，某一评估量表得分可能属于10个人中的任意一人，即两个组分（类别）在概率上都贡献了5个人，各占0.5。在知道量表评估分数70+后，贡献就悄然发生了变化。

w_1组（类）概率上贡献了 $T \times P(w_1) \times P(x=1 \mid w_1) = 10 \times 0.5 \times 0.2 = 1$

w_2组（类）概率上贡献了 $T \times P(w_2) \times P(x=1 \mid w_2) = 10 \times 0.5 \times 0.8 = 4$

概率上评估量表得分70+的人为两组(类)的和,即 $T \times P(w_1) \times P(x=1|w_1) + U \times P(w_2) \times P(x=1|w_2) = 5$。

那么w_1组(类)概率上贡献的比例,即w_1的后验概率 $P(w_1|\mathrm{x}=1) = 1/5 = 0.2$。$w_2$组(类)概率上贡献的比例,即$w_2$的后验概率 $P(w_2|\mathrm{x}) = 4/5 = 0.8$。由于居家/社区安置组(类)$w_2$的后验概率要大很多,所以引例中判定70+评估得分多半是居家/社区安置的是合理的。

同样地,如果抽到的评估分数不超过70,代入贝叶斯也可以算出一个后验概率,$P(w_1|\mathrm{x}=0) = 0.8$,$P(w_2|\mathrm{x}=0) = 0.2$,此时它属于家庭以外其他地方($\omega_1$组)的可能性要大得多。

(2)最小风险贝叶斯决策

最小错误风险贝叶斯规则是假设所有决策的权重均相等,而作出的决策结果。在实际应用中,不同的决策所付出的代价并不是完全相同的。如法庭对触法未成年人进行审判前,司法专职人员需要对触法未成年人进行评估以决定是否需要采用拘留处置。如果处置不当,此类决策可能会造成社会不稳定因素增加或触法未成年人不能按时出现在法庭。此类决策的权重要设置高一些。对于那些危险性非常低的触法未成年人,不会增加社会不稳定,这类决策要设置低一些。

贝叶斯决策最小风险规则是在考虑各种错误可能造成不同损失的情况下贝叶斯的决策。这与最小错误率贝叶斯决策的区别如图7-3、图7-4所示:

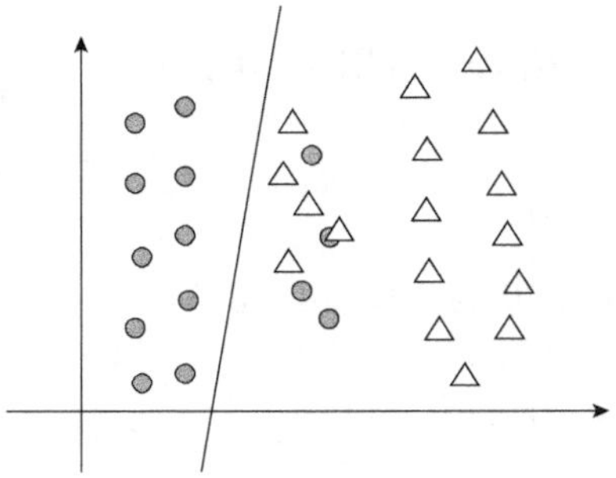

图7-3　最小错误率贝叶斯决策

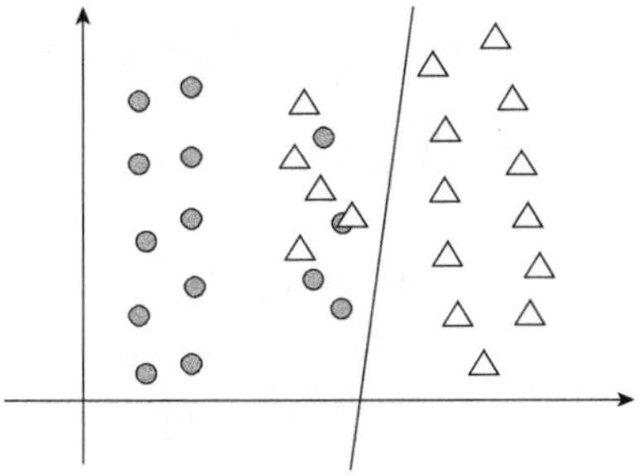

图7-4　贝叶斯最小风险决策

假设图中上的圆代表异常值数据集,三角形代表正常值数据集。基于最小错误率贝叶斯决策时如图7-3所示,将异常的值也划入了正常值内,使错误分类最小。图7－4中把部分正常值划入了异常值一类中，虽然扩大了总错误率，但由于误判所带来的损失降低。

对于二分类问题，假定要判断某一事件属于状态1（ω_1）还是状态2（ω_2），于是在判断中可能出现以下情况：

第一类：判对。真实为状态1判为状态1，记C_{11}；

第二类：判错。真实状态1判为状态2，记C_{21}；

第三类：判错。真实状态2判为状态1，记C_{12}；

第四类：判对。真实状态2判为状态2，记C_{22}。

其中，损失函数C_{ij}用来表示随机样本x属于ω_j判为ω_i所受的损失。当决策正确时，即将x划分其原本归属的类时，λ_{ij}的值最小。

定义贝叶斯风险作为损失的期望值

$$\begin{aligned} R &= E[error] = \sum_{i=1}^{2}\sum_{j=1}^{2} C_{ij}P(x \in \omega_j \text{ 并且被划分为} \omega_i) \\ &= \sum_{i=1}^{2}\sum_{j=1}^{2} C_{ij}P(x \in R_i \mid \omega_j)P(\omega_j) \end{aligned} \tag{7－42}$$

将$P(x \in R_i | \omega_j) = \int_{R_i} P(x|\omega_j)dx$代入上式，可得：

$$\begin{aligned} R &= \sum_{i=1}^{2}\sum_{j=1}^{2} C_{ij}P[\omega_j]\int_{R_i} P(x \mid \omega_j)dx \\ &= \int_{R_1} [C_{11}P(\omega_1)P(x \mid \omega_1) + C_{12}P(\omega_2)P(x \mid \omega_2)] + \\ &\quad \int_{R_2} [C_{21}P(\omega_1)P(x \mid \omega_1) + C_{22}P(\omega_2)P(x \mid \omega_2)] \end{aligned} \tag{7－43}$$

因为$\int_{R_1} P(x \mid \omega_i)dx + \int_{R_2} P(x \mid \omega_i)dx = \int_{R_1+R_2} P(x \mid \omega_i)dx = 1$，上式可改写成：

$$\begin{aligned} R = {} & C_{11}P(\omega_1)\int_{R_1} P(x \mid \omega_1)dx + C_{12}P(\omega_2)\int_{R_1} P(x \mid \omega_2)dx \\ & + C_{21}P(\omega_1)\int_{R_2} P(x \mid \omega_1)dx + C_{22}P(\omega_2)\int_{R_2} P(x \mid \omega_2)dx \\ & + C_{21}P(\omega_1)\int_{R_1} P(x \mid \omega_1)dx + C_{22}P(\omega_2)\int_{R_1} P(x \mid \omega_2)dx \\ & - C_{21}P(\omega_1)\int_{R_1} P(x \mid \omega_1)dx + C_{22}P(\omega_2)\int_{R_1} P(x \mid \omega_2)dx \end{aligned} \tag{7－44}$$

抵消R_2的所有积分，则上式变为：

$$R = C_{21}P(\omega_1) + C_{22}P(\omega_2) + (C_{12} - C_{22})P(\omega_2)\int_{R_1} P(x \mid \omega_2)dx - (C_{21} - C_{11})P(\omega_1)\int_{R_1} P(x \mid \omega_1)dx \tag{7-45}$$

前两项是常数，确定最小化决策区域R_1：

$$R_1 = \arg min(C_{12} - C_{22})P(\omega_2)\int_{R_1} P(x \mid \omega_2)dx - (C_{21} - C_{11})P(\omega_1)\int_{R_1} P(x \mid \omega_1)dx \tag{7-46}$$

如果

$$(C_{21} - C_{11})P(\omega_1)P(x \mid \omega_1) > (C_{12} - C_{22})P(\omega_2)P(x \mid \omega_2) \tag{7-47}$$

选择ω_1，否则选ω_2

公式进一步转变可得最小风险贝叶斯决策似然比形式：

$$\frac{P(x \mid \omega_1)}{P(x \mid \omega_2)} > \frac{(C_{12} - C_{22})P(\omega_2)}{(C_{21} - C_{11})P(\omega_1)} \text{选择}\omega_1\text{，否则选}\omega_2 \tag{7-48}$$

假设研究项目是对 10 名未成年人展开反社会人格测试。其中一组 5 人为正常人，另一组 5 人具有反社会倾向。具有反社会倾向的人测试结果大于 80 分的概率为 0.2，无反社会倾向的人测试结果大于 80 分的概率为 0.8。决策前提条件为具有反社会倾向的未成年人(ω_1)的测试结果判定成无反社会倾向的未成年人(ω_2)的决策加 10 点权值，然后为无反社会倾向(ω_2)的测试结果判定成具有反社会倾向(ω_1)的决策加 1 点权值，判断正确的权值为零。现有一份测试的结果大于 80 分，试用最小风险贝叶斯规则判定这份测试结果来自哪一组。

解答：

经分析可得到，这份 80 分的测试结果有 20% 的可能来自有反社会倾向的组，有 80% 的可能来自无反社会倾向的组。按照最小风险规则计算风险：

假设测试结果为无反社会倾向的组，则 $R_1 = 10 \times 0.2 + 0 \times 0.8 = 2$；

假设测试结果为具有反社会倾向的组，则 $R_2 = 0 \times 0.2 + 1 \times 0.8 = 0.8$。

对比两组结果为 $R_1 > R_2$，则可以判定试卷属于有反社会倾向的小组更合适。

第 8 章

决策树

决策树是一种采用递归学习策略的算法。在学习过程中,使用者不需要有过多背景知识,就可以通过自主学习事先标注好的训练样本,完成对样本数据的分类。决策树的可视化、易于理解性,常用于理顺一种可理解的规则。由于决策树的构造过程中不需要任何领域的知识或参数设置,决策树在实际应用中通常用来探测知识的发现。决策树在使用过程中,主要用来完成对离散数据的分类和连续数据的预测。决策树算法既有机器学习的特点又具有浓厚的统计学色彩,通过事先对训练样本进行训练,生成决策树分类规则,当有新的样本进入时,将可利用该规则对新样本进行分类,如将目标变量定义为累犯类别,就可以用决策树方法风险进行识别。

8.1 决策树的基本理论

8.1.1 决策树的基本概念

决策树是一个树结构,其每个非叶子节点表示特征属性上的测试,每个分支代表这个特征属性在某个值域上的输出,而每个叶子节点存放一个类别。使用决策树进行决策的过程就是从根节点开始,测试待分类项中相应的特征属性,并控制按照其值选择输出分支,直到到达叶子节点,将叶子节点存放的类别作为决策结果。

通常，一棵决策树是由节点和边组成的。位于决策树最顶端的节点称为根节点，而位于整个底端的为叶子节点（表示一个类），在图 8－1 中用圆来表示；位于根节点与叶子节点之间的节点，称为内节点（表示一个特征或属性），在图 8－1 中用矩形表示。

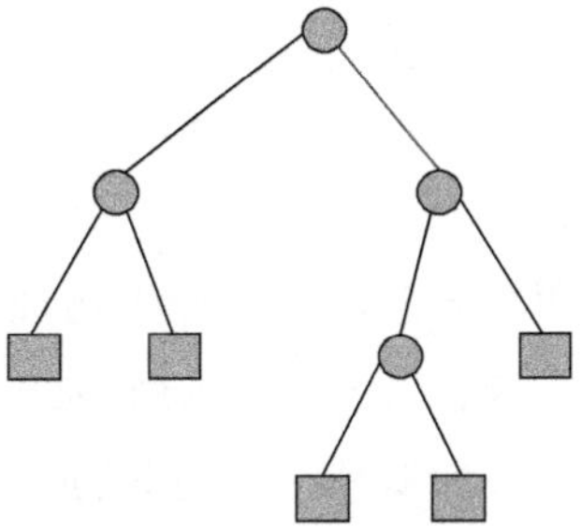

图 8－1　决策树模型

8.1.2　决策树的构建理论

决策树分类算法的关键就是根据“先验数据”构造一棵最佳决策树，用以预测未知数据的类别。具体步骤为：

假设给定训练数据集 $D=\{(x_1,y_1),(x_1,y_2),\cdots,(x_n,y_n)\}$，其中 n 为样本容量，$x_i=\{x_i^{(1)},x_i^{(2)},\cdots,x_i^{(m)}\}$，$m$ 为特征个数，$y_i=\{1,2,\cdots,k\}$，k 为类标记。

（1）构建根节点，将所有训练数据集都放在根节点，按照某种策略筛选出一个最优特征，并根据这一特征将训练数据集分割成子集，使各个子集有一个在当前条件下最好的分类。

（2）如果这些子集已经能够被基本正确分类，那么构建叶节点，并将这些子集分到所对应的叶节点去。

如果还有子集不能够被正确的分类，那么就对这些子集选择新的最优特征，继续对其进行分割，构建相应的节点，如果递归进行，直至所有训练数据子集被基本正确的分类，或者没有合适的特征为止。

（3）每个子集都被分到叶节点上，即都有了明确的类，这样就生成了一棵决策树。

决策树是基于属性值将原数据集拆分成子集“学习”树，并以递归的方式在每个派生子集上重复此过程，直到当每个节点子集都具有相同的目标变量值或当分裂不再为预测增加值时，递归就完成了。因此，树越深、节点越多，则模型就越好。

8.2　属性选择方法

属性选择方法总是选择最好的属性作为分裂属性，即让每个分支的记录的类别尽可能纯。它将所有属性列表的属性进行按某个标准排序，从而选出最好的属性。属性选择方法很多,这里笔者介绍三个常用的方法,即信息增益(Information gain)、增益比率(gain ratio)和基尼指数(Gini index)。

(1)熵

熵的概念最早起源于物理学,其是由德国物理学家克劳修斯于1865年所提出。在希腊语源中意为内在,即一个系统内在性质的改变。1948年,香农将统计物理中熵的概念,引申到信道通信的过程中,从而开创了“信息论”这门学科。香农定义的熵又称为香农熵或信息熵。

信息熵:假如当前样本集D中第k类样本所占的比例为$p_k(k=1,2,\cdots,k)$,k为类别的总数(对于二元分类来说,$k=2$)。则样本集的信息熵为:

$$H(Y) = -\sum_{i=1}^{n} p(x_i) \times \log_2(p(x_i)) \tag{8-1}$$

熵描述了数据的混乱程度,熵越大,混乱程度越高,也就是纯度越低;反之,熵越小,混乱程度越低,纯度越高。所以,当熵最大为1的时候,是分类效果最差的状态;当它最小为0的时候,是完全分类的状态。因为熵等于0是理想状态,一般实际情况下,熵介于0和1之间。熵的不断最小化,实际上就是提高分类正确率的过程。

条件信息熵:是为X给定的条件下,Y的条件概率分布的熵对X的数学期望。

$$H(Y|X) = H(Y) - H(Y|X) \tag{8-2}$$

条件熵$H(Y|X)$表示在已知的随机变量X的条件下随机变量Y的不确定性。随机变量X给定的条件下随机变量Y的条件熵$H(Y|X)$。

推导过程:

$$\begin{aligned} H(Y|X) &= \sum_{x\in X} p(x) H(Y|X=x) \\ &= -\sum_{x\in X} p(x) \sum_{y\in Y} p(y|x) log(y|x) \\ &= -\sum_{x\in X}\sum_{y\in Y} p(x,y) logp(y|x) \end{aligned} \tag{8-3}$$

注意,这个条件熵,是指在给定某个数(某个变量为某个值)的情况下,另一个变量的熵是多少,变量的不确定性是多少。

因为条件熵中X也是一个变量,意思是在一个变量X的条件下(变量X的每个值都会取),另一个变量Y熵对X的期望。

(2)信息增益

信息增益:它度量了X在知道Y以后不确定性减少程度,信息论中称作互信息(mutual information),记为 $I(X;Y)$。

$$I(X;Y) = H(x) - H(X \mid Y) = H(x) - \sum_{t \in T} p(t)H(t) \tag{8-4}$$

t 表示划分之后的分支集合,$p(t)$ 表示该分支集合在原本的父集合中出现的概率,$H(t)$ 表示该子集合的信息熵。

图 8 - 2 表现出信息熵、条件熵、信息增益、联合熵之间的关系。

信息增益是一种统计属性,用于衡量给定属性根据目标分类训练示例分离。一般而言,信息增益越大,则意味着属性来进行划分所获得的"纯度提升"越大。使用信息增益最大的特征对数据进行划分,因为朝着信息增益最大的地方划分,可以使信息熵减小,信息熵越小,代表样本会越来越纯。

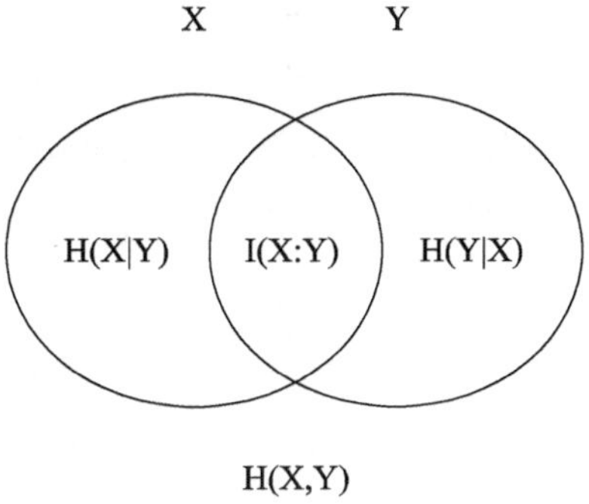

图 8 - 2　联合信息熵

ID3 算法基于信息增益大小来实现决策树的构建。ID3 算法中,子集的每次划分都选信息增益最大的特征/属性为新的结果,直到用完所有特征或都决策树具有所有叶节点,则停止划分。

假设数据集为 17 名未成年罪犯的信息记录(见表 8 - 1),其中包含了犯罪历史、药物滥用、同伴、家庭管控、学校状况、身体虐待 6 个解释变量(自变量),1 个因变量(是否为累犯)。基于 ID3 算法信息增益生成决策树。

表 8 - 1　影响因素与累犯数据集

犯罪历史	药物滥用	同伴	家庭管控	学校状况	身体虐待	累犯
非暴力犯罪	经常	负面影响	辱骂/无	辍学	有	是
暴力犯罪	经常	反社会	辱骂/无	辍学	有	是
暴力犯罪	经常	负面影响	辱骂/无	辍学	有	是
非暴力犯罪	经常	反社会	辱骂/无	辍学	有	是
拘留	经常	负面影响	辱骂/无	辍学	有	是
非暴力犯罪	偶尔	负面影响	辱骂/无	逃课	无	是
暴力犯罪	偶尔	负面影响	偶尔	逃课	无	是

续表

犯罪历史	药物滥用	同伴	家庭管控	学校状况	身体虐待	累犯
暴力犯罪	偶尔	负面影响	辱骂/无	逃课	有	是
暴力犯罪	偶尔	反社会	偶尔	逃课	有	否
非暴力犯罪	无	正面影响	辱骂/无	正常	无	否
拘留	无	正面影响	适当	正常	有	否
拘留	经常	负面影响	适当	正常	无	否
非暴力犯罪	偶尔	负面影响	偶尔	辍学	有	否
拘留	偶尔	反社会	偶尔	辍学	有	否
暴力犯罪	偶尔	负面影响	辱骂/无	逃学	无	否
拘留	经常	负面影响	适当	正常	有	否
非暴力犯罪	经常	反社会	偶尔	逃学	有	否

计算步骤：

解释变量犯罪历史、药物滥用、同伴、家庭管控、学校状况、身体虐待分别用 $C1$，$C2$，$C3$，$C4$，$C5$，$C6$ 来表示。

①计算当前样本集合 D 的信息熵

根据表 8－1 给出的信息，样本集合 D 的因变量（是否为累犯）中，有 9 名未成年累犯，8 名未成年罪犯为非累犯。根据信息熵的计算公式：

$$H(Y) = -\sum_{i=1}^{n} p(x_i) \times log_2(p(x_i))$$

可得

$$E(D) = -\left(\frac{9}{17} \times log_2 \frac{9}{17} + \frac{8}{17} \times log_2 \frac{8}{17}\right) = 0.998$$

②计算当前每个解释因子的信息增益

计算犯罪历史的信息增益，其取值包含拘留、非暴力犯罪、暴力犯罪。依据其取值对数据集 D 进行划分，分别求得每个分支的信息熵：

犯罪历史为拘留的数据为 5 个，其中累犯 1 人，非累犯 4 人：

$$E(C1 = \text{拘留}) = E(C1_1) = \left(\frac{1}{5} \times log_2 \frac{1}{5} + \frac{4}{5} \times log_2 \frac{4}{5}\right) = 0.722$$

犯罪历史为非暴力犯罪 6 人，其中累犯 3 人，非累犯 3 人

$$E(C1=\text{非暴力犯罪})=E(C1_2)=\left(\frac{3}{6}\times log_2\frac{3}{6}+\frac{3}{6}\times log_2\frac{3}{6}\right)=1.0$$

犯罪历史为非暴力犯罪 6 人,其中累犯 3 人,非累犯 3 人

$$E(C1=\text{暴力犯罪})=E(C1_3)=\left(\frac{4}{6}\times log_2\frac{4}{6}+\frac{2}{6}\times log_2\frac{2}{6}\right)=0.918$$

根据信息增益公式可计算出解释变量"犯罪历史"的信息增益为:

$$\begin{aligned}Gain(D,\text{犯罪历史})&=E(D)-\sum_{i=1}^{3}P(C1_i)H(C1_i)\\&=0.998-(\frac{5}{17}\times 0.722+\frac{6}{17}\times 1.0+\frac{6}{17}\times 0.918)\\&=0.109\end{aligned}$$

同理可计算出其解释变量的信息增益:

$$Gain(D,\text{药物滥用})=0.143\quad Gain(D,\text{同伴})=0.141$$

$$Gain(D,\text{家庭管控})=0.381\quad Gain(D,\text{学校状况})=0.289$$

$$Gain(D,\text{身体虐待})=0.006$$

从所有解释变量信息增益结果看,家庭管控的信息增益值最大,则以它为划分的依据,得到新的子集。

③计算数据子集中各解释变量的信息增益

家庭管控的取值包含适当、偶尔和辱骂/无,原数据集 D 按照家庭管理取值划分为三类($D1$,$D2$,$D3$)。以 D3(辱骂/无)子集为例,其包含 9 个数据(累犯 7 人,非累犯 2 人),计算犯罪历史、药物滥用、同伴关系、学校状况、身体虐待解释变量的信息增益。

$$Gain(D3,C1)=0.043\quad Gain(D3,C2)=0.458\quad Gain(D3,C3)=0.331$$

$$Gain(D3,C5)=0.458\quad Gain(D3,C6)=0.458$$

由于 $C2$,$C5$,$C6$ 信息增益值大小相同,可选取任一解释变量作为划分基准。

④重复步骤③的操作,直至得到最终的决策树。

(3)信息增益率

基于信息增益的 ID3 算法在实际应用中,遇到某特征的特征值很多时,信息增益会很大,即 ID3 算法会在选择属性时偏向多个属性值作为分裂属性的不足。为解决该总量,引入信息增益率的概念。典型算法基于信息增益率的算法是 C4.5 算法。

信息增益率：集合 D 的信息熵为(D)，定义集合 D 在特征 A 条件下的条件熵为$(D|A)$，信息增益率的定义为：

$$Gain_{ration(D,a)} = \frac{Gain(D,a)}{IV(a)} \tag{8-5}$$

$$IV(a) = -\sum_{v=1}^{V} \frac{|D^v|}{|D|} log_2 \frac{|D^v|}{|D|} \tag{8-6}$$

$IV(a)$称为属性 a 的固有值，属性 a 的可能取值数目越多（V 越大），则 $IV(a)$ 的值通常会越大。但增益率也可能产生一个问题就是，对可取数值数目较少的属性有所偏好。

基于信息增益率生成决策树：

①计算样本集总体熵 $E(D)$，计算过程如上例

②计算每个解释变量的信息增益率

计算每个属性取值的条件熵 $E(D|Ci)$ 及信息增益 $Gain(A,Ci)$ 具体过程如同上例。

计算特征熵：

$$IV(\text{犯罪历史}) = -\left(\frac{6}{17} \times log\frac{6}{17} + \frac{6}{17} \times log\frac{6}{17} + \frac{5}{17} \times log\frac{5}{17}\right) = 1.58$$

计算该特征的信息增益比：

$$IR(D,C1) = \frac{Gain(D,C1)}{IV(C1)} = \frac{0.109}{1.58} = 0.069$$

③重复②，直至完成决策树的建立。

(4)基尼指数

在 CART 树中，不再采用信息增益或信息增益比，而是在做回归时采用平方误差最小化准则，在做分类时采用基尼指数最小化准则。CART 还是一个回归树，回归解析用来决定分布是否终止。理想地说，每一个叶节点里都只有一个类别时分类应该停止。但是很多数据并不容易完全划分，或者完全划分需要很多次分裂，必然造成很长的运行时间，所以 CART 可以对每个叶节点里的数据分析其均值方差，当方差小于一定值时，可以终止分裂，以换取计算成本的降低。

基尼指数：如果样本集合 D 根据特征 A 是否取某一可能值 a 被分割成D_1 和D_2两部分，即

$$D_1 = \{(x,y) \in D | A(x) = a\}, D_2 = D - D_1$$

则在特定 A 条件下，集合 D 的基指数定义为

$$Gin\ i_{index(D)} = \sum_{v=1}^{V} \frac{|D^v|}{|D|} Gini(D^v) \tag{8-7}$$

使用决策树进行分类，基尼系数为：

$$Gini(D) = \sum_{k=1}^{K} \sum_{k' \neq k} p_k p_{k'} = 1 - \sum_{k=1}^{K} p_k^2 \tag{8-8}$$

公式推导：

$$\begin{aligned}\sum_{k=1}^{K} \sum_{k' \neq k} p_k p_{k'} &= p_1(p_2 + p_3 + \cdots + p_K) + \cdots + p_K(p_1 + p_2 + \cdots + p_{k-1}) \\ &= p_1(1 - p_1) + p_2(1 - p_2) + \cdots + p_k(1 - p_k) \\ &= (p_1 + p_3 + \cdots + p_K) - (p_1^2 + p_2^2 + \cdots + p_K^2) \\ &= 1 - \sum_{k=1}^{K} p_k^2 \end{aligned} \tag{8-9}$$

$Gini(D)$ 反映了从数据集 D 中随机抽取两个样本，其类别标记不一致的概率，因此，$Gini(D)$ 越小，则数据集 D 的纯度越高。基尼系数反映了样本的不确定度，样本差异越小，基尼系数越小；反之，基尼系数越大。

如果采用表 8－1 中数据，基于基尼指数生成的决策树，则其步骤为：

第一步：计算犯罪历史、药物滥用、同伴、家庭管控、学校状况、身体虐待各个属性的 *Gini* 值。

针对上述离散型数据，按照犯罪历史为暴力犯罪、非暴力犯罪和拘留进行划分。其中暴力犯罪包括累犯 4 人，非累犯 2 人；非暴力犯罪包含累犯 3 人，非累犯 3 人；拘留包括累犯 1 人，非累犯 5 人。

$$Gini(D_1) = 1 - \left[\left(\frac{4}{6}\right)^2 + \left(\frac{2}{6}\right)^2\right] = \frac{16}{36}$$

$$Gini(D_2) = 1 - \left[\left(\frac{3}{6}\right)^2 + \left(\frac{3}{6}\right)^2\right] = \frac{1}{2}$$

$$Gini(D_3) = 1 - \left[\left(\frac{1}{5}\right)^2 + \left(\frac{4}{5}\right)^2\right] = \frac{8}{25}$$

然后计算得到特征犯罪历史的基尼指数，然后选择 *Gain_Gini* 最小的特征和相应的划分。

$$Gain\_Gini_{(D,\text{犯罪历史})} = \frac{6}{17} \times \frac{16}{36} + \frac{6}{17} \times \frac{1}{2} + \frac{5}{17} \times \frac{10}{36} = 0.415$$

$$Gain\_Gini_{(D,\text{药物滥用})} = 0.4223$$

$$Gain\_Gini_{(D,\text{同伴})}=0.3429$$

$$Gain\_Gini_{(D,\text{家庭管控})}=0.2771$$

$$Gain\_Gini_{(D,\text{学校状况})}=0.4941$$

$$Gain\_Gini_{(D,\text{身体虐待})}=0.3445$$

家庭管控的 *Gain_Gini* 值最小,则此属性为根节点。

第二步:集合 *D* 按家庭管控的属性值划分为适当、偶尔和辱骂/无。

对家庭管控为根节点的子集展开研究,则子集含有的属性有犯罪历史、药物滥用、同伴、学校状况、身体虐待(见表 8 –2)。

表 8 –2 家庭管控为偶尔的子集

犯罪历史	药物滥用	同伴	学校状况	身体虐待	累犯
暴力犯罪	偶尔	负面影响	逃课	无	是
暴力犯罪	偶尔	反社会	逃课	有	否
非暴力犯罪	偶尔	负面影响	辍学	有	否
拘留	偶尔	反社会	辍学	有	否
非暴力犯罪	经常	反社会	逃学	有	否

重复第一步中的操作,直至求得最后的决策树为止。

(5)基尼指数的优缺点

①是一种不等性度量;

②通常用来度量收入不平衡,可以用来度量任何不均匀分布;

③是介于 0 ~1 之间的数,0 代表完全相等,1 代表完全不相等;

④总体内包含的类别越杂乱,*Gini* 指数就越大(跟熵的概念很相似)。

8.3 CART 算法

分类与回归树模型由布雷曼[①]等人在 1984 年提出,是应用广泛的决策树学习方法。CART 算法同样由特征选择、树的生成及剪枝组成,既可以用于分类也可

① Breiman L. ,Friedman J. H. ,Olshen R. A. ,et al. ,Classification and Regression Trees(CART). Biometrics,1984,40(3):358.

以用于回归。CART 算法是在给定输入随机变量 X 条件下输出随机变量 Y 的条件概率分布的学习方法。CART 算法假设决策树是二叉树，内部节点特征的取值为“是”和“否”，左分支是取值为“是”的分支，右分支是取值为“否”的分支。这样的决策树等价于递归地二分每个特征，将输入空间即特征空间划分为有限个单元，并在这些单元上确定预测的概率分布，也就是在输入给定的条件下输出的条件概率分布。

8.3.1　CART 分类树算法的最优特征选择方法

在分类问题中，假设有 K 个类别，第 i 个类别的概率为P_i，则基尼系数的表达式为：

$$Gini(p) = \sum_{i=1}^{K} P_i(1 - P_i) = 1 - \sum_{i=1}^{K} P_k^2 \tag{8-10}$$

如果是二分类的问题，计算就更加简单了，如果属于第一个样本的输出的概率是 P，那属于第二个类别的概率为$(1-P)$，则基尼表大小写式为：

$$Gini(p) = 2P(1 - P) \tag{8-11}$$

如果根据特征 A 的某个值 a，把 D 分成 D_1 和 D_2 两部分，则在特征 A 的条件下，D 的基尼系数表达式为：

$$Gini(D,A) = \frac{|D_1|}{|D|}Gini(D_1) + \frac{|D_2|}{|D|}Gini(D_2) \tag{8-12}$$

基尼指数 $Gini(D,A)$ 表示特征 A 不同分组的数据集 D 的不确定性。基尼指数值越大，样本集合的不确定性也就越大。这一点与熵的概念比较类似。

8.3.2　CART 分类树算法对于连续特征和离散特征处理

对于 CART 分类树连续值的处理问题，其思想是将连续的特征离散化。具体的思路是：假设有 m 个样本的连续特征 A 有 n 个，从小到大排列为$a_1, a_2, \cdots, a_n$，则 CART 算法取相邻两样本值的平均数，一共取得 $m-1$ 个划分点，其中第 i 个划分点T_i表示为：

$$T_i = \frac{a_i + a_{i+1}}{2} \tag{8-13}$$

对于 $m-1$ 个点，分别计算该点作为二元分类点的基尼系数。选择基尼系数最小的点作为该连续特征的二元离散分类点。比如,取到的基尼系数最小的值为a_t,则小于a_t的值类别为1,大于a_t的值类别为2,这样我们就做到了连续特征的离散化,如{A2}和{A1,A3},然后建立二叉树节点,一个节点是A2对应的样本,另一个节点是{A1,A3}对应的节点。同时,由于这次没有把特征A的取值完全分开,后面我们还有机会在子节点继续选择到特征A来划分A1和A3。

(1)CART分类树建立的具体步骤

算法输入:训练集D,停止计算的条件。

算法输出:决策树T。

根据训练数据集,从根节点开始,递归策略建立CART树。

①对于当前节点的数据集为D,如果样本个数小于阈值或者没有特征,则返回决策子树,当前节点停止递归。

②计算样本集D的基尼系数,如果基尼系数小于阈值,则返回决策树子树,当前节点停止递归。

③计算当前节点现有的各个特征值对数据集D的基尼系数。

④在计算出来的各个特征值对数据集D的基尼系数中,选择基尼系数最小的特征A和对应的特征值a。根据这个最优特征和最优特征值,把数据集划分成两部分D1和D2,同时建立当前节点的左右节点,左节点的数据集D为D1,右节点的数据集D为D2。

⑤对左右的子节点递归的调用①~④步,生成决策树。

(2)CART回归树建立

CART树回归算法属于一种局部的回归算法,通过将全局的数据集划分成多份容易建模的数据集,这样在每个数据集上进行局部的回归建模。CART回归树以平方误差最小化度量为准则,进行特征选择,生成二叉树。

①回归树的节点划分

假设数据集D包含了m个样本的数据集$D=\{(x^{(1)},y^{(1)}),(x^{(2)},y^{(2)}),\cdots,(x^{m},y^{m})\}$,每个样本都包含n个特征。

基于数据集D,每次已有的特征x_j,并对该特选择一个切分点S,这样能够将数据集划分为两个子集:

$$R_1(j,s)=\{(x,y)\mid x_j\leqslant s\}$$

$$R_2(j,s)=\{(x,y)\mid x_j>s\}$$

这两个节点对应了特征满足特定条件下的输出值(如果该节点最终是叶子节点,则输出值也就是预测值):

$$C_1=\frac{1}{m_1}\sum_{x^{(i)}\in R_1(x_j,s)}y^{(i)} \tag{8-14}$$

$$C_2=\frac{1}{m_2}\sum_{x^{(i)}\in R_2(x_j,s)}y^{(i)} \tag{8-15}$$

其中,m_1表示$R_1(x_j,s)$中包含的样本数,m_2表示$R_2(x_j,s)$中包含的样本数。当样本属于$R_1(x_j,s)$子集,即$x_j\leqslant s$时,模型预测结果为C_1;当样本属于$R_2(x_j,s)$子集,即$x_j>s$时,模型预测结果为C_2。

②回归树的节点划分依据

回归树的每个节点的划分时的依据不再是最小基尼指数,而是最小平方误差。其定义如下:

$$Error(x_j,s)=\sum_{x^{(i)}\in R_1(x_j,s)}(c_1-y^{(i)})^2+\sum_{x^{(i)}\in R_2(x_j,s)}(c_2-y^{(i)})^2 \tag{8-16}$$

有了误差函数之后,每次节点划分都选择使 $Error(x_j,s)$ 最小的特征x_j以及切分点 S 来进行,即

$$\min_{j,s}\left[\min_{C1}\sum_{x_i\in R_1(x_j,s)}(y_i-c_1)^2+\min_{C2}\sum_{x_i\in R_2(x_j,s)}(y_i-c_2)^2\right] \tag{8-17}$$

CART 分类树采用叶子节点里概率最大的类别作为当前节点的预测类别。回归树输出不是类别,它采用的是用最终叶子的均值或者中位数来预测输出结果。

8.4　决策树剪枝策略

理想的决策树应具有树的深度最小,叶子节点数最小且叶子节点深度最小,每个叶子节点的熵值都为 0。在实际创建过程中,由于数据中的噪声(错误的分类)和缺乏代表性样本,导致产生过度拟合。过拟合将导致在训练集中准确率很高,但在测试集上表现却很糟糕。剪枝方法是用来处理这种过拟合的问题,通常使用某一统计度量作为衡量标准,减少不必要的特征属性作为“分类的判别条件”,从而提高决策树分类效率和测试集的预测能力。

剪枝方法基本策略分为预剪枝(先剪枝)和后剪枝。

(1)预剪枝

预剪枝方法通过提前停止树的构造(如决定在某个节点不再分裂或划分训练元组的自己)对树剪枝的方法。一旦停止,节点就是树叶,该树叶持有子集元组最频繁的类。预剪枝的决策依据为:

预先定义一个高度,当决策树达到这个高度时就停止决策树的生长。

达到某个节点的实例具有相同的特征向量,即使这些实例不属于同一种,也可以停止决策树的生长。这个方法对于处理数据冲突问题比较有效。

预先定义一个阈值,当达到某个节点的实例个数小于阈值时就可以停止决策树的生长。

预先定义一个阈值,通过计算每次扩张对系统性能的增益,并比较增益值与该阈值大小来决定是否停止决策树的生长。

预剪枝有个视野效果缺点问题:在相同的标准下,如果当前扩展不能满足要求,但无法进一步满足要求,则会过早停止决策树的生长。

(2)后剪枝

后剪枝策略是先生成一棵完全生长的树,允许树过度拟合训练数据,然后对那些置信度不够的节点子树用叶子节点来代替,该叶子的类标号用该节点子树中最频繁的类标记。后剪枝策略可以很好地避免预剪枝策略估计不足造成的过早停止生长的情况。后剪枝常用的方法包括三种:悲观错误剪枝(pessimistic error-pruning,PEP)、代价复杂度剪枝(cost complexity pruning,CCP)、基于错误降低剪枝(reduce error pruning,REP)。

(3)判断剪枝树性能是否提升

预剪枝策略:其核心思想是在每一次实际对节点进行进一步划分之前,先采用验证集的数据来验证划分是否能提高划分的准确性。如果不能,就把节点标记为叶节点并退出进一步划分;如果可以,就继续递归生成节点。

后剪枝策略:后剪枝则是先从训练集生成一棵完整的决策树,然后自底向上地对非叶节点进行考察,若将该节点对应的子树替换为叶节点能带来泛化性能提升,则将该子树替换为叶节点。

(4)预剪枝树与后剪枝对比分析

后剪枝决策树通常比预剪树决策树保留了更多的分支,欠拟风险小,泛化能力也往往优于预剪枝决策树。在训练时间开销方面,后剪枝决策树的开销要比预剪枝决策树大很多(见表 8 –3)。

表 8 –3　决策树剪枝策略对比分析

策略	预剪枝	后剪枝	不剪枝
时间	决策树生成过程中	生成决策树	\
方向	自上而下	自下而上	\
效率	高	低	中
拟合度	欠拟合风险	拟合较好	过拟合风险

8.5　CHAID 算法

CHAID 算法又称卡方自动交叉检验,适用分类和序次等级数据的分析,是一种以目标最优为依据,具有目标选择、变量筛选和聚类功能的分析方法。Chi – Square 是一种统计方法,用于找出子节点和父节点之间的差异。为了计算这一点,我们找到了每个节点的目标变量的观察计数和预期计数之间的差异,这些标准化差异的平方和将为我们提供卡方值。

卡方自动交互检测法(chi – squared automatic interaction detector,CHAID)最早由卡斯于 1980 年提出。它是一个用来发现变量之间关系的工具,也是一种基于调整后的显著性检验(邦费罗尼检验)决策树技术。其核心思想是:根据给定的因变量和自变量对样本进行最优分割,按照卡方检验的显著性进行多元列联表的自动判断分组。利用卡方自动交互检测法可以快速、有效地挖掘出主要的影响因素,它不仅可以处理非线性和高度相关的数据,而且可以将缺失值考虑在内,能克服传统的参数检验方法在这些方面的限制。

8.5.1　列联表

列联表也称交互分类表,由两个以上的变量交叉分类的频数分布表。列联表通过将变量分组,比较各组的分布状况,以寻找变量间的关系。它反映两个变量之间是否存在相关关系及其关系的强弱和方向,而相关系数则更精确地反映了两个变量之间的相关关系强度的大小和方向。列联表称为两维列联表,若按 3 个变量交叉分类,所得的列联表称为三维列联表,依次类推。三维及以上的列联表通常称为多维列联表或高维列联表,而一维列联表就是频数分布表。

列联表分析主要包括两个基本任务:一是根据收集的样本数据,产生二维或多维交叉列联表;二是在交叉列联表的基础上,对两个变量间是否存在相关性进行检验。要获得变量之间的相关性,仅仅靠描述性统计的数据是不够的,还需要借助一些表示变量间相关程度的统计量和一些非参数检验的方法。

(1)建立交叉列联表

表 8-4　原始数据统计表

R	C			合计
	C_1	C_2	C_3	
R_1	n_{11}	n_{12}	n_{13}	$n_{1.}$
	p_{11}	p_{12}	p_{13}	$p_{1.}$
R_2	n_{21}	n_{22}	n_{23}	$n_{2.}$
	p_{21}	p_{22}	p_{23}	$p_{2.}$
R_3	n_{31}	n_{32}	n_{33}	$n_{3.}$
	p_{31}	p_{32}	p_{33}	$p_{3.}$
合计	$n_{.1}$	$n_{.2}$	$n_{.3}$	n
	$p_{.1}$	$p_{.2}$	$p_{.3}$	1

其中,n_{ij}表示事件R_i和C_j条件下发生的频数(条件频数),$n_{i.}$为边缘频率,p_{ij}为事件R_i和C_j同时发生的概率,$p_{i.}$是R_i事件发生的概率,$p_{.j}$是C_j事件发生的概率。一个 R 行 C 列的列联表称为 $R \times C$ 列联表。

(2)任一单元数学期望值

n_{ij}的期望值:

$$f_{e_{ij}} = p_{i.} \times p_{.j} \times n = \frac{n_{i.}}{n} \times \frac{n_{.j}}{n} \times n \tag{8-18}$$

(3)χ^2统计量

计算公式:

$$\chi^2 = \sum \frac{(f_0 - f_e)^2}{f_e} = \sum_{i=1}^{r} \sum_{j=1}^{c} \frac{(n_{ij} - f_{e_{ij}})^2}{f_{e_{ij}}} \tag{8-19}$$

其中，f_0为观测值，f_e为期望值，r代表行数，c代表列数。

其自由度为 $d=(r-1)\times(c-1)$

决策规则为根据显著性水平 α 和自由度 d 查出临界值χ^2_α，若$\chi^2>\chi^2_\alpha$，则拒绝原假设，变量之间不存在关系；$\chi^2<\chi^2_\alpha$，接受原假设，变量之间存在关系。

χ^2统计量描述了观测值与期望值之间的关系。两者之间差值越小，χ^2也就越小；两者之间差值越大，χ^2也就越大。

为了预防未成年人犯罪，研究基于警察局记录开发能够预测首次犯罪风险的工具。为了构建这一初始筛选工具，需要预先对警察局内的数据集中筛选出 12 ~ 18 岁的未成年人记录 792 条。假设记录中包若干特征属性（如年龄、性别、国籍、犯罪类型等）。试采用关联列表的方法来判断犯罪性别与犯罪类型之间是否存在一定的关系（置信水平为 0.05）。

表 8－5　792 条记录统计数据

	男性	女性	合计
暴力犯罪	53	38	91
违反公共秩序罪	434	108	542
其他类型犯罪	598	194	159
合计	598	194	792

零假设H_0：性别与犯罪类型之间没有关系

备择假设H_1：性别与犯罪类型之间存在关系

置信度为 $d=(r-1)\times(c-1)=(3-1)\times(2-1)=2$

检验统计量及其分布：

$$\chi^2=\sum_{i=1}^{3}\sum_{j=1}^{2}\frac{(n_{ij}-f_{e_{ij}})^2}{f_{e_{ij}}}=23.597$$

决策规则：对给定的显著性水平 0.05

$$\chi^2=23.597>\chi^2_{0.05}(2)=5.99$$

则拒绝原假设，即性别与犯罪类型有关联。

8.5.2 CHAID 算法具体步骤

假设 y 为因变量，即目标序次等级或分类变量，如累犯风险状况包含x_1，

$x_2,\cdots,x_m$为 m 个自变量(解释变量)。这些变量都是与累犯相关的影响因素。

(1)建立交叉分类表

令变量$x_k(1\leqslant k\leqslant m)$与 y 进行交叉分,形成一个二维交叉分类表。对所有的x_k都与 y 进行交叉分类,得到 m 个交叉分类表。首先选定分类的目标变量,然后选定分类指标与分类目标变量进行交叉分类,产生一系列二维频数表。

(2)计算每个交叉分类表的卡方统计量或极大似然估计值

卡方统计量:

$$\chi^2 = \sum_i \sum_j \frac{(f_{ij} - f_{e_{ij}})^2}{f_{e_{ij}}} \tag{8-20}$$

极大似然估计:

$$L^2 = 2 \times \sum_i \sum_j f_{ij} ln \frac{f_{ij}}{f_{e_{ij}}} \tag{8-21}$$

(3)选择分类变量

比较同一个交叉分类表χ^2或 L^2相伴概率 P 的大小。假如x_k与 y 的交叉分类最能体现 y 的分布差异。比较统计量的大小,以最大统计量的二维表作为最佳初始分类表,在最佳二维分类基础上使用分类指标对目标变量进行分类,重复上述过程,直到条件满足为止。

计算二维分类表的 $\chi 2$ 值,比较 P 值的大小,以 P 值最小的二维表作为最佳初始分类表,在最佳二维分类表的基础上继续使用解释变量对反应变量进行分类,重复上述过程直到 P 值大于设定的有统计意义的 α 值为止。

(4)确定上分类方向

对已分好的最优二维表继续对 y 进行交叉分类(去除已使用过的最优变量)形成二维交叉表。重复步骤(1)~(3),就得到不同阶段多维交互表并找到针对 y 的最优分类。

(5)分类停止条件确定

一般可用以下三种方法确定停止分类的条件:①根据预先给定的显著水平 α,如果 χ^2或 L^2统计量相伴概率 $p<\alpha$,则分类停止;②设置树的深度,如果决策树的层数超过给定的最大值,则停止分类;③设置最小样本数,如果交叉分类的样本数小于给定的样本数,则停止。

8.5.3　应用实例

根据表 8 -5 中的数据,构建决策树,完成未成年累犯的风险与保护因素识别。

表 8 -6　原始数据表

同伴关系	家庭管控	累犯
1	0	1
0	0	1
1	0	1
1	0	1
1	0	0
1	0	1
1	0	1
1	0	1
1	0	1
0	1	0
0	1	0
1	1	1
0	1	0
1	1	1
0	1	0
0	1	0
0	1	0
0	1	0
0	1	0
1	1	0

第一步:建立交叉分类表

首先以属性“是否有反社会同伴”与“累犯”建立交叉表格。

表 8 -7　是否有反社会同伴与累犯交叉表

是否有反社会同伴	累犯		总计
	非累犯	累犯	
无反社会同伴	8	1	9
有反社会同伴	2	9	11
总计	10	10	20

第二步:计算每个交叉分类表的卡方统计量 χ^2 的值

计算预期值,即期望值:

$$E_{11}(\text{无反社会同伴,非累犯}) = \frac{9}{20} \times \frac{10}{20} \times 20 = 4.5$$

$$E_{12}(\text{无反社会同伴,累犯}) = \frac{9}{20} \times \frac{10}{20} \times 20 = 4.5$$

$$E_{21}(\text{有反社会同伴,非累犯}) = \frac{11}{20} \times \frac{10}{20} \times 20 = 5.5$$

$$E_{22}(\text{有反社会同伴,累犯}) = \frac{11}{20} \times \frac{20}{20} \times 20 = 5.5$$

计算每部分的χ^2值:

$$\chi^2_{11} = \frac{(8-4.5)^2}{4.5} = 2.7222$$

$$\chi^2_{12} = \frac{(1-4.5)^2}{4.5} = 2.7222$$

$$\chi^2_{21} = \frac{(2-5.5)^2}{5.5} = 2.2272$$

$$\chi^2_{22} = \frac{(9-5.5)^2}{5.5} = 2.2272$$

$$\begin{aligned}\chi^2 &= \chi^2_{11} + \chi^2_{12} + \chi^2_{21} + \chi^2_{22} \\ &= 2.7222 + 2.7222 + 2.2272 + 2.2272 = 9.8988\end{aligned}$$

适宜的教养方式的χ^2值:5.5058

第三步:选择分类变量

由此可知,是否有反社会同伴的χ^2值是最大,说明其与是否累犯相关性是强,则决策树的节点应为是否有反社会同伴。

第四步:确定分类方向

以已分好的最优二维表继续对 y 进行交叉分类(去掉已选为根节点的变量),剩余变量重复步骤第一步到第三步,就得到的多维交互表并找到针对 y 的最优分类。

第五步:分类停止条件确定

由于本实例的自变量较少,则未设定分类停止条件。

经计算,最终得到 CHAID 决策树模型为:

在未成年人犯罪领域的预防策略最重要的目标是预防犯罪行为的发生,而不是治疗未成年犯。针对有犯罪行为的高风险的青少年进行有效的预测,首先要确定这一人群。朱莉·鲍尔①基于警察局内警方记录,筛选出 2254 名未成年人记录

① Bower J. ,Carroll A. ,Ashman A. F. ,The Development and Validation of the Contextualized Assessment Tool for Risk and Protection Management(CAT－RPM),2013.

信息,研制未成年人首次犯罪风险评估工具(Y - ARAT - FO)。随机样本集分为构建样本(60% ,1368)和验证样本集(40% ,n = 886)。经分析,与犯罪行为最密切相关的变量是(a)被嫌疑事件的总数、(b)少年的性别、(c)记录事件的总数、(d)青少年是否出生在荷兰、(e)青少年的当前年龄。试采用 CHAID 分析的树状分类法,开发风险工具。

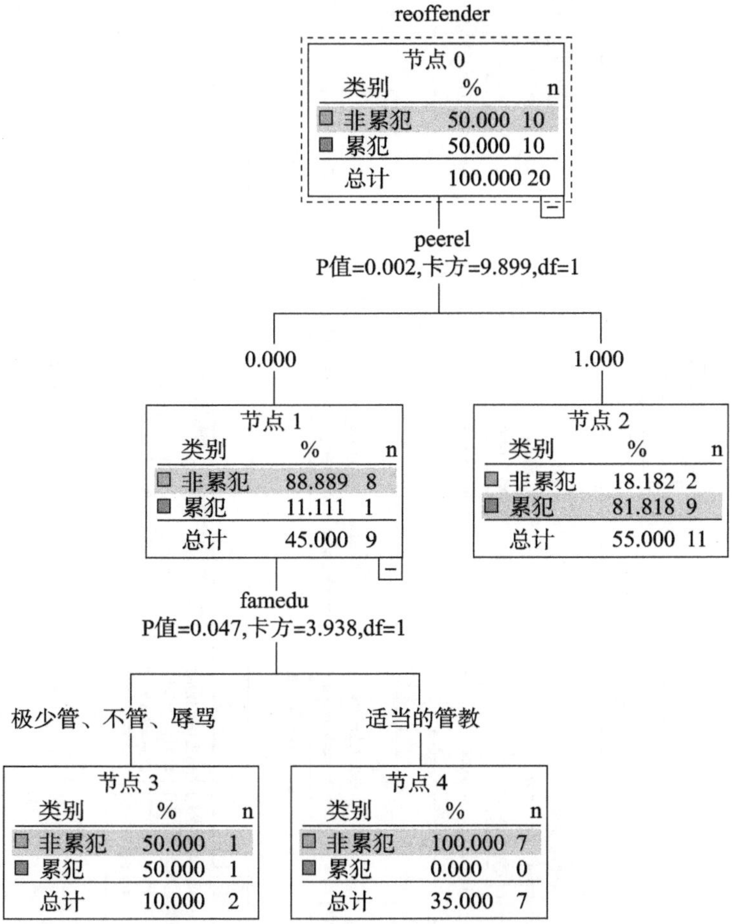

图 8 - 3　CHAID 分类树

借助于统计分析软件,对数据进行分析,最终得到图 8 - 4。树状分类图由 10 个末端节点组成,它们代表了 10 个不同的“风险组”。在每个风险组中,青少年在包含 Y - ARAT - FO 的变量上都有相似的得分,因此每个受试者初犯的风险也很

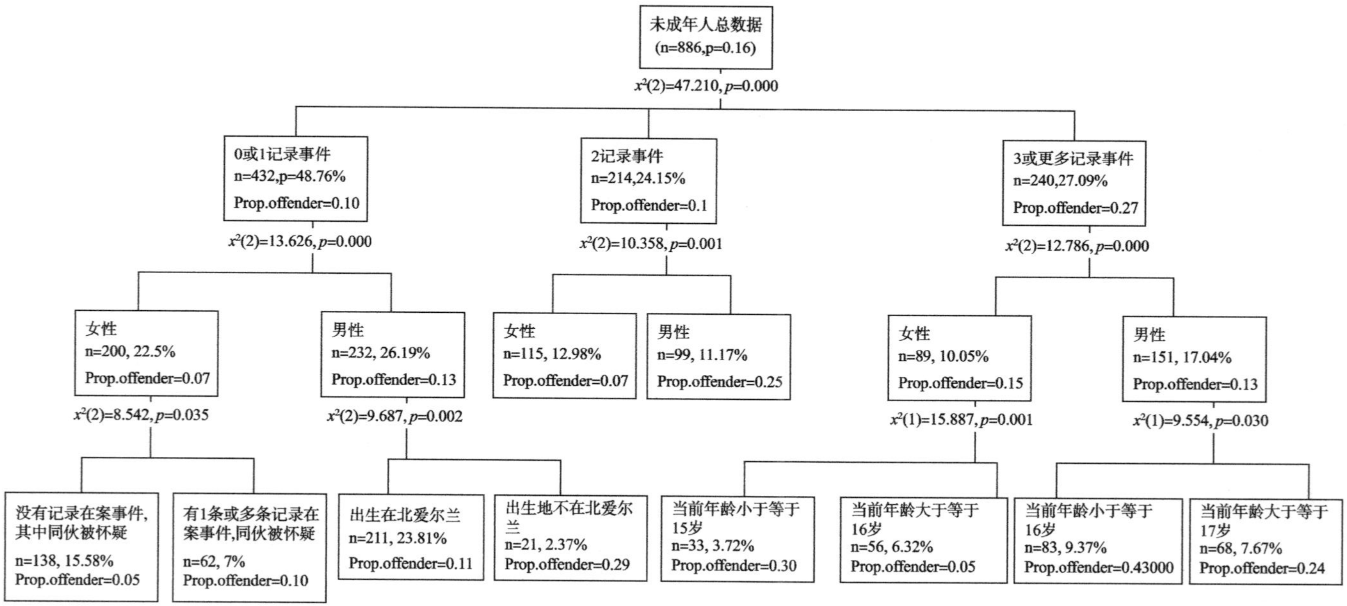

图8–4　CHAID决策树

相似。违法行为的风险从最低风险组的 0.05 到最高风险组的 0.43，这意味着最低风险组的 5% 的青少年和最高风险组的 43% 的青少年将成为违法者。对于每一个新情况，荷兰警察面对犯罪的预测概率等于罪犯的比例的风险组，每种情况下分类取决于变量的序列树分类图的一部分。

青年精算风险评估工具首次犯罪（Y - ARAT - FO）是通过进行详尽的 CHAID 分析，产生了一个风险分类方案，可用于分类新病例分为不同的风险组的预测概率可以得到犯罪行为。如果 Y - ARAT - FO 的测试结果为阴性，但警官怀疑有认知或心理健康问题，最佳的决定可能是推荐该青少年进行进一步的评估。这些例子表明，荷兰警察作出适当的判断仍然重要，即使有支持警察决定将青少年转由更专门的青年护理机构进一步评估的工具。

第 9 章

集成学习

在机器学习的有监督学习算法中，建模的目标是学习出一个稳定的且在各个方面表现都较好的模型，但实际情况往往并不理想，建构的模型有时只能得到多个有偏好的模型（在某些方面表现得比较好）。集成学习则是组织多个机器学习模型进行模型训练，并将其输出组合在一起，以期构建出一个最优的预测模型，从而获得到准确的预测结果。从严格意义上讲，集成学习并不是一种学习算法，而是一种多个机器学习器组合策略，可以用于分类问题集成、回归问题集成、特征选取集成、异常点检测集成等。

9.1 集成学习

集成学习方法（ensemble learning）也被定义为多模态系统，它通过构建并集合多个学习器来完成学习任务。如问答系统在确定预测可能会问的问题时，已有的问题数据集面临着问题集覆盖率低，即存在某些问题并没有纳入问题集中。此时，通过考虑数据中所有潜在的可变性，问题解决策略主要集中在如何通过降低过度拟合、偏差和整体方差的风险，从而实现更精确的预测。这便是集成学习潜在的思想，即便某一个弱分类器得到了错误的预测，其他的弱分类器也可以将错误纠正回来。

9.1.1 基本概念

强学习器：相对于弱学习器而言，强学习器指的是可以预测相当准确结果的学习算法。

弱学习器:相对于强学习器而言,通常这些弱学习器预测的结果只比随机结果稍好一些。

基学习器:集成学习中的个体学习器,基学习器经常是弱学习器,但是并非必须是弱学习器。

基学习算法:基学习器所基于的算法,基学习器基于基学习算法生成,如通过不同的训练集,经过训练之后,生成的不同参数的机器学习模型。

同质基学习器:指使用同样的基学习算法生成的基学习器,如所有的个体学习器均为 CHART 决策树。

异质基学习器:指使用不同的基学习算法生成的基学习器,如个体学习器包含决策树和神经网络。

9.1.2　集成学习算法

机器学习模型中,偏差和方差是误差的主要来源。机器学习中集成学习有助于最大限度地减少这些导致错误的因素,从而确保机器学习算法的准确性和稳定性。集成学习算法构建过程中,主要解决如何得到若干学习器和如何选择一种结合策略。一个完整的集成学习算法通常由构建基学习器和模型融合两部分组成。

(1)构建基学习器

集成学习是生成一系列基学习器的过程,这个过程既可以是顺序的,也可以是并行的。顺序集成方法的名称为"顺序",因为基学习器/模型是按顺序生成的。在顺序方法的情况下,基本思想是利用基学习器之间的依赖性以获得更准确的预测。错误标记的示例会调整其权重,而正确标记的示例会保持相同的权重。每次生成新学习器时,权重都会发生变化,准确性会提高。与顺序集成模型相比,并行集成方法并行生成基本学习器。在进行并行集成学习时,这种方法是利用基础学习器具有独立性的特点,通过平均单个学习者的预测来降低一般错误率。

要想获得较好的集成性能,基分类器必须满足两个基本条件:基分类器要有一定的性能,至少不差于随机猜测的性能,即基学习器的准确率不能低于 50%;基分类器要具有多样性,即基学习器间要有差异,不能所有的学习器都一样,个体学习器应"好而不同"。后者既可以多通过训练模型不同获得,也可以由同一模型参数调节不同参数获得不同模型,还可以因训练数不同而得到不同的模型。

(2)模型融合

模型融合是将所有的基学习器组合起来使用,这种集成方式有助于防止过拟合和欠拟合现象的产生。最常用的方法为:

统一融合法包含分类的多数投票法和用于回归的权重平均法方法。多数投票法体现了集体决策能力大于个体决策能力的思维:单个分类器的预测结果放入投票箱后,根据得票多寡决定胜出的类别标签。回归时采用的权重平均法是使用多个模型的平均值。这种方法增强了模型的泛化能力,但不能保证得到比那些不同模型中最好的模型要好。

线性融合法是通过二次学习,使用线性模型将第一步学习到的学习器组合起来。如果方法适当则可以提高模型的性能,但存在过拟合的风险。

堆融合是将任意非线性学习器组合起来,存在过拟合的风险。

(3)集成学习的技术分类

集成学习主要有三种集成训练技术,每种技术都旨在处理特定类型的机器学习问题。目前常用的技术主要有:袋装法(Bagging)、提升法(Boosting)和堆叠法(Stacking)。

①Bagging

Bagging(bootstrap aggregating,也称套袋法)的主要目标为解决模型预测的高方差[①]问题。在袋装方法中,可利用 bootstrap 方法从整体数据集中采取有放回抽样得到 N 个数据集,调用基学习器,在每个数据集上学习出一个模型,最后的预测结果利用 N 个模型的输出得到。Bagging 中的基学习器既可以是相同模型,也可以是不同的模型,最常用的就是决策树和随机森林。

以随机森林为例说明 Bagging 算法原理。随机森林是由若干棵决策树组成,每一棵决策树之间不存在任何关联。随机森林采用 bootstrap 方法生成决策树数据集,其中包含 2 个随机采样的过程:对输入数据的行(数据的数量)与列(数据的特征)分别进行采样。对于行采样,采用有放回的方式,若有 N 个数据,则采样出 N 个数据(可能有重复),这样在训练的时候每一棵树都不是全部的样本,相对而言不容易出现过拟合;接着进行列采样从 M 个特征中选择出 m 个($m \ll M$)。最

① 方差定义为模型对训练集中微小变化的敏感性。

后，进行决策树的学习。预测的时候，随机森林中的每一棵树都对输入进行预测，最后进行投票，哪个类别多，输入样本就属于哪个类别。这就相当于前面说的，每一个分类器（每一棵树）都比较弱，但组合到一起（投票）就比较强了（见图 9－1）。

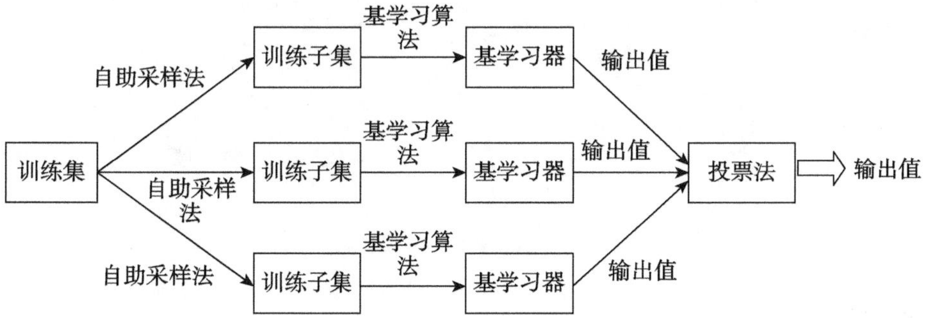

图 9－1　Bagging 模型

组合估计量通常优于任何单个基数估计量，因此方差会减小。在袋装法中预测模型的准确性取决于所使用的决策树数量。训练数据集的各个子集的样本是随机选择的，部分数据在空间上是重叠的，因此每棵树输出的结果具有很高的相关性。

②Boosting

提升法（Boosting）是一种可以用来减小监督学习中偏差[①]的机器学习算法。Boosting 通过不断反复学习弱学习算法，得到一系列弱分类器，然后通过顺序集成方法将这些弱分类器聚合成一个强分类器。大多数 Boosting 方法在重复学习阶段通过不断改变训练数据集的概率分布（训练数据的样本权值），根据不同概率分布的数据调用弱分类算法学习得到一系列的弱分类器。换句话说，一个更强的学习器依赖于多个弱学习器的模型。Boosting 中有代表性的是 Adaboost（adaptive boosting）算法。Adaboost 算法在刚开始训练时对每一个训练实例赋予相等的权重，然后用该算法对训练集训练多轮，每次训练后，提高被前一轮分类器错误分类的样本的权重，而降低那些被正确分类的样本的权重。通过采取加权多数表决的方式组合各个弱分类器。具体来说，就是加大分类错误率低的弱分类器的权重（见图 9－2）。

---

① 偏差定义为预测与实际结果之间的差异。

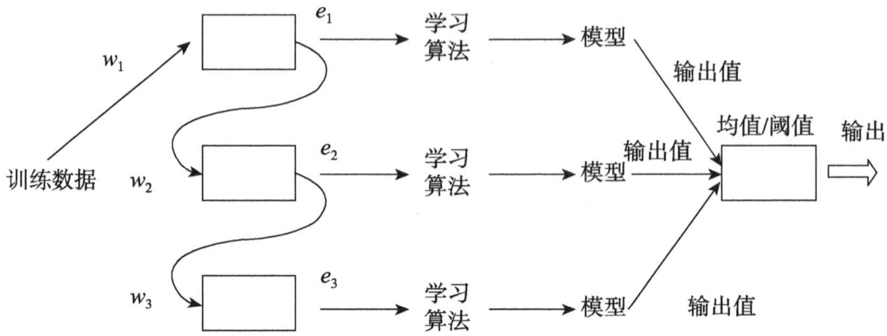

图 9-2 Boosting 模型

从图 9-2 可以看出,整个训练过程中,训练数据都偏向于那些难以预测(易出错)的实例,通过不断的迭代并添加弱学习器以纠正先前模型的预测,并使用模型的加权平均值合并预测。

③堆叠法

堆叠法(Stacking)是由多元回归或分类模型通过更高级别的元模型组合在一起。堆叠法首先输入整个数据集训练较低级别的基本模型,然后将基本模型的输出作为训练元模型来训练一个模型,以得到一个最终的输出。堆叠法通常是异构融合方法,即将不同类型的分类器组合而成(见图 9-3)。

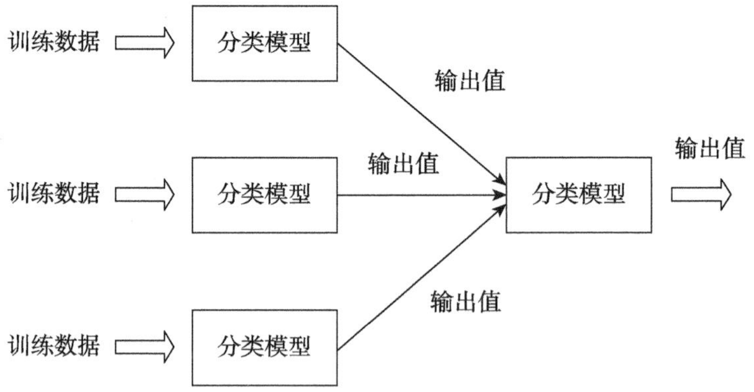

图 9-3 Stacking 模型

图 9-3 为两级层次结构的堆叠模型,第一层元学习器完成了基层成员的集成,第二层学习器完成组合预测。堆叠集成法并没有对训练数据集进行任何更

改,每个成员组都使用不同的机器学习算法,而每种机器学习模型组合都是为了减少预测误差。

综上所述,Boosting 是通过逐步聚焦于基分类器分错的样本,减小集成分类器的偏差。Bagging 则是采取分而治之的策略,通过对训练样本多次采样,分别训练出多个不同模型,并按任务的类型(回归或分类),根据平均值或大多数预测选择的类别,回归任务时则会减小集成分类器的方差。Stacking 用于改善一般的预测。

9.2　随机森林

Bagging 也称 Bootstrap 聚合,是一种机器学习集成元算法,旨在提高统计分类和回归中使用的机器学习算法的稳定性和准确性。它减少了方差并有助于避免过度拟合。装袋是模型平均方法的一个特例,通常应用于决策树方法。随机森林模型使用装袋,其中存在方差较高的决策树模型。它进行随机特征选择来生成树,几棵随机树组成一个随机森林。

随机森林是多个决策树的集合,其预测结果要比任何单棵决策树都要准确。多棵决策树可充分利用每个单独模型有优势和劣势,通过融合方法使正确预测的模型相互加强,产生错误预测模型相互抵消,来解决复杂问题并提高模型的性能。随机森林可被应用于对离散数据的分类、连续数据的回归、无监督学习的聚类和异常点的检测等。

9.2.1　随机森林的基本原理

随机森林是由布雷曼①在 2001 年提出的。随机森林也看成 Bagging 方法的扩展,它利用 Bagging 和特征随机性来创建不相关的决策树森林。从直观角度来讲,随机森林是由若干棵决策树组成的。每棵决策树都是一个分类器,对于每一个输入样本 N 棵树会有 N 个分类结果。在分类问题上,随机森林集成所有分类投票结果,将投票结果次数最多的类别指定为最终输出。在回归问题上,随机森林收集每棵树分类结果,可采用平均值方法来提高预测结果的准确性。这实际上就

---

① Breim an L. Random Forests, M achine Learning, 2001, 45(1): 5 – 32.

是一个简单的 Bagging 思想(见图 9-4)。

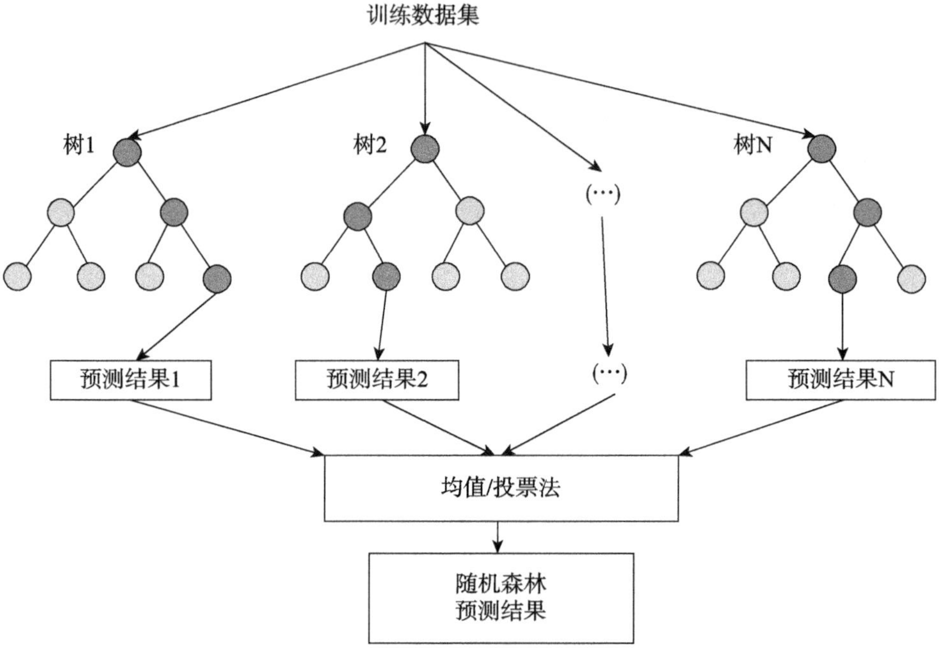

图 9-4　随机森林示意图

分类中的每棵树都从初始数据集中的样本中获取输入,然后随机选择特征,这些特征用于在每个节点上生长树。森林中的每棵树都不应该修剪,直到练习结束,预测决定性地达到。通过这种方式,随机森林使任何具有弱相关性的分类器都可以创建强分类器。

(1)随机森林的相关术语

泛化误差:是指通过训练后得到的模型应用于来自同一分布且未在训练集中出现的样本而获得的误差。泛化误差越小,则该学习性能越强,反之,则性能越差。

强度:是随机森林中分类器总体分类能力的评价指标。对森林中的每一棵树而言,每一棵树的分类强度越大,则随机森林总体的分类性能就越好。

相关度:是随机森林中分类器总体相关度的评价指标。树之间的相关度越大,则随机森林的分类性能越差。

三者之间的关系:对于随机森林,可以根据两个参数推导出泛化误差的上界,这两个参数是对单个分类器的准确性和它们之间的依赖性的度量。这两者之间的相互作用为理解随机森林的工作原理奠定了基础。随机森林的泛化误差所涉及的两个成分是森林中单个分类器的强度，以及它们之间在原始边缘函数方面的相关性。

(2)随机森林的随机特性

随机森林是一个分类器，它包含给定数据集的不同子集，而每个子集包含多棵决策树。生成的随机子集要确保决策树之间的低相关性。随机森林的“随机”性可以通过两种不同的方式实现：

训练集构建随机性。随机森林是基于 Bagging 的扩展，训练样本的子集的构建同样采用有放回的随机抽样。如果训练集大小为 N，对于每棵树的训练集而言，随机且有放回的从训练集中抽取 N 个训练样本作为训练样本。其一，通过样本集自身的重复而达到样本空间重构，从而保证训练每个棵树的训练集之间存在差异性；其二，随机森林最后分类决策取决于多棵树(基分类器)的投票表决，这种表决应该是“求同”。用完全不同的训练集来训练每棵树，这样对最终分类结果是没有帮助。有条件的随机抽样可则更好地避免随机森林过于发散或趋向于局部最优解。

分类器构建过程随机性。分类器构建过程随机性也可称特征随机性。如果每个样本的特征维度为 M，指定一个常数 $m \ll M$，随机地从 M 个特征中选取 m 个特征子集，每次进行分裂时，从 m 个特征中选择最优的。生成特征随机子集，可确保了决策树之间的低相关性。

随机森林的随机性引入，建立了泛化误差与集合质量评估两个因素(相关性、强度)的上限。随着随机森林中决策树的数量增多，随机森林的泛化误差收敛到一个极限。随机森林分类器的泛化误差取决于森林中单个树木的强度以及它们之间的相关性。随机性也使随机森林对多元共线性不敏感，可以较稳健地处理含有缺失数据和不平衡数据的情况，能够预测高维解释变量。

(3)bootstrap(自助法采样法)

随机森林分类器使用 bootstrap 的采样也增加了各个树之间的独立性，还实现了过程中所需的适当速度和有效的参数化。它用于选择最佳分割特征的随机抽样技术降低了相关性，从而降低了回归树的方差，同时提高了森林中不同树的预测能力。

bootstrap 是布雷曼①在 1996 年,根据 Boosting 技术提出的一种有放回的采样技术。bootsrtap 采集采用有放回抽样方法从原始样本容量为 N 的训练样本集合 D 中随机抽取 N 个样本生成新的训练样本集,独立抽样 k 次,生成 k 个相互独立的 Bootstrap 样本集。在 bootstrap 采样过程中,每个样本未被抽取的概率为:$(1-1/N)^N$。当 N 的值足够大时:

$$\lim_{n\to\infty}\left(1-\frac{1}{N}\right)^N = e^{-1} \approx 0.368 \tag{9-1}$$

这表明原始样本集 D 中接近 37% 的样本不会出现在 bootstrap 样本中,这些数据成为袋外数据(out of bag, OOB)。随机森林算法正是利用 bootstrap 采集技术生成多个训练样本集,构建多个分类器,从而形成"森林"分类器,通过多数投票进行分类。布雷曼通过实验证明,OOB 误差是无偏估计。

袋外数据的准确率有很多用处,不仅可以用来预测 Bagging 算法生成的基础分类器的分类能力,可以作为预测分类器一个指标。同时,袋外数据的准确率针对基本分类器产生的分类结果准确率的预判有重要的参考作用。OOB 估计的优势在于消耗很少的资源就可以得到随机森林的泛化误差估计。

9.2.2 基于随机森林的分类器

随机森林分类器是预测树的集合。每棵树都依赖于独立采样的随机向量,代表输入随机森林的数据分类的不同实例,与随机森林中的每一棵树具有相似的分布。随机森林技术单独考虑实例,将获得多数票的实例作为选定的预测分类中的每棵树都从初始数据集中的样本中获取输入。然后随机选择特征,这些特征用于每个节点处的生长树。森林中的每一棵树都不应被修剪,以保证在随机选择的特征中选择最佳分割。通过这种方式,随机森林使任何具有弱相关性的分类器都可以创建一个强分类器。

随机森林的算法的工作原理非常简单,其构建可分为两个阶段:第一阶段是将 N 个决策树与构建随机森林相结合;第二阶段是对第一阶段创建的每一棵树进行预测。

对于分类问题,构建随机森林的步骤如下:

---

① LEO BREIMAN, Bagging Predictors, Machine Learning, 24, 123 - 140(1996).

第一步，假设 N 是数据集的样本总数，有放回在 N 中的随机抽取 N 个训练样本，并用这 N 个样本组成的子集创建一棵决策树。

第二步，每个样本有 M 个属性，当决策树的节点部分需要分裂时，从 M 个属性中随机选取 $m(m<M)$ 个样本，然后基于某种策略从中取出的 1 个属性作为当前节点分裂的最佳属性。

第三步，决策树的形成过程中每个节点都按照第二步来分裂，直到节点不能再分裂为止。在决策树形成的过程中，不需要剪枝。

第四步，重复步骤第一步到第三步建立大量决策树，这样就完成了随机森林的构建。

对离散数据进行分类预测，按照上述步骤生成的多棵树分类器。假设测试新的测试数据集 x_t，每一棵树分类器的投票都会决定分类结果，分类公式：

$$f(x_t) = majority\ vote\ \{h_i(x_t)\}_{i=1}^{Ntree} \tag{9-2}$$

其中，*majority vote* 是多数投票，*Ntree* 是随机森林的个数。

研究基于违法少年的需求评估数据，基于随机森林方法构建一个数据分类模型完成对违法少年的分类。研究基于 542 个违法少年的记录，记录中包含性别、种族、首次犯罪年龄、是否首次犯罪、离家出走和犯罪程度。按需求强度分类 5 级，分别为低需求(1 级)、严重学校问题(2 级)、敌意—注意力不集中(3 级)、高风险和家庭历史(4 级)、药物滥用和同伴犯罪(5 级)(见表 9－1)。

表 9－1　5 级解决方案及人口、违法和风险特征

		1 级 (n = 92)	2 级 (n = 173)	3 级 (n = 123)	4 级 (n = 57)	5 级 (n = 97)
性别	男	16	34	24	9	17
	女	19	28	21	13	19
种族	白人	22	30	21	7	21
	黑人	12	32	25	15	17
首次犯罪年龄	<12 岁	10	25	33	12	21
	≥12 岁	18	33	21	10	17
初犯	是	25	35	19	9	12
	否	11	30	26	11	23

续表

		1 级（n =92）	2 级（n =173）	3 级（n =123）	4 级（n =57）	5 级（n =97）
离家出走	是	13	23	21	7	36
	否	18	35	23	12	12
犯罪程度	轻罪	14	26	38	5	18
	中等	16	34	21	11	18
	严重	16	31	21	12	19
	极严重	51	28	14	0	7

预测触法未成年人管理需求等级：

已知其性别男，白人，首次犯罪大于 12 岁，非首次犯罪，有离家出走，犯罪程度为中等。根据表 9－2，预测未成年违法者需求等级（见表 9－2）。

表 9－2　决策结果汇总

特征	特征值	1	2	3	4	5
性别	男	16	34	24	9	1
种族	白人	22	30	21	7	21
首次犯罪年龄	大于 12 岁	18	33	21	10	17
首次犯罪	否	11	30	26	11	23
离家出走	有	13	23	21	7	36
犯罪程度	中等	16	34	21	11	18
结论（均值）		16.00	30.67	22.33	9.17	22.00

计算得到，这个触法少年需求管理等级为 2 级（严重学校问题）。针对此类触法少年，应增强以学校为基础的干预措施，除支持学业成绩外，干预措施还应侧重于逃学和行为管理。这些干预措施旨在通过积极主动的动态敏感方式为年轻人提供服务，防止逃学相关总量的升级为学业失败、辍学或累犯。

9.2.3　基于随机森林的特征选择

随机森林算法的另一个优点是很容易衡量每个特征对预测的相对重要性。

在收集的数据资料中,并不是所有的特征都能对预测分析结果起作用。在机器学习中,特征越多,算法模型就越有可能过拟合。随机森林善于从具有小边际效应和复杂相互作用的特征集合中识别出主要相关特征。尤其是随机森林通过随机扰动样本的方法,计算数据集中每个特征变量的重要性分数,找出特定分类特征对于目标变量的影响程度。利用随机森林变量是重要性分数,可以作为特征选择的评价评准则。

(1)常用的方法

常用的方法主要有两种:一种是基于袋外数据特征进行计算,另一种是基于基尼指数的计算方法。

第一种方法:基于袋外数据误差

基于袋外数据误差的思想是:打乱每个特征的特征值顺序,度量顺序变动对模型准确率的影响。这种巧妙的方法利用袋外数据来计算重要性。OOB 数据是数据集的一部分,但不用于训练构建单棵树。用 OOB 数据计算出模型预测的误差(袋外数据误差),然后对某个特征加入噪声(如随机打乱顺序),再次计算袋外误差。这就像用相同的分布使用随机数据替换变量一样,并忽视树对该特性的已有知识。对于不重要的特征来说,打乱顺序对模型的精确率影响不会太大,但是对于重要的特征来说,打乱顺序就会降低模型的精确率。

计算某个特征 X 的重要性时,具体步骤如下:

①对每一棵决策树,选择相应的袋外数据计算袋外数据误差,记为 errOOB1。

②随机对袋外数据 OOB 所有样本的特征 X 加入噪声干扰(可以随机改变样本在特征 X 处的值),再次计算袋外数据误差,记为 errOOB2。

③假设森林中有 N 棵树,则特征 X 的重要性 $= \sum(errOOB2 - errOOB1)/N$。这个数值之所以能够说明特征的重要性是因为,如果加入随机噪声后,袋外数据准确率大幅度下降(errOOB2 上升),说明这个特征对于样本的预测结果有很大影响,进而说明重要程度比较高。

基于袋外数据误差的方法通过加入噪声干扰,观察模型准确率的变化的大小对特征变量排序。如果降低该变量的噪声,随机森林的准确性提高了,那么说明该特征对预测结果的重要性较高。这种方法既可识别出重要性的特征,也可完成单棵树性能的无偏估计。

第二种方法:基于 Gini 指数的评判

基尼重要性(或平均减少杂质),由随机森林结构计算得出。特雷弗·哈斯[1]提指出:“在每一棵树的每一个分裂中,分裂准则的改进是对分裂变量的重要度量,并分别在森林中的所有树上为每个变量累积。”决策树根据一些规则,将节点分裂为两个子节点。每次分裂都是针对一个可以使误差最小化的特征。误差的计算可以使用均方误差,基尼纯度,信息增益或者其他的指标。总结所有树上,这个特定变量得到的所有分割使误差减少的情况。指数评判法,即 RF 中每棵树生成时都会按照地某个节点分裂,分裂的依据可以基尼是分裂前后基尼系数的减少度,将 RF 中每棵树按特征 m 进行分裂的基尼系数减少量的总和作为判断特征 m 的重要性标准。

其计算过程为:

重要性评分(variable importance measure, VIM),将基尼指数用 Gi 来表示。假设有 m 特征$x_1, x_2, \cdots, x_c$,现在要计算每个特征x_j的基尼指数评分VIM_j^{Gini}亦即 j 特征在 RF 所有决策树中节点分裂不纯度的平均改变量。

①基尼指数计算:

$$GI_m = \sum_{k=1}^{|K|} \sum_{k' \neq k} P_{mk} P_{mk'} = 1 - \sum_{k=1}^{|K|} P_{mk}^2 \tag{9-3}$$

其中,K 表示有 K 种类别,P_{mk}表示节点 m 中类别占 k 所占比例。直观地说就是随便从节点 m 中随机抽取 2 个样本,其标记不一样的概率。

②特征x_j在节点 m 的重要性,即节点 m 分枝前后的 Gini 指数变化量为

$$VIM_{jm}^{(Gini)} = GI_m - GI_l - GI_r \tag{9-4}$$

其中,GI_l和GI_r分别是表增分枝后两个新节点基尼指数。如果,特征x_j在决策树 i 中出现的节点为集合 M,那么x_j在第 i 棵树的重要性为:

$$VIM_{ij}^{(Gini)} = \sum_{m \in M} VIM_{jm}^{(Gini)} \tag{9-5}$$

假设 RF 中共有 n 棵树,那么:

$$VIM_j^{(Gini)} = \sum_{i=1}^{n} VIM_{ij}^{(Gini)} \tag{9-6}$$

---

① Trevor Hastie, Robert Tibshirani, Jerome H. Friedman, The elements of statistical learning, Springer, Berlin: Springer series in statistics, 2009.

最后,把所有求导的重要性评分做一个归一化处理即可:

$$VIM_j = \frac{VIM_j}{\sum_{i=1}^{c} VIM_i} \tag{9-7}$$

(2)应用实例

某研究者拟研究未成年人的人身伤害罪的相关风险因素。根据其已获取的数据集,其中包含犯罪史(次数)、第一次被捕的年龄、重罪数量、同伴、家庭管控。其中,同伴关系与家庭管控是离散变量,同伴关系包含{正向作用、负向作用、反社会影响};家庭管控包含{适度管理、偶尔管理、不管理或辱骂、虐待}。

①基于已有的自变量,采用随机森林方法确定自变量各属性的重要度。

②基于已有的数据集构建随机森林的分类模型。

分析思路如下:

①哑变量编码。数据集的自变量中包含离散型变量,分别为同伴关系和家庭管控。这两个变量需要进行转换。

表 9-3　同伴关系变量编码

	同伴 1	同伴 2	同伴 3
正向影响(1)	1	0	0
负向影响(2)	0	1	0
反社会影响(3)	0	0	1

表 9-4　家庭管控变量编码

	家庭 1	家庭 2	家庭 3
适度管控(1)	1	0	0
偶尔管理(2)	0	1	0
不管/辱骂、虐待(3)	0	0	1

②从数据集中划分出 2/3 数据作为训练数据集,基于泛化误差与模型的复杂度,调整模型的参数大小来优化分类模型。泛化误差可用来衡量模型在未知数据上的准确率。模型复杂度不足,泛化误差过变大,则会出现欠拟合;复杂度提高,泛化误差从最小值开始逐渐增大,则出现过拟合。调参是为了不断调整模型复杂度,尽可能接近泛化误差最低点。

③将后 1/3 作为测试数据集，对此部分自变量数据进行预测，与真实值进行对比。

④特征属性重要性分析时，将数据集的全部数据代入模型，计算每个特征的重要度。

⑤模型评估时，常用的评价指标为平均绝对误差（MAE）、均方根误差（RMSE）、平均绝对值百分比误差（MAPE）。

结果分析如下：

①数据集的因变量为未成年人当前的犯罪类型是不是人身伤害罪，对因变量进行统计分析（见图 9-5）。

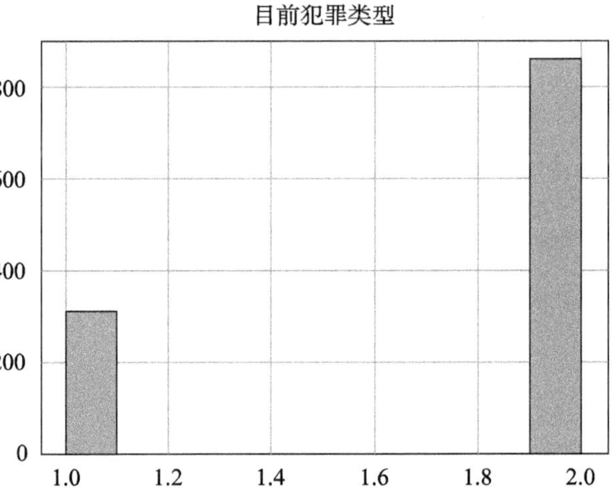

图 9-5　原始数据统计

②调参

随机森林的调参主要是确定子树的数量，树的最大生长深度、叶子的最小样本数量，分支节点最小样本数量等。对随机森林的子树的数量进行调整，在图 9-6 中，首先给定的子树数量较大。当子树的数目从 0 开始，增长到 10 左右时，模型准确度增长较快。当取值在 11 时，获得最大值。然后再缩小子树的取值范围（如图 9-7 所示），可以得到取值为 7 时，模型的准确性获得最大值。

借助于某软件进行计算，采用交叉验证计分后，最大值由原来的 0.60，提升至 0.677。模型的准确性提升，意味着泛化误差的减小。

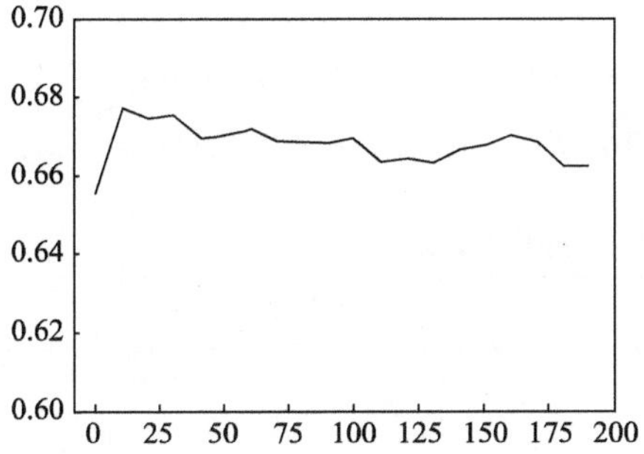

图 9-6　最大得分与子树的数量

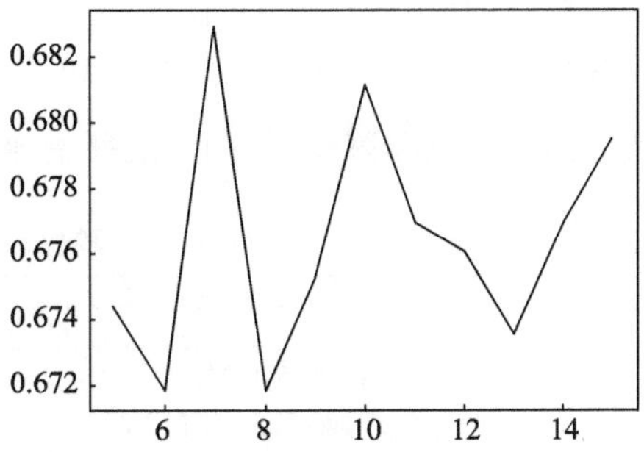

图 9-7　子树的取值范围

③特征的重要度

根据特征对模型的影响程度,由大到小对特征进行排序。

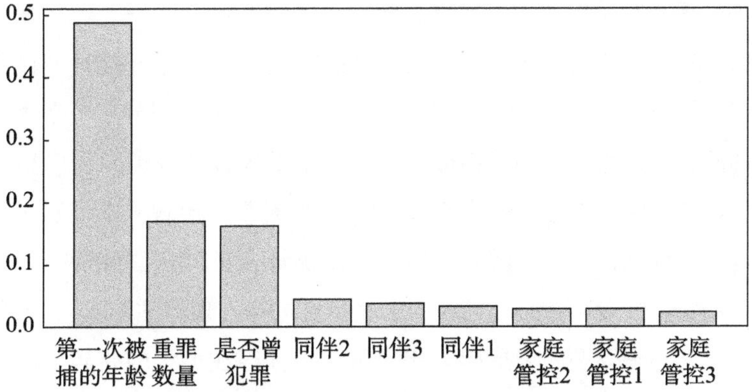

图 9-8　特征重要性

表 9-5　特征重要度

特征	重要度	特征	重要度
第一次被捕年龄	0.486	同伴 1	0.032
重罪数量	0.166	家庭管控 2	0.028
是否曾被定罪	0.161	家庭管控 1	0.027
同伴 2	0.042	家庭管控 3	0.023
同伴 3	0.034		

④模型评估

基于已有的数据集建立基于随机森林的分类模型,其评估的预测结果:数据集被分为训练集和测试集,两者之间的比例为7:3。模型的预测能力见表9-6。

表9-6 随机森林模型预测效果

评价指标	随机森林
准确率(ACC)	0.7407
平均绝对误差(MAE)	0.2878
均方根误差(MSE)	0.2877
平均绝对百分比误差(MAPE)	0.5364

9.2.4 面向类别不平衡的随机森林

类别不平衡问题是机器学习和模式分类中的研究热点之一。当训练数据集中不同类别的样本数目差别很大时,分类算法的性能会明显下降,此时少数类样本易被误分为多数类,从而导致较高的假阳性率。这种对样本类别分布不平衡的数据集进行分类的问题就是所谓的不平衡分类问题。不平衡数据分类问题广泛存在于现实世界许多领域之中。在违法未成年人数据集中,经常会出现样本类别不平衡的情况。一种是司法领域普遍使用的未成年人风险测评,通过各种标准的量表,可以得到相应的数据集。针对存在心理问题的未成年人进行心理评估测量,其结果会显示有心理问题与无心理问题的未成年人相比很多指标存在很大的差异。这种测量集中,存在心理问题的未成年人样本集通常很大,而正常未成年人样本数量通常很少。针对性累犯的未成年人研究数据集中,正常未成年人的样本数为多数类,而性累犯的样本数则为少数类。在第一类数据集中上的训练分类器,更倾于将未知样本分为有心理问题的未成年人,即容易将正常未成年人误判。第二类数据集上的训练分类器,更倾于将未知样本分为非未成年人性累犯,即容易将未成年性累犯误判为风险低。对于未成年人风险评估与风险管理来说,不仅关注分类器的总体分类正确率,更加关注分类器的查准率和查全率。因为司法数据分类的误判可能会导致增加社会公共安全的风险或对未成年人惩罚力度过重为其带来额外的负担。

(1)平衡随机森林算法

平衡随机森林算法是在数据层面上,可以通过抽样和欠抽样来解决数据集不平衡的问题。随机欠采样法是通过增加分类中少数类样本的数据来实现样本的均衡。随机欠采样是克服类不平衡问题的一种最简单方法。它是在面临重采样阶段,从原始数据集抽取样本时,考虑样本的类别。采样时,充分利用 Bootstrap 方法分别从多数类样集合中有放回地随机抽取与少数类样本数量一致的多个样本子集然后缺陷取的各个多数类样本子集与少数类样本大子集重组合,得到多个的样本类别分布平衡的训练数据集,接下来在多次训练数据集上分别训练 RF 分类器,建立一个随机森林的“森林”。当对于一个未知样本进行分类或预测时,该样本的类别由 BRF 分类器通过多数投票决定。

(2)加权随机森林算法

加权随机森林是在算法方法层面上,通过正负样本损失来整权重解决样本不平衡问题。加权随机森林的方法是为不同的类别分配不同的权重。如果样本归属少数类则被赋予更高的权重,从而产生更高的错误分类成本,那么这可以帮助减少其对多数类的偏见。

首先,随机森林中的决策树在每次分裂前都会从 n 个特征中随机选择 m 个特征($m<n$),再从这 m 个特征中选择最优分裂结点作为根节点;其次,每棵决策树的训练样本通过 Bagging 算法生成,这意味着每棵决策树的分类效果存在差异,应根据其分类能力赋予每棵树不同的权值。这些树权重值的计算可以利用对预测变量的特征与随机森林算法相结合,计算出各树的某一评价指标或其他统计量,并据此为每棵树设置不同权值。

假设从某地公安部门获取犯罪信息的数据集,此数据集包含了重复犯罪的信息记录和初次犯罪的信息记录。重复犯罪的信息记录数量占全部记录的 2%,而初次犯罪的信息记录数量占 98%。采用加权随机森林法,以综合评价指标(F1)的调和均值来评价各决策性的性能并计算权重。算法步骤如下:

第一步,采用交叉验证法划分数据集。采用 Bootstrap 方法从原始数据集中随机抽取 $K+1$ 个数据集,其中 K 个数据集为训练集,1 个为验证集。这些数据集中实例个数与原始数据集数据个数相同,且类别已知。

第二步,构建随机森林分类器。输入 K 个数据集,通过随机森林构建模型,得到由 K 个决策树组成的组合分类器。

第三步,计算 F－score(F1)值。验证集中数据输入森林中的每个独立的分类器(决策树),并对其进行分类。通过计算,研究可得到每个分类器混淆矩阵的TP、FP、FN、TN,并计算F1值。第j个分类器对应的权值的计算公式:

$$W_j = F_j = \frac{2TP_j}{2TP_j + FP_j + FN_j} \qquad (9-8)$$

第四步,最终组合分类模型

$$H(x) = argmax \sum_{j=1}^{K} w_j I(h_j(x) = Y) \qquad (9-9)$$

$H(x)$:加权随机森林算法得到组合分类模型

h_j:子分类器(单独决策树)

Y:输出变量(分类类别)

I():示性函数。自变量为真,其取值为1,反之则为0

在重复犯罪研究问题上,参数Y有两种取值:重复犯罪和初次犯罪。研究记录信息包含了受试者的文化程度、前科案件类型、吸毒史、性别、辍学、单亲家庭、常住人口等特征。X轴为决策树的数量,Y轴为对准确率值。采用十折交叉验证法,分裂特征分别为3,4,5,6,对比原始随机森林与加权随机森林对比。

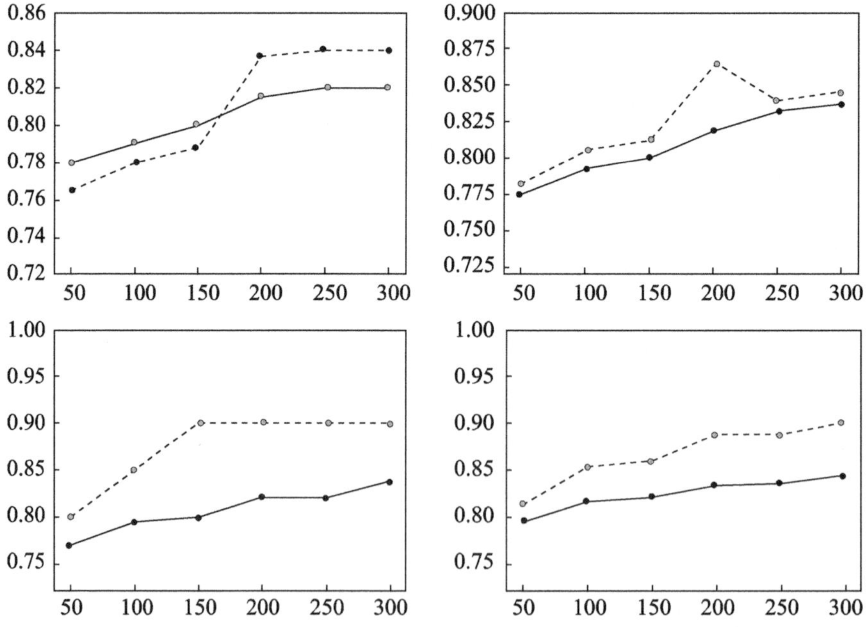

注:虚线代表加权随机森林准确率,实线代表原始随机森林模型的准确率

图9-9 两种模型的准确率

从图9-9可以看出，加权随机森林模型的性能要优于原始的森林模型。随机森林的决策树的数量增多，准确率都在增加。

9.2.5 随机森林算法的优缺点

(1)随机森林与决策树之间的区别

决策树模型获取一些输入数据，并遵循一系列 if - then 步骤，直到达到预定义的输出值之一。相比之下，随机森林模型是许多单个决策树的组合，这些决策树在初始数据的子集上进行训练。两者之间的区别表现如下(见表9-7)：

表9-7　决策树与随机森林的区别

决策树	随机森林
为分类或回归生成一组树状规则的算法	一种组合许多决策树以产生更准确结果的算法
将具有某些特征的数据集摄取到决策树中时，它会生成一组预测规则	在随机数据样本上构建决策树并平均结果
对初始数据集的高度依赖，因此，现实世界中的预测准确性较低	精度高，结果偏差小
容易过度拟合，因为可能过多地适应初始数据集	使用许多树允许算法避免和/或防止过度拟合

(2)随机森林算法的优势

随机森林算法在用于分类或回归问题时存在许多关键优势：

①降低过度拟合的风险。决策树存在过度拟合的风险，因为它们倾向于紧密拟合训练数据中的所有样本。但是，当随机森林中有大量决策树时，分类器不会过度拟合模型，因为不相关树的平均会降低整体方差和预测误差。

②提高灵活性。由于随机森林可以高度准确地处理回归和分类任务，因此它是数据科学家中流行的方法。特征装袋还使随机森林分类器成为估计缺失值的有效工具，因为它在部分数据缺失时仍可保持准确性。

③易于确定特征重要性。随机森林使评估变量重要性或对模型的贡献变得容易。有几种方法可以评估特征重要性。Gini 重要性和杂质平均减少量(MDI)通常用于衡量在排除给定变量时模型的准确性降低了多少。然而，排列重要性，也称平均降低精度(MDA)，是另一个重要性度量。MDA 通过随机排列 OOB 样

本中的特征值来识别准确性的平均下降。

9.3 Adaboost 算法

Adaboost 是 Boosting 经典算法之一，最适合用于提高二元分类问题决策树的性能。在 Adaboost 算法中主要解决的问题是弱学习器的权重系数、样本点的权重是系数更新、学习偏差及使用的组合策略。

9.3.1 Adaboost 算法工作机制

具体说来，整个 Adaboost 迭代算法就三步：

第一步：初始化训练数据权值

如果有 N 个样本，则每一个训练样本最开始时都被赋予相同的权值，即 $1/N$。

第二步：训练弱分类器

具体训练过程中，如果某个样本点已经被准确地分类，它的权值就被降低；相反，如果某个样本点没有被准确地分类，那么它的权值就得到提高。然后，权值更新过的样本集被用于训练下一个分类器，整个训练过程如此迭代地进行下去，直至学习器数目达到事先指定的个数为止。

第三步：合成分类器

将各个训练得到的多个弱分类器组合成一个强分类器。各个弱分类器的训练过程结束后，加大分类误差率小的弱分类器的权重，使其在最终的分类函数中起着较大的决策作用，而降低分类误差率大的弱分类器的权重，使其在最终的分类函数中起着较小的决策作用。换言之，误差率低的弱分类器在最终分类器中占的权重较大，否则较小。

9.3.2 Adaboost 公式推导

已知：给定一个二分类数据集

$T=\{(x_1,y_1),(x_2,y_2),\cdots,(x_N,y_N)\}\quad y_i\in R^n$，其标记集合为$\{-1,1\}$

输入：数据集 T，弱学习算法。

输出：最终分类器 $G(x)$。

(1)初始化训练数据的权值分布

Adaboosting 中每个训练样本都有一个权重,这些权重构成了一个向量 D,每一个训练样本最开始都有相同的权值:$\frac{1}{N}$

$$D_1 = (w_{11}, w_{12}, \cdots, w_{1N}), w_{1i} = \frac{1}{N} \quad i = 1,2,\cdots,N \tag{9-10}$$

(2)进行多轮迭代,用 $m=1,2,\cdots,M$ 表示迭代的轮数

①使用权值分值分布D_m训练数据集学习,得到基本分类器(选择让误差率真最低的阈值来设计基本分类器):

$$G_m(x): X \to \{-1,1\} \tag{9-11}$$

②计算在训练数据集上的分类误差率(错误分类的样本的权重之和):

$$e_m = \sum_{i=1}^{N} P(\neq y_i) = \sum_{i=1}^{N} w_{mi} I(G_m(x_i) \neq y_i) \tag{9-12}$$

由式 9-12 可知,$G_m(x)$在训练数据集上的误差率e_m就是被$G_m(x)$误分类样本的权值之和。

③计算的系数:

$$a_m = \frac{1}{2} log \frac{1-e_m}{e_m} \tag{9-13}$$

其中,a_m表示弱分类器的权重,e_m表示数据的误差率。由式 9-13 可知,$e_m \leqslant 1/2$ 时,$a_m \geqslant 0$,且a_m随着e_m的减小而增大,意味着分类误差率越小的基本分类器在最终分类器中的作用越大。

④更新训练数据集的权值分布:

$$D_{m+1} = (w_{m+1,1}, w_{m+1,2}, \cdots, w_{m+1,N}) \tag{9-14}$$

$$w_{m+1,i} = \frac{w_{mi}}{Z_m} exp(-a_m y_i G_m(x_i)), \quad i = 1,2,\cdots,N \tag{9-15}$$

误分样本的权值增大,正确分类样本的权值减小。因此,Adaboost 方法能重点关注或聚焦于那些较难分对的样本上。

其中,为规范化因子,使D_{m+1}成为一个概率分布:

$$Z_m = \sum_{i=1}^{N} w_{mi}(\exp(-a_m y_i G_m(x_i))) \tag{9-16}$$

使其成为一个概率分布。

(3)构建基本分类器的线性组合

$$f(x) = \sum_{m=1}^{M} a_m G_m(x) \tag{9-17}$$

得到最终的强分类器:

$$G(x) = sing(f(x)) = fign(\sum_{m=1}^{M} a_m G_m(x)) \tag{9-18}$$

注: $\sum_{i=1}^{N} w_{mi} = 1$

$$w_{m+1,i} = \begin{cases} \frac{W_{mi}}{Z_m} e^{-a_m} & G_m(x_i) = y_i \\ \frac{W_{mi}}{Z_m} e^{a_m} & G_m(x_i) \neq y_i \end{cases}$$

其中,K 代表训练轮数。

假设数据集如表 9-8 所示:

表 9-8　样本数据集

序号	1	2	3	4	5	6	7	8	9	10
X	0	1	2	3	4	5	6	7	8	9
Y	1	1	1	-1	-1	-1	1	1	1	-1

求解过程:初始化训练数据的权值分布,令每个权值 $W_{1i} = \frac{1}{N} = 0.1$,其中,$N = 10$, $i = 1,2,\cdots,10$,然后分别对于 $m = 1,2,3,\cdots$ 等值进行迭代。

迭代过程 1:

对于 $m = 1$,在权值分布为 D_1(10 个数据,每个数据的权值皆初始化为 0.1)的训练数据上,经过计算可得:

阈值 v 取 2.5 时误差率为 0.3($x < 2.5$ 时取 1,$x > 2.5$ 时取 -1,则 6、7、8 被分错,误差率为 0.3);

阈值 v 取 5.5 时误差率最低为 0.4($x < 5.5$ 时取 1,$x > 5.5$ 时取 -1,则 3、4、5、6、7、8 被分错,误差率 0.6 大于 0.5,不可取。故令 $x > 5.5$ 时取 1,$x < 5.5$ 时取 -1,则 0、1、2、9 被分错,误差率为 0.4);

阈值 v 取 8.5 时误差率为 0.3($x < 8.5$ 时取 1,$x > 8.5$ 时取 -1,则 3、4、5 被分

错,误差率为0.3)。

可以看到,无论阈值 v 取2.5,还是8.5,总得分错3个样本,故可任取其中任意一个如2.5作为第一个基本分类器。

从而得到$G_1(x)$在训练数据集上的误差率:

$$e_1 = P\ (G_1(x_i) \neq y_i) = 3 \times 0.1 = 0.3$$

$$G_1(x) = \begin{cases} 1 & x < 2.5 \\ -1 & x > 2.5 \end{cases}$$

这个α_1代表$G_1(x)$在最终的分类函数中所占的权重,为0.4236。

接着更新训练数据的权值分布,用于下一轮迭代:

$$\alpha_1 = \frac{1}{2} log \frac{1 - e_1}{e_1} = 0.4236$$

Z_m是规范化因子,使D_{m+1}成为一个概率分布

$$\begin{aligned} Z_m &= \sum_{i=1}^{N} w_{1i} exp(-\alpha_1 y_i G_1(x_i)) \\ &= 0.1 \times exp(-0.436 \times 1 \times 1) \times 7 + 0.1 \times exp[-0.4236 \times (-1) \times 1] \times 3 \\ &= 0.9165 \end{aligned}$$

$$D_2 = (w_{2,1}, w_{2,2}, \cdots, w_{2,N})$$

$$w_{2,i} = \frac{w_{1,i}}{Z_1} exp(-\alpha_1 y_i G_1(x_i)) \quad i = 1, 2, \cdots, 10$$

当 Y = 1, G = 1, w = 0.1 时:

$$w_{2,i} = \frac{0.1}{0.9165} \times exp(-0.4236 \times 1 \times 1) = 0.0714$$

当 Y = 1, G = -1, w = 0.1 时

$$w_{2,i} = \frac{0.1}{0.9165} \times exp[-0.4236 \times (-1) \times 1] = 0.1666$$

即如果某个样本被分错了,则$y_i \times G_m(x_i)$为负,负负得正,结果使整个式子变大(样本权值变大),否则变小。

计算第一个弱分类器权重:

$$f(x) = \sum_{m=1}^{M} a_m G_m(x)$$

分类函数$f_1(x) = \alpha_1 \times G_1(x) = 0.436 \times G_1(x)$

此时,得到的第一个基本分类器 $sign(f_1(x))$ 在训练数据集上有3个误分类点

（6、7、8）。

迭代过程 2：

对于 $m=2$，在权值分布为 $D_2=(0.0715, 0.0715, 0.0715, 0.0715, 0.0715, 0.0715, 0.1666, 0.1666, 0.1666, 0.0715)$ 的训练数据上，经过计算可得：

阈值 v 取 2.5 时误差率为 0.1666×3（$x<2.5$ 时取 1，$x>2.5$ 时取 -1，则 6、7、8 分错，误差率为 0.1666×3）；

阈值 v 取 5.5 时误差率最低为 0.0715×4（$x>5.5$ 时取 1，$x<5.5$ 时取 -1，则 0、1、2、9 分错，误差率为 $0.0715\times 3+0.0715$）；

阈值 v 取 8.5 时误差率为 0.0715×3（$x<8.5$ 时取 1，$x>8.5$ 时取 -1，则 3、4、5 分错，误差率为 0.0715×3）。

$$G_2(x)=\begin{cases}1 & x<8.5\\ -1 & x>8.5\end{cases}$$

很明显，$G_2(x)$ 把样本 3、4、5 分错了，根据 D_2 可知它们的权值为 0.0715，0.0715，0.0715，所以 $G_2(x)$ 在训练数据集上的。

误差率：

$$e_2=P\left(G_2(x_i)\neq y_i\right)=0.0715\times 3=0.2143$$

计算 G_2 的系数：

$$\alpha_2=\frac{1}{2}log\frac{1-e_2}{e_2}=\frac{1}{2}log\frac{1-0.2143}{0.2143}=0.6496$$

Z_m 是规范化因子，使 D_{m+1} 成为一个概率分布：

$$\begin{aligned}Z_m&=\sum_{i=1}^{N}w_{1i}exp(-\alpha_1 y_i G_1(x_i))\\&=0.0715\times exp(-0.6496\times 1)\times 3+0.0715\times exp[-0.6496\times(-1)]\times 3\\&\quad+0.1666\times exp(-0.6496\times 1)\times 3+0.0715\times exp(-0.6496\times 1)\\&=0.1667\end{aligned}$$

$$D_3=(w_{3,1}, w_{3,2}, \cdots, w_{3,N})$$

$$w_{3,i}=\frac{w_{2,i}}{Z_2}exp(-\alpha_2 y_i G_2(x_i))\quad i=1,2,\cdots,10$$

当 $Y=1, G=1, w_{2,i}=0.0715$ 时

$$w_{3,i}=\frac{w_{2,i}}{Z_2}exp(-\alpha_2 y_i G_2(x_i))$$

$= (0.0715/0.8211) \times exp(-0.6496 \times (-1) \times 1) = 0.0455$

当 Y = -1,G = 1,w = 0.0715 时

$$w_{3,i} = \frac{w_{2,i}}{Z_2} exp(-\alpha_2 y_i G_2(x_i))$$

$$= (0.0715/0.8211) \times exp(-0.6496 \times (-1) \times 1) = 0.1667$$

当 Y = -1,G = 1,w = 0.1666 时

$$w_{3,i} = \frac{w_{2,i}}{Z_2} exp(-\alpha_2 y_i G_2(x_i))$$

$$= (0.1666/0.8211) \times exp(-0.6496 \times 1 \times 1) = 0.106$$

计算第二个弱分类器权重：

$$f(x) = \sum_{m=1}^{M} a_m G_m(x)$$

分类函数

$$f_2(x) = \alpha_1 \times G_1(x) + \alpha_2 \times G_2(x) = 0.4236 \times G_1(x) + 0.6496 \times G_2(x)$$

迭代过程 3：

对于 $m = 3$，在权值分布为 $D_3 = (0.0455, 0.0455, 0.0455, 0.1667, 0.1667, 0.01667, 0.1060, 0.1060, 0.1060, 0.0455)$ 的训练数据上，经过计算可得：

阈值 v 取 2.5 时误差率为 0.10603（$x < 2.5$ 时取 1，$x > 2.5$ 时取 -1，则 6、7、8 被分错，误差率为 0.10603），

阈值 v 取 5.5 时误差率最低为 0.04554（$x > 5.5$ 时取 1，$x < 5.5$ 时取 -1，则 01、2、9 被分错，误差率为 0.04554 = 0.1820），

阈值 v 取 8.5 时误差率为 0.16673（$x < 8.5$ 时取 1，$x > 8.5$ 时取 -1，则 3、4、5 被分错，误差率为 0.16673）。

所以阈值 v 取 5.5 时误差率最低，故第三个基本分类器为：

此时，被误分类的样本是：0、1、2、9，这 4 个样本所对应的权值皆为 0.0455，

所以，$G_3(x)$ 在训练数据集上的误差率：

$$e_2 = P(G_2(x_i) \neq y_i) = 0.0455 \times 4 = 0.1820$$

计算 G_3 的系数：

$$\alpha_3 = \frac{1}{2} log \frac{1 - e_3}{e_3} = \frac{1}{2} log \frac{1 - 0.182}{0.182} = 0.7514$$

Z_m 是规范化因子，使 D_{m+1} 成为一个概率分布：

$$Z_m=\sum_{i=1}^{N}w_{1i}exp(-\alpha_1 y_i G_1(x_i))$$
$$=0.0455\times exp[-0.7514\times(-1)]\times 3+0.1667\times exp(-0.7514\times 1)\times 3$$
$$+0.1060\times exp(-0.7514\times 1)\times 3+0.0455\times exp[-0.7514\times(-1)]$$
$$=0.7717$$

当 $Y=-1,G=1,w=0.0455$ 时

$$w_{4,i}=\frac{w_{3,i}}{Z_3}exp(-\alpha_3 y_i G_3(x_i))$$
$$=exp[-0.7514\times 1\times(-1)]\times(0.0455/0.7717)=0.125$$

当 $Y=-1,G=-1,w=0.1667$ 时

$$w_{4,i}=\frac{w_{3,i}}{Z_3}\exp(-\alpha_3 y_i G_3(x_i))$$
$$=exp(-0.7514\times 1\times 1)\times(0.1667/0.7717)=0.102$$

当 $Y=1,G=1,w=0.1060$ 时

$$w_{4,i}=\frac{w_{3,i}}{Z_3}exp(-\alpha_3 y_i G_3(x_i))$$
$$=exp(-0.7514\times 1\times 1)\times(0.1060/0.7717)=0.065$$

D_4 =（0. 125,0. 125, * *0. 125 * * ,0. 102,0. 102,0. 102,0. 065,0. 065,0.065,0. 125）。被分错的样本 0、1、2、9 的权值变大,其他被分对的样本的权值变小。

计算第三个弱分类器权重:

$$f(x)=\sum_{m=1}^{M}a_m G_m(x)$$

分类函数:

$$f_3(x)=\alpha_1\times G_1(x)+\alpha_2\times G_2(x)+\alpha_3\times G_3(x)$$
$$=0.4236G_1(x)+0.6496G_2(x)+0.7514G_3(x)$$

此时,得到的第三个基本分类器 $sign(f_3(x))$ 在训练数据集上有 0 个误分类点。至此,整个训练过程结束。

总结三轮迭代,各个样本权值和误差率的变化,如下文所示(其中,样本权值 D 中加了下画线的表示在上一轮中被分错的样本的新权值):

训练之前,各个样本的权值被初始化为 D_1 =（0. 1,0. 1,0. 1,0. 1,0. 1,0. 1,

0.1,0.1,0.1,0.1)；

第一轮迭代中，样本 6、7、8 被分错，对应的误差率为$e_1 = P(G_1(x_i) \neq y_i) = 3 \times 0.1 = 0.3$，此第一个基本分类器在最终的分类器中所占的权重为 $a_1 = 0.4236$。第一轮迭代过后，样本新的权值为D_2 = (0.0715,0.0715,0.0715,0.0715,0.0715,0.0715,0.1666,0.1666,0.1666,0.0715)；

此时，得到的第一个基本分类器$sign(f_1(x))$在训练数据集上有 3 个误分类点(6、7、8)。

分类函数$f_1(x) = a_1 \times G_1(x) = 0.4236\ G_1(x)$。

第二轮迭代中，样本 3、4、5 被分错，对应的误差率为$e_2 = P(G_2(x_i) \neq y_i) = 0.0715 \times 3 = 0.2143$，此第二个基本分类器在最终的分类器中所占的权重为 $a_2 = 0.6496$。第二轮迭代过后，样本新的权值为D_3 = (0.0455,0.0455,0.0455,0.1667,0.1667,0.1667,0.1060,0.1060,0.1060,0.0455)；

D_2 = (0.0715,0.0715,0.0715,0.0715,0.0715,0.0715,0.1666,0.1666,0.1666,0.0715)

D_3 = (0.0455,0.0455,0.0455,0.1667,0.1667,0.1667,0.1060,0.1060,0.1060,0.0455)

此时，得到的第一个基本分类器$sign(f_1(x))$在训练数据集上有 3 个误分类点(3、4、5)。

$$f_2(x) = a_1 \times G_1(x) + a_2 \times G_2(x) = 0.4236\ G_1(x) + 0.6496\ G_2(x)$$

第三轮迭代中，样本 0、1、2、9 被分错，对应的误差率为 $e_3 = P(G_3(x_i) \neq y_i) = 0.0455 \times 4 = 0.1820$，此第三个基本分类器在最终的分类器中所占的权重为 $a_3 = 0.7514$。第三轮迭代过后，样本新的权值为D_4 = (0.125,0.125,0.125,0.102,0.102,0.102,0.065,0.065,0.065,0.125)。

D_4 = (0.125,0.125,0.125,0.102,0.102,0.102,0.065,0.065,0.065,0.125)

此时，得到的第一个基本分类器 $sign(f_1(x))$在训练数据集上有 4 个误分类点(0、1、2、9)。

$$f_3(x) = 0.4236 \times G_1(x) + 0.6496 \times G_2(x) + 0.7514 \times G_3(x)$$

得到的第三个基本分类器 $sign(f_3(x))$在训练数据集上有 0 个误分类点。至此，整个训练过程结束。

从上述过程中可以发现，如果某些个样本被分错，它们在下一轮迭代中的权值将被增大，同时，其他被分对的样本在下一轮迭代中的权值将被减小。就这样，分错样本权值增大，分对样本权值变小，而在下一轮迭代中，总是选取让误差率最低的阈值来设计基本分类器，所以误差率 e（所有被 $G_m(x)$ 误分类样本的权值之和）不断降低。

$$G(x) = sign[f_3(x)] = sign(0.4236 \times G_1(x) + 0.6496 \times G_2(x) + 0.7514 \times G_3(x))$$

代入预测 G_1，G_2，G_3 值，组成一个强分类器。

G_1，G_2，G_3 权重求和为正数，映射为 +1。

G_1，G_2，G_3 权重求和为负数，映射为 -1。

结果全部预测正确。

总的来说，Adaboost 就是把弱分类器组成一个强分类器的过程。每个分类器都有所侧重，若分类正确，降低权重，则下一个分类器不会太关注；若分类错误，调高权重，则给下一个分类器重点关注。将每一个弱分类器叠加组成一个强分类器，强分类器计算结果映射到 +1 或 -1，不断提高预测准确率。Adaboost 模型的决策边界比单层决策树的决策边界要复杂得多。也就是说，Adaboost 试图用增加模型复杂度而降低偏差的方式去减少总误差，但是过程中引入方差，可能出现过拟合。因此，在训练集和测试集之间的性能存在较大的差距，这就简单地回答了刚刚的问题。值得注意的是，与单个分类器相比，Adaboost 比 Boosting 模型增加了计算的复杂度，在实践中需要仔细思考是否愿意为预测性能的相对改善而增加计算成本，而且 Boosting 方式无法做到现在流行的并行计算的方式进行训练，因为每一步迭代都要基于上一步的基本分类器。

9.3.3 Adaboost 应用实例

在检察办案过程中，案件的工作量估算是一个复杂的过程。案件工作量估算问题直接关系案件配置的合理性、检察官的绩效考核、激励制度的完善。辛敏等人使用改进的 Adaboost 方法完成对案例的分组，然后通过分组信息和工作量评估方法分析，完成定量估计检察官每个案件的工作量①。从某市检察官司办公室提

① Min X., Li W., Yang J., et al., An Improved AdaBoost for Prosecutorial Case - Workload Estimation via Case Grouping, International Journal of Computational Intelligence Systems, 2022, 15(1): 48.

取 1000 件刑事案件数据，并对其进行整理，得到研究所用数据集，具体如表 9－9 所示：

表 9－9　数据集统计

案件编号	平均 LOC	最小 LOC	最大 LOC	平均 NOS	最小 NOS	最大 NOS
1032	7	1	36	4	1	10
…	…	…	…	…	…	…

注：LOC 代表案件处理时间，NOS 代表嫌疑人数量。

借助于某统计软件，使用 Adaboost 方法完成数据的分组。分类结果为：正确分类为 831 个，错误为 201 个案例，分类精度达到 80.5%。Accuracy＝0.809，Precision＝0.793，Reacall＝0.828，F_1＝0.817。

第 10 章

聚类分析和度量学习

在现实数据分析应用中，除了有标注类别的数据外，还有大量的数据属于无标注甚至是非结构化的。回归分析、朴素贝叶斯、SVM 等算法可以实现数据的分类，但它们都属于有监督的学习，即需要事先标注的样本数据，而对于非标注的样本数据就显得无能为力。非监督学习的聚类算法则正好可以解决这种数据的分类问题。与分类与序列标注等任务不同，聚类是在事先并不知道任何样本标签的情况下，通过数据之间的内在关系进行样本的划分。划分后的各组内数据中之间具有高度相似性，不同组的样本之间相似性低。

10.1　K – Means 聚类算法

K – Means 是 k – means cluster algorithm（K 均值聚类算法）的简写。它是由 J. B. MacQueen[①] 在 1967 年提出来的一种无监督学习算法。K – Means 采用动态逐步修正的方法，即先对样本空间中的实例粗略地划分为 K 个簇，然后按照某个最优原则进行修正，直到将类别分得比较合理为止。该算法因其思想简单、计算速度快、聚类效果不错，得到广泛的应用。

10.1.1　K – Means 的基本原理

K – Means 聚类过程是一个简单直观的数学问题。假设存在一个观测值集

① Macqueen J. , Some Methods for Classification and Analysis of MultiVariate Observations, Proc. of, Berkeley Symposium on Mathematical Statistics and Probability, 1967, p. 281 – 297.

合，其中包含$C_1,C_2,\cdots,C_K$个小子集，这些子集具有以下特征：

(1) 观测值中的每个观测值至少属于 K 个聚类中的一个。

(2) $C_K\cap C_{K'}=\emptyset$ 对于所有 $K\neq K'$。换句话说，聚类是非重叠的，没有观测值属于多个聚类。

K – means 算法步骤：

设样本空间 R，$G=\{w_i,i=1,2,\cdots,n\}$，n 是样本的个数，聚类个数为 $K(2\leqslant K\leqslant n)$。预将 G 划分为 K 类，记为$G_1,G_2,\cdots,G_K$

(1) 初始化聚类中心。聚类中心点也称该类别所有样本点的质心。按某种策略选定 K 个划分类的聚类中心点，记为$m_1,m_2,\cdots,m_K$；

(2) 计算样本点到聚类中心的距离。计算样本点$w_i,i=1,2,\cdots,n$ 到聚类中心$m_1,m_2,\cdots,m_K$的最小距离。

$$\min_{1\leqslant j\leqslant K} d(w_i,m_j) \tag{10-1}$$

其中，$d(w_i,m_j)$为样本点w_i到聚类中心m_j的距离。将所有的距离值计算出来后，样本点w_i被重新划入此时聚类中心点所在的类别。

(3) 重新计算聚类中心点。在重新计算出全部分样本点的新类别后，计算每个类别的新聚类中心点。

$$m_j = \frac{1}{|G_i|}\sum_{w\in G_i} w \tag{10-2}$$

其中，w 表示样本中任一样本点；$|G_i|$表示G_i类中样本点的个数。

(4) 误差平方和

$$SSE = \sum_{i=1}^{K}\sum_{w\in G_i}|d(w,m_i)^2| \tag{10-3}$$

(5) 若连续两次迭代的 SSE 值不变，则算法终止；否则，转到步骤(2)。

但是实际应用中，也可以不计算 SSE，只要聚类中心不发生变化，K – Means 也可终止。

假设有 4 个样本集数据分别为$w_1=(1,3)$；$w_2=(1.5,3.2)$；$w_3=(1.3,2.8)$；$w_4=(3,1)$。用 K – means 将样本点划分为两类。

求解步骤：

首先，随机分为两类，选定两个中心m_1,m_2

G_1类：$m_1=w_1=(1,3)$

$$G_2类:m_2=\left(\frac{1.5+1.3+3}{3},\frac{3.2+2.8+1}{3}\right)=(1.9333,2.3333)$$

其次,计算每个样本点到G_1,G_2聚类中心的距离

$$d_{11}=\|w_1-m_1\|=0$$

$$d_{12}=\|w_1-m_2\|=\sqrt{(1-1.9333)^2-(3-2.3333)^2}=1.1470$$

$$d_{21}=\|w_2-m_1\|=0.5385$$

$$d_{22}=\|w_2-m_2\|=0.9690$$

$$d_{31}=\|w_3-m_1\|=0.3606$$

$$d_{32}=\|w_3-m_2\|=0.7867$$

$$d_{41}=\|w_4-m_1\|=2.8284$$

$$d_{42}=\|w_4-m_2\|=1.7075$$

经过计算,得到新的划分为$G_1=\{w_1,w_2,w_3\}$,$G_2=\{w_4\}$

新的聚类中心为

$$G_1类:m_1=\left(\frac{1+1.5+1.3}{3},\frac{3+3.2+2.8}{3}\right)=(1.2667,3.0)$$

$$G_2类:m_2=w_4=(3,1)$$

最后,计算每个样本点到G_1,G_2聚类中心的距离。

得到的新划分和我们的上一个最新的假设一样,即在误差平方和的准则下达到了最优。

10.1.2 K-Means 建模关键问题

K-Means 通过不断迭代计算和调整各类聚类中心,直至中心点和样本点的划分类别同时收敛为止。其建模过程中需要解决三个关键问题,分别为相似度性度量、K 的最优值、初始中心点的确定。

(1)相似度性度量

K-Means 以距离作为数据对象间相似性度量的标准,即对象间的距离越小,它们的相似性越高,则它们划分到同一簇的可能性越大。K 均值聚类的算法背后的思想就是将观测值划分为 K 个聚类,使所有 K 个聚类的总簇内观测值彼此之间的差异尽可能小。最常用相似度量方法为:

余弦距离：通过计算两个向量的夹角来评估它们的相似度。

假设 $a(x_1, y_1)$，$b(x_2, y_2)$，则余弦相似度计算公式为：

$$\cos(\theta) = \frac{a \cdot b}{\|a\| \times \|b\|}$$

$$= \frac{x_1 y_1 \cdot x_2 y_2}{\sqrt{x_1^2 + y_1^2} \times \sqrt{x_2^2 + y_2^2}} = \frac{x_1 x_2 + y_1 y_2}{\sqrt{x_1^2 + y_1^2} \times \sqrt{x_2^2 + y_2^2}} \tag{10-4}$$

余弦相似度和夹角成反比，向量的夹角越小，其余弦相似度越高。使用余弦相似度计算时，需要检查输入向量是否为 0 向量。

欧氏距离：

$$d_{ab} = \sqrt{(x_1 - x_2)^2 + (y_1 - y_2)^2} \tag{10-5}$$

欧氏距离对变量的取值范围很敏感，如果不同变量（维度、特征）的取值范围很大，那么结果很容易被某个变量决定。解决的方法是对数据各变量（特征）作标准化处理，或者加权处理。

曼哈顿距离：

$$c = |x_1 - x_2| + |y_1 - y_2| \tag{10-6}$$

在 K－means 中较常使用的是欧氏距离。

（2）K 的最优值

确定聚类数目并非易事，因为正确的簇数常常是含糊不清的。找出正确的簇数通常依赖于数据集分布的形状和尺度，也依赖于用户要求的聚类分辨率。k 是 K 均值算法的超参数。在大多数情况下，聚类 k 的数量是以启发式方式确定的。大多数策略涉及使用不同的 K－means 值运行 k 均值，并使用某些标准查找最佳值。两个最受欢迎的标准是肘部法和轮廓方法。

①肘部法

肘部法（又称手肘法）包括查找一个度量来评估各种 K 值的聚类结果有多好，并找到肘点。手肘法的核心指标为 SSE（sum of the squared errors，误差平方和）：

$$SSE = \sum_{i=1}^{k} \sum_{p \in c_i} |p - m_i|^2 \tag{10-7}$$

其中，c_i 是第 i 个簇，p 是 m_i 中的样本点，m_i 是 c_i 的质心（c_i 中所有样本的均值），SSE 是所有样本的聚类误差，代表了聚类效果的好坏。

肘部法的核心思想是：随着聚类数 k 的增大，样本划分会更加精细，每个簇的聚合程度会逐渐提高,误差平方和 SSE 自然会逐渐变小。并且,当 k 小于真实聚类数时,由于 k 的增大会大幅增加每个簇的聚合程度,故 SSE 的下降幅度会很大,而当 k 到达真实聚类数时,再增加 k 所得到的聚合程度回报会迅速变小,所以 SSE 的下降幅度会骤减。然后,随着 k 值的继续增大而趋于平缓,也就是说,SSE 和 k 的关系图是一个手肘的形状,而这个肘部对应的 k 值就是数据的真实聚类数(见图 10－1)。当然,这也是该方法被称为手肘法的原因。

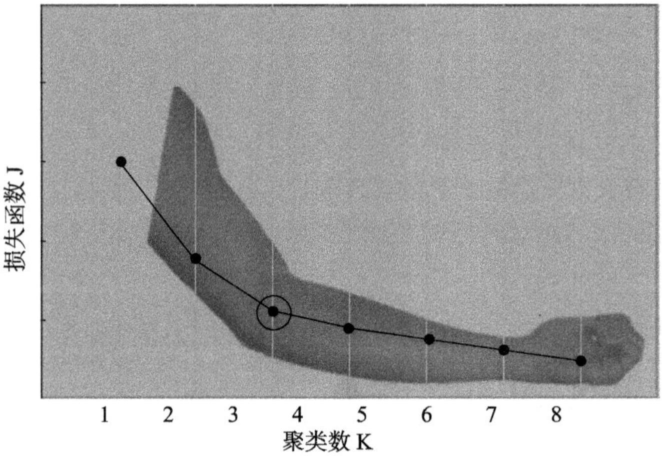

图 10－1　手肘法

如图 10－1 所示,采肘部法进行计算后得的结果。对应的 k 值为 4,折线的下降速度明显变慢,故对于这个数据集的聚类而言,最佳聚类数应该选 4。

②轮廓系数法

该方法的核心指标是轮廓系数(silhouette coefficient),某个样本点X_i的轮廓系数定义如下:

$$S = \frac{b - a}{\max(a, b)} \tag{10-8}$$

其中,a 是样本X_i与同簇的其他样本的平均距离,称为凝聚度;b 是样本X_i与最近簇中所有样本的平均距离,称为分离度。

最近簇的定义是:

$$C_j = \arg \min_{C_k} |p - X_i|^2 \tag{10-9}$$

其中,p 是某个簇C_k中的样本。

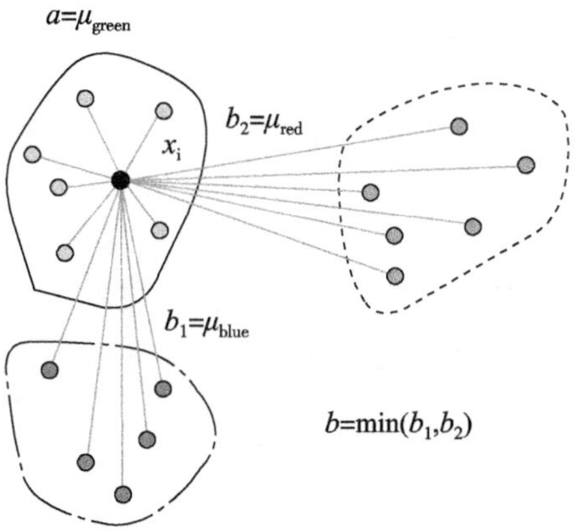

图 10-2　轮廓系数法

事实上，就是用X_i到某个簇所有样本平均距离作为衡量该点到该簇的距离后，选择离X_i最近的一个簇作为最近簇。求出所有样本的轮廓系数后再求平均值就得到了平均轮廓系数。平均轮廓系数的取值范围为[-1,1]，且簇内样本的距离越近，簇间样本距离越远，平均轮廓系数越大，聚类效果越好。那么，很自然地，平均轮廓系数最大的 k 便是最佳聚类数。

我们假设数据已经通过聚类分析技术在轮廓算法中聚类为 k 个聚类。然后，对于每个数据点，我们定义以下内容：

①分配给第 i 个数据点的群集。

②群集中分配给第 i 个数据点的数据点数。

它给出了第 i 个数据点分配给其聚类的程度的度量。

它被定义为与最近的聚类的平均相似性，这不是其聚类。

③轮廓系数 $s(i)$ 由下式给出：确定每个 k 值的平均轮廓。对于具有 $s(i)$ 最大值的 k 的值，它被认为是无监督学习算法的最优聚类数。

假设有以下数据：

表 10-1　原始数据统计表

S. NO	X1	X2
1	-7.36	6.37
2	3.08	-6.78

续表

S. NO	X1	X2
3	5.03	-8.31
4	-1.93	-0.92
5	-8.86	6.60

假设不存在所有数据点都可以最佳聚类为 1 个聚类的实际数据。现将 k 的值从 2 迭代到 5。

K=2 时：

表 10-2　K=2 时轮廓系数

S. NO	a(i)	b(i)	S(i)
1	5.31	14.1	0.62
2	2.47	13.15	0.81
3	2.47	14.97	0.84
4	9.66	8.93	-0.076
5	5.88	19.16	0.69

$$S_{avg}(i)=\frac{0.62+0.81+0.84-0.076+0.69}{5}=0.58$$

K=3 时：

表 10-3　K=3 时轮廓系数

S. NO	a(i)	b(i)	S(i)
1	1.52	9.09	0.83
2	2.47	7.71	0.68
3	2.47	7.71	0.68
4	0	7.71	1
5	1.52	17.93	0.92

$$S_{avg}(i)=\frac{0.83+0.68+0.76+1+0.92}{5}=0.84$$

K=4 时：

表 10－4　K＝4 时轮廓系数

S. NO	a(i)	b(i)	S(i)
1	1.52	9.09	0.83
2	无限	2.47	0
3	无限	2.47	0
4	无限	7.71	0
5	1.52	10.23	0.85

$$S_{avg}(i)=\frac{0.83+0+0+0+0.85}{5}=0.37$$

K＝5 时：

表 10－5　K＝5 时轮廓系数

S. NO	a(i)	b(i)	S(i)
1	无限	1.52	0
2	无限	2.47	0
3	无限	2.47	0
4	无限	7.71	0
5	无限	1.52	0

$$S_{avg}(i)=0$$

通过计算，可以看到 $s(i)$ 的最高值存在于 $k=3$ 时。因此，我们得出结论，给定数据的最佳聚类数为 3。

(3)初始中心点的确定

K－Means 的初始聚类中心点如何选择不恰当，会造成局部最优解或收敛过慢的现象。初始中心点的确定方法有很多种。假设先在数据集中随机选取一样本点作为聚类中心点 m_1，然后计算其余所有样本点与 m_1 距离，并挑选距离最大的样本点作为新聚类的中心点 m_2，依次类推，直至确定 K 个聚类中心点为止。这也就是 K－Means 的改进算法 K－Means＋＋。

10.1.3　K－Means 应用实例

根据罪犯的历史数据，分析地理空间与犯罪之间的关系，并用以确定不同地区依据其社会环境来制定相应的矫正策略,减少重新犯罪的可能。选择 33 个地区某一年的入监罪犯统计数据,选取谋杀、盗窃、网络犯罪的数量及各地区居住城市人口的百分比四个特征属性(见表 10－6)。试采用 K－Means 进行分析。

表 10－6　33 个地区的犯罪历史数据①

地点	谋杀(人数)	盗窃(人数)	网络犯罪(人数)	城市人口比%
Andhra Pradesh	10	63	54	74
Arunachal Pradesh	35	63	76	65
Assam	757	45	78	87
Bihar	135	4	41	65
Chhattisgarh	78	467	41	42
Goa	24	426	14	24
Gujarat	4	87	14	24
Haryana	67	967	42	63
Himachal Pradesh	352	5	41	78
Jharkhand	8	35	41	46
Karnataka	4	3	43	64
Kerala	74	5	937	76
Madhya Pradesh	2	55	668	53
Maharashtra	34	56	25	53
Manipur	35	56	532	55
Meghalaya	532	62	532	45
Mizoram	63	36	435	54
Nagaland	35	66	253	41
Odisha	53	365	54	23
Punjab	1	365	545	35
Rajashtan	87	36	25	45
Silkkim	876	36	46	86
Tamil Nadu	26	342	264	65
Telangana	36	687	543	43
Tripure	2	98	8	32
uttara Pradesh	46	87	64	76

① Palak Kumar, Crime analysis using K－Means clustering, https://www.sigmamagic.com/blogs/crime－analysis－using－k－means－clustering/#:~:text = Steps%20of%20Crime%20Pattern%20Analysis.

续表

地点	谋杀（人数）	盗窃（人数）	网络犯罪（人数）	城市人口比%
Uttarakhand	78	53	35	54
WestBengal	7	56	53	86
A. Anadaman and Nicobar Islands	37	53	865	77
B. Chandigarh	57	255	238	33
C. Dadra and Nagar Haveli and Daman and Diu	37	25	432	67
D. Jammu and Kashmir	3	256	677	44
E. Ladakh	77	868	34	55

K－Means 分析求解步骤如下：

第一步，数据标准化。实验采用的标准化方式如下

$$x' = \frac{x - min(x)}{max(x) - min(x)} \tag{10-10}$$

第二步，聚类中心的确定

采用 K－Means＋＋算法方式来确定聚类中心点，为保证实验结果具有可重现性，每一个聚类点可以直接人为从数据集中选中一点。

第三步，确定 K 值

采用手肘法来确定 K 的取值。K 取值范围 2－4，计算 SSE 值。

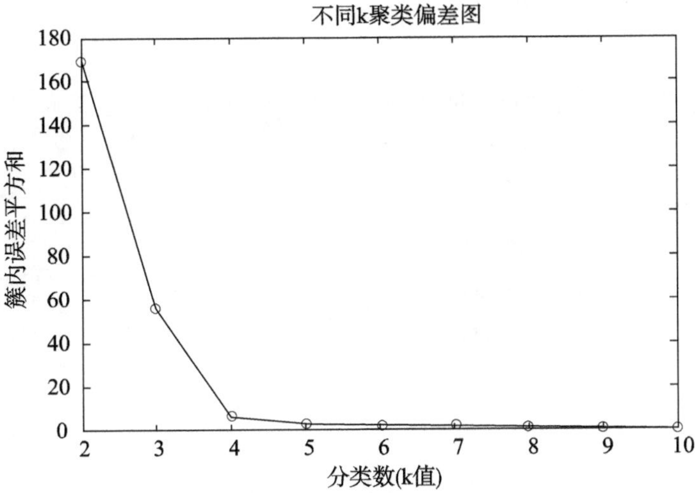

图 10－3　手肘法确定分类数

第四步，数据聚类结果见表 10－7

表 10－7　采用 K－Means 分析的聚类结果

地点	分类
Andhra Pradesh	4
Arunachal Pradesh	4
Assam	3
Bihar	3
Chhattisgarh	2
Goa	2
Gujarat	2
Haryana	2
Himachal Pradesh	3
Jharkhand	4
Karnataka	4
Kerala	1
Madhya Pradesh	1
Maharashtra	2
Manipur	1
Meghalaya	1
Mizoram	1
Nagaland	1
Odisha	2
Punjab	1
Rajashtan	3
Silkkim	3
Tamil Nadu	2
Telangana	2
Tripure	2
uttara Pradesh	4

续表

地点	分类
Uttarakhand	3
WestBengal	4
A. Anadaman and Nicobar Islands	1
B. Chandigarh	2
C. Dadra and Nagar Haveli and Daman and Diu	1
D. Jammu and Kashmir	1
E. Ladakh	2

计算结果解释：

所有以标注 1 地区显示的罪行是使用类似的枪支犯下的罪行,所有以标注 2 地区显示的罪行是由于人们所在的地方盗窃珠宝造成的,所有以标注 3 地区显示的罪行是袭击者骑着摩托车抢劫,所有以标注 4 地区显示的罪行为其他类型。聚类分析结果有助于找到犯罪模式和趋势相关性。一旦检测到特定模式,执法人员可以部署更多和适当的资源来侦查和制止犯罪活动。

10.1.4　K－Means 的优缺点

K－Means 算法的优点如下：

(1)它是给定问题的解决方案的逐步表示,这使它易于理解。

(2)它不依赖于任何编程语言,因此即使没有编程知识,任何人也都很容易理解。

(3)算法中的每个步骤都有其逻辑顺序,因此易于调试。

(4)通过使用算法,问题被分解成更小的部分或步骤。因此,程序员更容易将其转换为实际程序。

K－Means 算法的缺点如下：

(1)该算法非常耗时。

(2)难以在算法中显示分支和循环。

(3)大任务很难放在算法中。

10.2 K 最近邻法

K 最近邻法(k－nearest neighbor,KNN)是 Cover 和 Hart 提出①的一种基于非参数化的监督学习分类器。它认为在高维空间中样本点可以在彼此附近找到相似点,未知样本点的类别则可通过其邻近点的类型决定。KNN 不仅解决线性数据集的多分类问题,同时也能识别线性不可分的多分类数据集。KNN 可用于数据分类、特征筛选、数据不平衡问题的解决等。

10.2.1 KNN 基本原理

KNN 实际上利用训练数据集对特征向量空间进行划分,并作为其分类“模型”。假设给定一个训练数据集,数据集中的数据点(实例)早已事先确定其所属类别。对新数据集数据点(实例)分类时,以每个实例 k 个最近邻的训练实例的类别为依据,通过多数表决等方式进行预测。

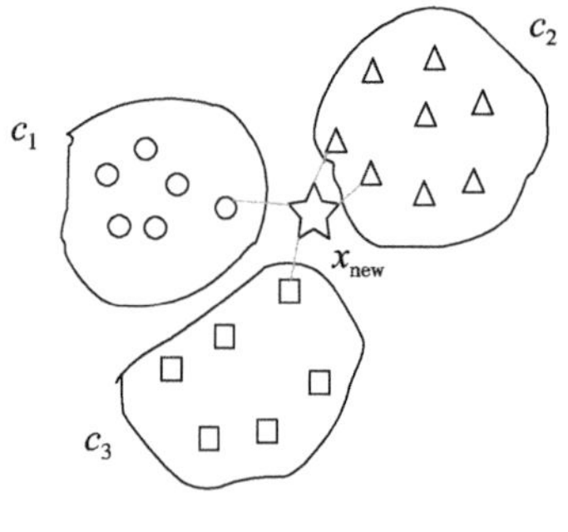

图 10－4 KNN 图解

假设有一个样本数据集,包含三类数据分别为C_1,C_2,C_3,分别用图形圆形、三角形和正方形来表示。有一个新数据点x_{new}(星形)出现后,推测其属于哪个类别。采用 KNN 分类后,计算所有训练数据点与x_{new}之间的距离,然后选出距离值最小的 $k=4$ 个数据点,通过投票法来进行类别推测,找出 k 个数据点中出现最多的那个类别,此类别将为x_{new}的推测类别。如图 10－4 所示,C_2出现的类别次数最多,则x_{new}的推测类别为C_2。

KNN 分类过程中,没有专门的训练数据去拟合模型,而是直接用 k 个近邻样本点做了投票完成的分类任务。它使用所有的训练数据参与运算,同时对新的数据点(实例)进行分类,其本质上属于懒惰学习的代表。如果 KNN 对某个数据集

① Cover T, Hart P. Nearest neighbor pattern classification, IEEE Trans on Information Theory, 1967, 13 (1):21－27.

完成 k 分类，得到一个较高的精度，则说明当前不同类别的数据点（样本点）在特征空间中的边界分布较为清晰，无须采用复杂模型。若 KNN 得到的精度很低，则说明该学习任务有点复杂，当前问题中不同类别数据点（样本点）在特征空间中分布不是很清晰，需要用其他学习器。KNN 机器学习算法对于复杂模型处理受限，却可以用来帮助建模者对问题复杂度有一个大概判断，从而根据数据显露出的初步特征确定解决问题的适宜算法。

KNN 建模过程中需要解决的三个关键点为：距离度量、k 值的选择、分类决策规则。当这三个关键点确定后，对于任何一个新输入的实例，它所属的类被唯一的确定。

（1）距离度量

特征空间中两个数据点之间的距离是二者相似程度的反映，所以 K 近邻法中一个重要的问题是计算样本之间的距离，以确定训练样本中哪些样本与测试样本更加接近。K 近邻法的距离度量方法有闵可斯基距离，曼哈顿距离、欧氏距离、切比雪夫距离等，较为常用的是欧氏距离。

在实际应用中，我们往往需要根据应用的场景和数据本身的特点来选择距离计算方法。当已有的距离方法不能满足实际应用需求时，还需要有针对性地提出适合具体问题的距离度量方法。

（2）k 值的选择

参数 k 的取值需要由数据来决定，其值大小也会对结果产生重大影响。

如果选择较小的值，就相当于用较小的领域中的训练数据点进行预测，“学习”的近似误差（approximation error）会减少，只有与输入实例较近的（相似的）训练数据点才会对预测结果起作用。其缺点是“学习”的估计误差（estimate error）会增大，预测结果会对近邻的实例点非常敏感。如果邻近的实例点恰巧是噪声，预测就会出错。换句话说，k 值的减少就意味着整体模型变得复杂，容易发生过拟合。

如果选择较大的 k 值，就相当于用较大领域中的训练数据点进行预测。其优点是可以减少学习的估计误差，但缺点是学习近似误差会增大。这时与输入实例较远的（不相似）训练数据点也会对预测起作用，使预测结果发生错误。k 值的增大就意味着整体模型变得简单。模型过于简单造成训练数据点中的大量有用信息被忽略，预测结果无效。

由此可知,确定聚类数目 k 并不是一件简单的事情。它不仅依赖于数据点聚集分布的形状,而且依赖于用户对聚类分辨率的要求。k 的最优值选择方法有很多,其中较为常见的有:

①当数据集的实例个数为 $2n$ 时,至少有 $n+1$ 个实例来自正确的类别,建议 $k=2n+1$①;

②K 的最优值取值范围为 $1 \sim \sqrt{N}$,将此范围内 k 值代入计算,最终确定 k 值②;

③使用交叉验证法的方式评估取得最小错误率的最优 k 值③。

其中,②③是 KNN 较常使用的方法。第三种方法的计算相对于第二种方法复杂性增加,其结果也可能存在多值。当出现多值时,一般取较小的 k 值。

K 折交叉验证(Cross - validation)也称循环估计(Ratation Estimation),是一种统计学上将数据样本切割成较小子集的实用方法。它的原理是在给定的建模样本进行分组,样本数量较多的作为训练模型用来建模,另一部分样本数量较少的用对建立的模型进行预报,并求出小部分样本的预报误差,记录它的平方加和。这个过程一直进行,直到所有的样本都被预报一次而且仅被预报一次。把每个样本的预报识误差平方加权,称为 PRESS(Predicted Error Sum of Squares)。

如果给定的样本数据充足的话,数据集切分成三个部分:训练集、验证集和测试集。训练集用来建立模型,验证集用来寻找最优超参数的模型,测试集用来评估最终模型泛化性能。但在实际应用中数据并不充足的,为了选择好的模型,可以采用交叉验证方法。

先将数据集 D 划分为 k 个大小相似的互及子集,即 $D=D_1 \cup D_2 \cup \cdots \cup D_k$,其中$D_i \cap D_j \neq \emptyset (i \neq j)$。每个子集$D_i$都尽可能保持数据分布的一致性,即从 D 中通过分层采样得到。然后,每次用 $k-1$ 个子集的并集作为训练集,余下的那个子集用为测度集,这样就可获得到组训练集/测试集,从而可进行 k 次训练和测试,最

---

① Gates G. ,The reduced nearest neighbor rule,IEEE Trans on Information Theory,1972,18(3):431 -433.

② Gora G. ,Wojna A. RIONA:A new classificaton system combining rule induction and instance - based leaming,Fundamenta lnformaticae,2002,51(4)369 -390.

③ Lachenbruch P A,Mickey M R. Estimation of error rates in discriminant analysis,Technometrics,1968,10(1):1 -11. Stone M. Cross validation:a review. Math Operationsforschung und Statistik,Series Statistics,1978,9(1):127 -139.

终返回 k 个测试结果的均值。交叉验证评估结果的稳定性和保真性在很大程度上取决于 k 的取值。

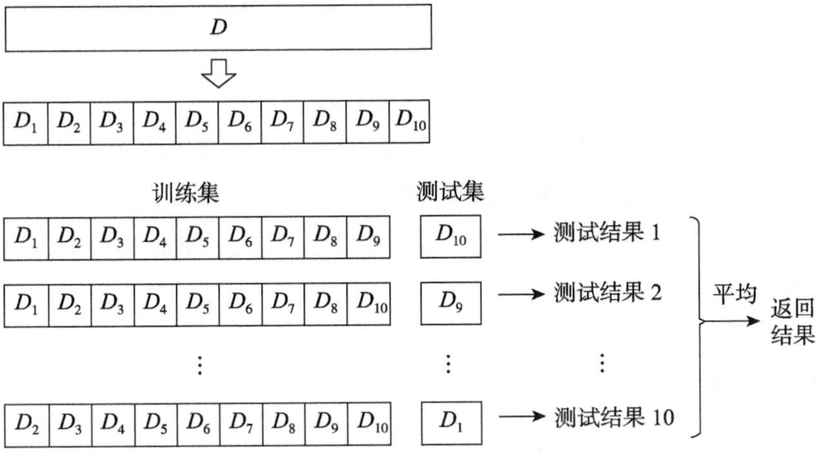

图 10－5　K 折交叉验证示意图

以 K 折交叉验证法为例。首先将样本数据按照一定比例，拆分出训练用的数据和验证用的数据，比如6∶4 拆分出部分训练数据和验证数据，从选取一个较小的 k 值开始，不断增加 k 的值，然后计算验证集合的方差，最终找到一个比较合适的 k 值。

通过交叉验证计算方差后大致如下（见图 10－6）：

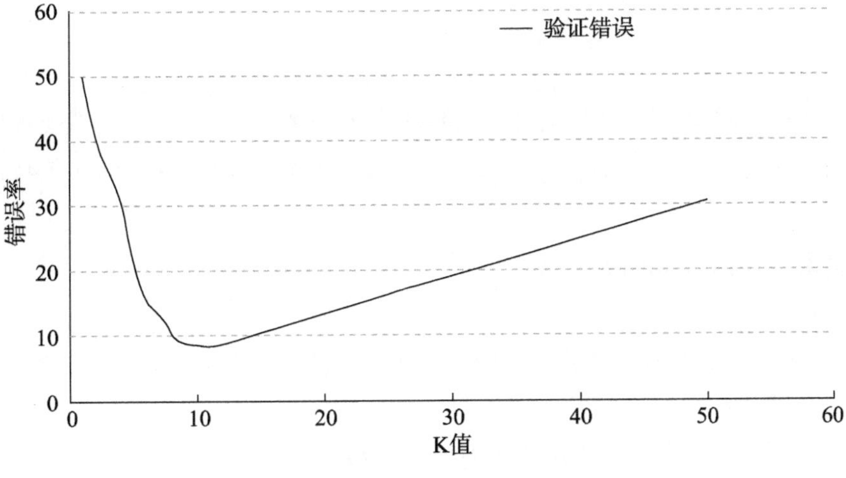

图 10－6　交叉验证方差图

由图 10－5 可知,当增大 k 的时候,一般错误率会先降低,分类效果也会变好。当 k 值超过某个临界点后,其值变大时错误率反而会升高。所以,选择 k 点的时候可以选择一个较大的临界 k 点,当它继续增大或减小的时候,错误率都会上升。

(3)分类决策规则

KNN 中分类决策规则往往是多数表决,即由输入数据点的 k 个邻近的训练数据点中的多数类决定输入数据点的类别。

多数表决规则(majority voting rule)有如下解释,如果分类的损失函数为 0－1 损失分类函数,分类函数为:

$$f:R^n \to c_1, c_2, \cdots, c_K \tag{10－11}$$

那么误分类的概率是:

$$P(Y \neq f(X)) = 1 - P(Y = f(x)) \tag{10－12}$$

对给定的实例 $x \in \chi$,其最近邻的 k 个训练实例点构成的集合$N_k(x)$。如果涵盖$N_k(x)$的区域的类别是c_j,那么误分类率是:

$$\frac{1}{k}\sum_{x_i \in N_k(x)} I(y_i \neq c_j) = 1 - \frac{1}{k}\sum_{x_i \in N_k(x)} I(y_i = c_j) \tag{10－13}$$

即要使分类率最小经验风险最小,就要使 $\sum_{x_i \in N_k(x)} I(y_i = c_j)$ 最大,所以多数表决规则等价于经验风险最小化。

10.2.2 K－最近邻算法步骤

输入:训练数据集 $T = \{(x_1, y_1), (x_2, y_2), \cdots, (x_N, y_N)\}$。其中,$x_i \in \chi \in R^n$ 为实例的特征向量,$y_i \in \chi \in \{c_1, c_2, \cdots, c_K\}$ 为实例的类别,$i = 1, 2, \cdots, N$;实例特征向量 x;

输出:实例 x 所属的类 y。

过程:

(1)根据给定的距离度量,在训练集 T 中找出与 x 最邻近的 k 个点,涵盖 k 个点的 x 的邻域记作$N_k(x)$;

(2)在$N_k(x)$中根据分类决策规则(如多数表决)决定 x 的类别 y:

$$y = arg\ \max_{c_j} \sum_{x_i \in N_k(x)} I(y_i = c_j), i = 1, 2, \cdots, N; j = 1, 2, \cdots, K \tag{10－14}$$

其中,I 为指示函数,即当$y_i = c_j$时 I 为 1,否则 I 为 0。

10.2.3 KNN 应用分析

KNN 使用“特征相似性”来预测数据点的值,这意味着新数据将根据其与训练集中的点的匹配程度来进行划分。KNN 可用于数据分类、特征筛选以及数据不平衡问题的处理等方面。

(1)数据分类

假设研究未成年人累犯问题,则希望通过研究触法未成年人的记录,构建出累犯风险分类模型,并能根据分类结果为触法未成年人制订更有针对性的矫治计划。数据集包含大量信息,自变量有年龄、先前犯罪严重程度,而是不是累犯则用作因变量。而后,使用新样本(特征的新数据),没有因变量(标记)结果,分类任务就是去预测结果。若是全部的预测参数都是数值,那就能够想象一个 n 维空间,样本点作为空间中的一个点。KNN 是概念和计算都很简单的分类方法,计算这些没有标记的新样本,在 n 维空间中,最近的 k 个已经标记过的邻居。而后,根据这 k 个邻居的标签,累犯或非累犯,再将命中率最高(占比最高)的标签值给新的预测数据(例如,若是 $k=10$,其中 7 个非累犯,3 个累犯,结果就是非累犯)。

罪犯的安置方式是由法庭判决来确定,而不是由可能的影响因素决定。研究罪犯风险评估应基于不同的评估标准,这不仅仅是法律方面。针对违法未成年人非居家的安置策略,不仅增加了管理费用的支出,而且违法未成年犯的关押也易增加违法未成年人再犯的风险。希望借助于机器学习算法,确定安置的最佳策略。

(2)特征筛选

在模式识别中,数据集包含的特征变量的种类有很多,但并不是每个特征变量都在决策中起到重要作用,有时还会导致分类精度降低。K 近邻法可以对特征进行筛选,通常采用剔除比对的策略。

第一步,先对所有特征的数据样本,采用 KNN 法对每一样本进行类别测试,并与原始的数据类别进行比对,统计两者之间的差异,记为总误差。

第二步,测试数据集中每一特征的误报率。任选一个特征从特征集中剔除,用 KNN 对数据集中的每一样本进行预测,并计算去除该特征的误报率。待将所有特征的剔除后的误报率都计算出来后，选取出误报率最小的特征变量。

第三步，重复步骤2，直至某一次的最小误报率与上次计算的误报率相差不大，或达到预设值时，停止计算。

此时，特征集中剩下的特征即为筛选后的特征集。

(3)数据不平衡

在罪犯风险评估中，数据不平衡问题一直都很突出。如在对未成年人累犯问题进行研究时，数据集中的绝大多数的样本数据归属于非累犯，仅有一部分为累犯。直接采用算法训练进行分样时，训练效果则会非常不理想。KNN 可以通过少数类加权的方法解决这一问题。

10.2.4 KNN 算法的优缺点

KNN 算法的优点如下：

易于实现：鉴于算法的简单性和准确性，它是新数据科学家将学习的第一批分类器之一。

易于适应：随着新的训练样本的添加，算法会进行调整以考虑任何新数据，因为所有训练数据都存储在内存中。

几个超参数：KNN 只需要一个 k 值和一个距离指标，与其他机器学习算法相比，这一点要求很低。

KNN 算法的缺点如下：

不能很好地扩展：由于 KNN 是一种懒惰的算法，与其他分类器相比，它占用了更多的内存和数据存储。从时间和金钱的角度来看，这都是昂贵的。更多的数据可能需要更长的时间来计算，会带来计算效率低下的问题。

维度的问题：KNN 算法往往在高维数据输入时表现不佳。这有时也称为峰值现象。其中，在算法达到最佳特征数后，附加特征会增加分类误差的数量，特别是当样本数量较小时。

容易过度拟合：由于“维度的问题”，KNN 也更容易过度拟合。虽然利用特征选择和降维技术来防止这种情况发生，但 k 的值也会影响模型的行为。较低的 k 值可能会过度拟合数据，而较高的 k 值往往会“平滑”预测值，因为它正在对较大区域或邻域的值求平均值。但是，如果 k 的值太高，则它可能欠拟合数据。

第 11 章

人工神经网络

人工神经网络(artificial neural network,ANN)也称神经网络或模拟神经网络,是机器学习的子集,也是深度学习算法的核心。它是在模拟人脑神经组织的基础上发展起来的计算系统,在一定程度上反映了生物神经系统处理外界事务的基本过程。与传统的参数模型方法不同,人工神经网络不需要事先对问题模型作出任何先验假设,而是通过对样本学习训练获取到数据间隐藏的关系,挖掘出问题的内部规律并解决相应的问题。人工神经网络具有非线性映射能力,自学习、自适应性等优点,在面对逻辑关系复杂,推理规则不明确,建立精确数据模型困难,噪声较多的数据集时,能有很好的预测和控制能力。人工神经网的算法可实现对数据的预测、分类、聚类,在各领域的数据分析与处理方面都有广泛的应用前景。

11.1 人工神经网络基础理论

人工神经网络是一种仿生物神经网络结构和功能的数学模型。与生物脑神经网络相似,人工神经网络由大量的神经元按某种规则联结而成,允许彼此之间相互通讯,可实现复杂数据关系的建模及探索数据的模式。

11.1.1 神经元

神经元是神经系统中一个最基本的结构和功能单位。它负责从外界接收信息,经过在神经元内部加工处理,再向外界输出。神经网络系统正是由这些神经元连接而成,完成某一特定功能。

（1）生物神经元

人脑中有大约10,000亿个神经元。每个神经元在1000～100,000的范围内都有一个关联点。人脑的数据是以分布式的方式存储的，我们可以在必要时从我们的记忆中并行提取多个数据。

神经元有三个主要部分：树突、轴突和细胞体（见图11－1）。如果把神经元类比为一棵树的话，它们可以分别表示为树的树枝、根和树干。树突（树枝）是神经元接收其他细胞输入的地方。树突树枝向尖端移动，就像树枝一样，甚至上面有叶子状的结构，称为刺。轴突（树根）是神经元的输出结构。

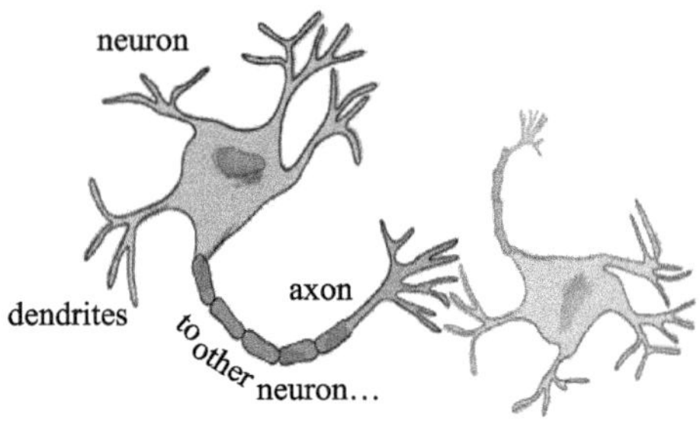

图11－1　生物神经元

神经元是一种特殊的细胞，通过电化学过程来完成信息的交换与处理。在静息状态下，神经元内的离子保持稳定状态。当有外来信息传递时，树突接收到信号，并通过改变神经元内这些离子的浓度来引起电位的变化。当电位超过到特定的阈值时，神经元就会被激活。它将电位提高，并沿着轴突传输。

当神经元想要与另一个神经元交谈时，它会在整个轴突中发送一个称为动作电位的电信息。神经元通过突触系统连接在一起，其中一个神经元的轴突（输出）连接到另一个神经元的树突（输入）。突触通过调节从一个神经元传递到另一个神经元的动作电位，表现出不同类型的行为。首先，动作电位所携带的信号强度因突触而异。其次，神经元通过一个突触接收到的信号可能导致电位增加，这使神经元更有可能被激活。这样的突触叫作兴奋性。相反，通过另一个突触接收到的信号可能会降低电位，从而降低神经元被激活的可能性。我们称这些突触为抑制性。总的来说，神经元的激活阈值和突触的传递特性都会发生变化，完成自我重组以提高其性能。

（2）人工神经网络神经元的数学模型

人工神经网络中的神经元就是模拟生物神经元，将若干个神经元按某种规则组织在一起，形成神经网络。单个的神经元也称感知器。神经元的数学模型来自对于生物神经元的模拟,如图 11－2 所示。

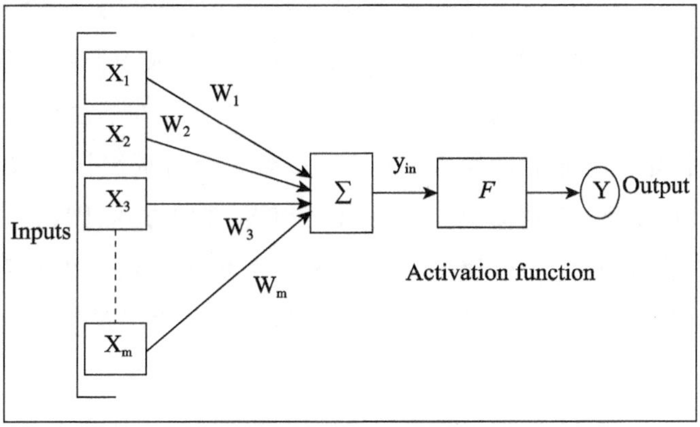

图 11－2　神经元的数据模型

$X_1, X_2, \cdots, X_m$ 代表初始特征,用向量表示为 X;$w_1, w_2, \cdots, w_m$ 代表权重(weight),是特征的缩放倍数,用向量表示为 W;特征 X 经过缩放和偏置 B 后全部累加起来,经过一次激活运算后再输出。

突触表现为不同强度的兴奋性或抑制性行为,指一个权重 ω_i,对于每个突触,将输入聚合为:

$$\omega_0 x_0 + \omega_1 x_1 + \omega_2 x_2 + \cdots + \omega_n x_n \tag{11-1}$$

上式也称为权重累加公式,其中,$x_0 = 1$,ω_0 即代表偏置 B。

当来自树突的聚集信号达到某个阈值 θ 时,神经元就会被激活($y = 1$),其数学公式表示:

$$y = \begin{cases} 1 & if \sum_i \omega_i x_i \geqslant 0 \\ 0 & if \sum_i \omega_i x_i < 0 \end{cases} \tag{11-2}$$

假设评估一名未成年人风险等级,通常是其静态风险和动态风险相结合完成的。这样在对某特定违法未成年人进行评估分类时,就会考虑多个特征因素,如

x_1 表示种族;

x_2 表示是否辍学;

x_3 表示是否有反社会倾向;

……

x_n表示家庭成员是否有犯罪史。

$x_1,\cdots,x_n$通过突触传递到神经元,在那里被加工处理输出 y(风险评估等级)。在这些相关因素中,有的风险因素的值越大,则未成年人犯罪的风险性越大;有的风险因素值越大,则会抑制未成年人犯罪的风险。如在违法未成年人风险管理等级评估时,像违法犯罪的次数越少越好,对这个特征属性的权重较适宜分配一个相当大的负数,起到抑制的作用;对于家庭管控方式,则认为一个家庭成员对未成年人管控方式越好,则对减少未成年人做出违法事件起到正向作用,其属性的权重则适宜分配一个很大的正数。这个对风险因素放大或缩小的参数即权重 W。

11.1.2 人工神经网络

当外界温度发生变化时,人体就会产生相应的反应。感觉神经元被环境的变化所激活,将信息传递给加工神经元。加工神经元决定对感觉神经元传递的信息作出适当的反应,并将这种反应发送给运动神经元。运动神经元则激活肌肉或腺体。感觉神经元会被环境的变化所激活。

人工神经网络是模仿生物脑神经网络,神经元彼此之间相互连接。神经组织抽象的数学模型,如图 11 - 3 所示:

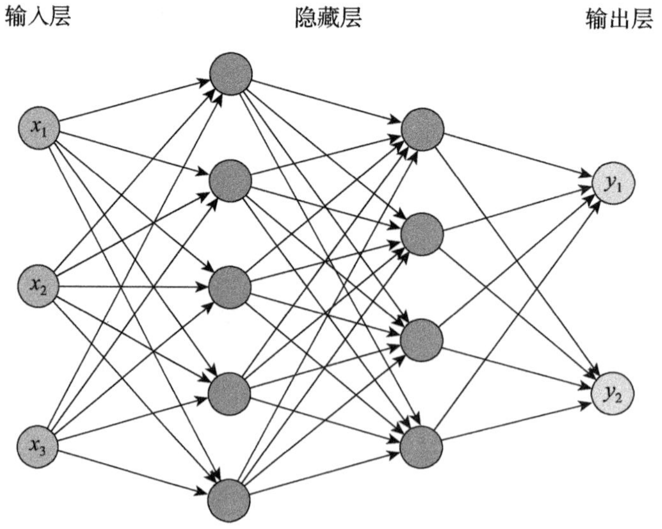

图 11 - 3 神经网络抽象数学模型

神经元排列成一层，从左侧的输入层开始。输入层中的神经元与第一隐层中的神经元相连，以此类推。这种结构称为神经网络。隐藏层就是使网络具有更强分辨能力的部分。没有隐藏层就相当输入层直接接到输出层，这意味着每个输出都是由 n 个权重和一个阈值决定。如果有更多项的参数可供选择，则可能会提高网络的识别能力，隐藏层提供就是这个参数。

（1）激活函数

从人工神经网络数学模型中可以看到，神经元的输出值仅有 0 和 1 两种结果。模型 w 和 b 的微小变化，会引发输出的变化。如果只输出 0 和 1，神经网络模型的敏感度就会太低，无法保证训练的正确性。因此，必须将输出改造成一个连续性的函数。这个连续性的函数也称为激活函数。

激活函数（activation），也称映射函数（mapping function）。它们在 x 轴上输入数据，并在有限的范围内（大部分情况下）输出一个值。大多数情况下，它们被用于将单元的较大输出转换成较小的值。选择不同的激活函数可以提高或降低神经网络的性能。不同的单元可选择相同的激活函数，也可选择不同的激活函数。常用的激活函数有 Sigmoid 函数、Tanh 函数、修正线性单元函数（ReLu）等，其中使用频率最高的就是 Sigmoid 函数。

Sigmoid 函数

$$f(x) = \frac{1}{1 + e^{-ax}} (x \in R) \tag{11-3}$$

定义 $z = \sum_i w_i x_i + b$，则称输出函数 Z 是一个步长函数。

由于允许输出的连续范围为 0 ~ 1 是有用的，所以我们引入 Sigmoid 函数：

$$\sigma(z) = \frac{1}{1 + e^{-z}} \tag{11-4}$$

如图 11 – 5 所示，$\sigma(z)$ 是对阶梯函数的连续逼近。

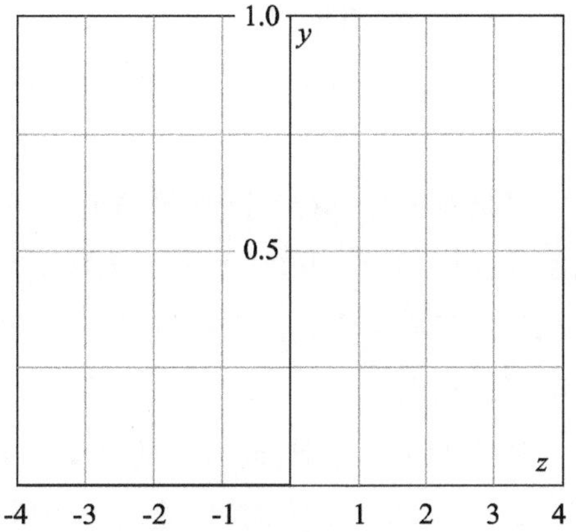

图 11 – 4　步长函数

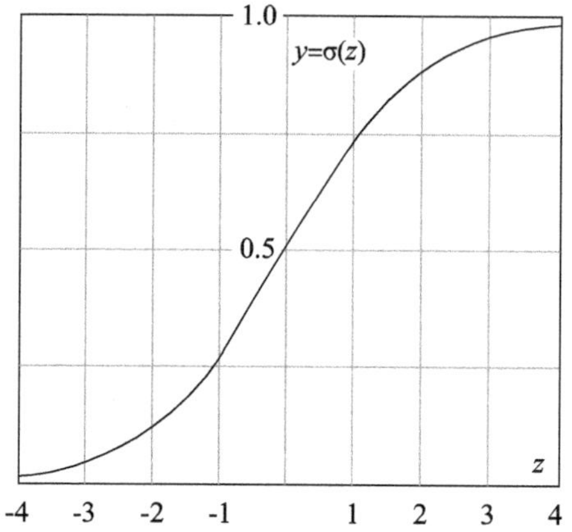

图 11－5　sigmoid

则神经元可以定义为：

$$y = \sigma(\sum_i w_i x_i + b) \qquad (11-5)$$

BP 网络的典型设计是使用 Sigmoid 函数作为激活函数的隐藏层，输出层使用线性函数作为激活函数。

(2)归一化

神经网络的初始权值和阈值需要归一化到 0～1。因为神经元的传输函数在[0,1]之间区别比较大，如果大于 1，传输函数值变化不大(导数或斜率就比较小)，不利于反向传播算法的执行。反向传播算法需要用到各个神经元传输函数的梯度信息，当神经元的输入太大时(如大于 1)，相应地，该点自变量梯度值就过小，就无法顺利实现权值和阈值的调整。激活函数如 sigmoid 或 logsig 或 tansig，在[－1,1]之间函数图像比较陡，一阶导数(梯度)比较大，如果在这个范围之外，图像就比较平坦，一阶导数(梯度)就接近 0 了。

(3)神经网络输出

神经网络可以被看作一个输入向量到输出向量的函数：

$$\vec{y} = f_{network}(\vec{x}) \qquad (11-6)$$

根据输入计算神经网络的输出，需要将输入向量的每个元素的赋值给神经网络的输入层的对应神经元，然后依次向前面计算每层神经元的值。直到最后一层输出层的所有神经元的值计算完毕。最后将输出层每个神经元的值串在一起，就得到了输出向量。

从图 11－6 可知，输入层的节点有a_1，a_2，a_3，隐藏层的节点为a_4，a_5，a_6，a_7，输出层的节点为a_8，a_9。同时，输入层的所有节点都与隐藏层a_4连接，其上连接的权重为w_{41}，w_{42}，w_{43}，则节点a_4的输出值为：

$$a_4 = f(\vec{w}^T, \vec{x}) = sigmoid(w_{41} x_1 + w_{42} x_2 + w_{43} x_3 + w_{4b}) \qquad (11-7)$$

其中，$\vec{x} = (x_1, x_2, x_3, 1)$，$w_{4b}$为偏置项。在给定的$w_{ji}$编号时，目标节点编号为 j 放在前面，而源节点编号 i 放在后面。同理可以计算出a_5，a_6，a_7的输出值。

对于输出层y_1，

$$a_8 = f(\vec{w}^R, \vec{x}) = sigmoid(w_{84} a_4 + w_{85} a_5 + w_{86} a_6 + w_{87} a_7 + w_{8b}) \quad (11-8)$$

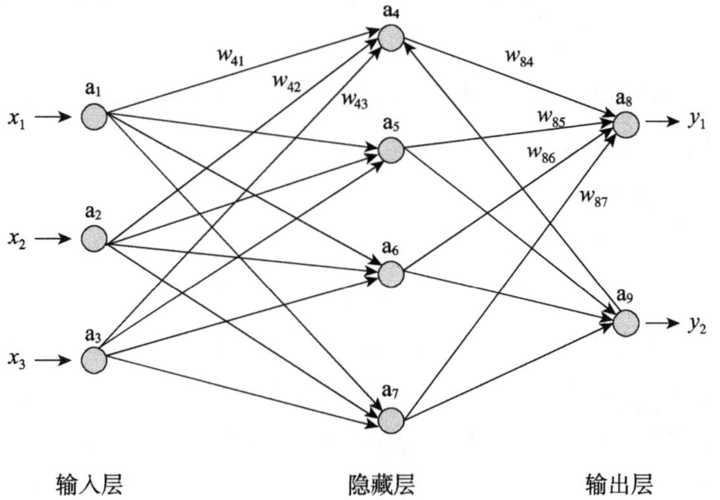

图 11－6　神经网络

同理可计算出y_2的值。

采用向量的方式来描述神经网络的计算从输入层到隐藏层，则可以表示为：

$$\vec{a} = \begin{bmatrix} a_4 \\ a_5 \\ a_6 \\ a_7 \end{bmatrix} = \begin{bmatrix} f(\vec{w_4}^T, \vec{x}) \\ f(\vec{w_5}^T, \vec{x}) \\ f(\vec{w_6}^T, \vec{x}) \\ f(\vec{w_7}^T, \vec{x}) \end{bmatrix} \quad (11-9)$$

其中，$\vec{a}$是某一层输出向量，输入向量$\vec{x} = (x_1, x_2, x_3)^T$；激活函数$f$；

权重向量为：

$$\vec{w_4} = (w_{41}, w_{42}, w_{43}, w_{44}) \quad (11-10)$$

$$\vec{w_5} = (w_{51}, w_{52}, w_{53}, w_{54})$$

$$\vec{w_6} = (w_{61}, w_{62}, w_{63}, w_{64})$$

$$\vec{w_7} = (w_{71}, w_{72}, w_{73}, w_{74})$$

从上述推导中可以看出，神经网络的搭建需要满足三个条件：输入和输出；权重(w)和阈值(b);多层感知器的结构。其中最困难的部分就是确定权重(w)和阈值(b)。想要确定这两个值,只能通过试错法。在其他参数不变的情况下,对 w 和 b 进行微调,记为 Δw 和 Δb,然后观察输出有什么变化。不断反复这个过程,直到得到对应最精确的那组 w 和 b,就是最终想要的值,这一过程就是模型的训练。

(4)人工神经网络模型

人工神经网络模型主要考虑网络学习环境、连接的拓扑结构、学习规则等,相关的算法已有超过 40 种。

①根据学习环境

根据学习环境不同,神经网络的学习方式可分为监督学习和非监督学习。在监督学习中,将训练样本的数据加到网络输入端,同时将相应的期望输出与网络输出相比较,得到误差信号,以此控制权值连接强度的调整,经多次训练后收敛到一个确定的权值。当样本情况发生变化时,经学习可以修改权值以适应新的环境。使用监督学习的神经网络模型有反传网络、感知器等。非监督学习时,事先不给定标准样本,直接将网络置于环境之中,学习阶段与工作阶段成为一体。此时,学习规律的变化服从连接权值的演变方程。

②根据拓扑结构

神经网络的拓扑结构也称神经网络的架构或神经网络的布局,是指神经元的连接方式,是网络如何运作和学习的重要因素。它是由神经网络层、人工神经元和神经网络偏差组成。在监督学习常见的拓扑结构是输入直接映射到表示类别的单元集合(如自组织映射神经网络)。在监督学习中最常见的拓扑就是全连接、三层网络、前馈网络(如 BP 网络)。

③根据学习规则

生物神经网络是通过改变神经元的突触的连接能力来执行相应的活动,而人工神经网络则是通过各种数学逻辑和方法来改变与网络不同层的相关权重来完成相应的任务。这些改变的规则就是人工神经网络的“学习规则”。简单来说,学习规则就是在特定的数据环境中,它会改变权重和偏差。它是一个迭代的过程,可以帮助神经网络从当前条件“学习”,从而提高其性能。目前常用的学习规则主要有梯度下降法和随机学习法。

梯度下降就是寻找损失函数最低点,通过函数的导数的值,从而找到函数降落方向或者是最低点(极值点)。损失函数通过梯度下降方法,不断调整权重和偏差,从而使损失函数的值越来越小。

在随机学习中,处理无监督学习的学习规则分别是 Hebb 学习规则和竞争学习规则。Hebb 学习规则主要动机是确定改进与网络节点权重之间的关系。该规则假设如果两个相邻节点同时激活或停用,说明它们之间应该存在很强联系,连接它们的权重会增加;如果两个相邻节点处于相反阶段(如一个激活,另一个失活),则连接它们的权重应减少;如果两个相邻节点之间没有信息连接,则权重无变化。竞争学习规则的基础是"赢家通吃",即具有最高激活函数的输入将在输出模式的形成中占主导地位。这种类型的学习模型中,每个节点倾向于主导输入模式的形成,即只有那些负责输出的形成的神经元在周期结束时发生变化,未参与输出的神经元不受影响。

在随机学习法中,处理有监督学习的学习规则有感知器学习规则和增量学习规则。感知器学习规则是具有线性激活函数的单层前馈网络的纠错算法,即通过比较实际输出和预期输出之间的差异,来计算误差。增量学习规则也称 LMS 规则,其基于梯度下降法,通过比较输入变量与输出变量的变化来决定是否要改变权重。

11.2 BP 神经网络

从人工神经网络诞生于 20 世纪 60 年代,人们就开始一直在不断尝试各种方法来解决不断修改 k,b 两个参数,使最终的误差达到最小的问题。BP 神经网络是最基础的神经网络,其输出结果采用前向传播,误差采用反向(back propagation)传播方式进行。

11.2.1 基本结构

BP 算法是一种计算偏导数的有效方法,它的基本原理是:利用前向传播最后输出的结果来计算误差的偏导数,再用这个偏导数和前面的隐藏层进行加权求和,如此一层一层地向后传下去,直到输入层(不计算输入层),最后利用每个节点求出的偏导数来更新权重。

11.2.1.1 BP 神经网络求解步骤

(1)网络初始化

假设输入层的节点个数为输出层的节点个数 m,隐藏层节点个数为 1 个,输出层节点个数为 n,输入层到隐藏层的权重为w_{ij},隐藏层节点到输出层权重为w_{jk},输入层到隐藏层偏置为a_j,隐藏层到输出层的偏置为a_k,学习速率为 α。激活函数用 $f(x)$。初始化时,各节点之间权重初始化,其值是随机产生的。

(2)求和加权计算

隐藏层加权求和输出为:

$$H_j = f(\overrightarrow{W}_j, \overrightarrow{X}) \tag{11-11}$$

其中,H_j表示隐藏层的输出

输出层的加权求和输出为:

如果输出层采用 purlin 激活函数:

$$O_k = \sum_{j=1}^{l} H_j w_{jk} + b_k \tag{11-12}$$

如果输出层采用 Sigmoid 激活函数:

$$O_k = f(\overrightarrow{W}_j, \overrightarrow{X}) \tag{11-13}$$

(3)计算输出层的误差项

误差更新近某一规定的阈值时则收敛

$$E = \frac{1}{2}\sum_{k=1}^{m} (y_k - o_k)^2 \tag{11-14}$$

其中,y_k为观察值,o_k为计算输出值。

令$e_k = y_k - o_k$,则

$$E = \frac{1}{2} e_k^2 \tag{11-15}$$

式中,$i = 1, \cdots, n; j = 1, \cdots, j; k = 1, \cdots, m$

(4)误差反向传播,残差计算

如果e_k值大于e_c,则认为模型并未收敛,模型需要进行权值更新,计算残差项S_i,然后更新权重值。

S_i(error term)用来表示误差的偏导数:

输出层到隐藏层：

$$S_i = -(y_k - o_k) \times f' \tag{11-16}$$

a. 如果输出层采用的 purelin 激活函数的话，purelin 的导数为 1，则

$$S_i = -(y_k - o_k) \tag{11-17}$$

b. 如果采用 sigmoid 激活函数的话，$Sigmoid' = Sigmoid \times (1 - Sigmoid)$ 则：

$$S_i = -(y_k - o_k) \times f \times (1 - f) \tag{11-18}$$

隐藏层到隐藏层：

$$S_i = H_j \times f' = H_j \times f \times (1 - f) \tag{11-19}$$

(5) 误差反向传播，更新权重

权值更新：

$$W_{ij} = W_{ij} + n H_j (1 - H_j) \sum_{k=1}^{m} W_{jk} e_k \tag{11-20}$$

$$W_{ij} = W_{ij} + n H_j e_k \tag{11-21}$$

偏置更新：

$$a_k = a_k + n H_j (1 - H_j) \sum_{k=1}^{m} w_{jk} e_k \tag{11-22}$$

$$b_k = b_k + n e_k \tag{11-23}$$

(6) 判断算法迭代是否结束

判断的方法有很多，可以通过设定误差阈值，如误差值小于 0.0001 时，表示模型收敛，终止算法继续执行。否则，代入新实验数据，直至满足要求为止。

11.2.1.2　BP 神经网络求解步骤举例

已知输入 X，输出为 Y，其中为适应 *sigmoid* 函数需要，将 X 值转换为 0 ~ 1 之间数。

表 11－1　原始数据集

X1	X2	Y
0.4	－0.7	0.1
0.3	－0.5	0.05
0.6	0.1	0.3
0.2	0.4	0.25
0.1	－0.2	0.12

每个节点之间的实始权重一般是随机产生的。其初始化之后,得到的权重值为:

$$w_1 = \begin{bmatrix} 0.1 & -0.2 \\ 0.4 & 0.2 \end{bmatrix} \qquad w_2 = [0.2, -0.5]$$

试求出 BP 神经网络的模型生成过程。(误差为 0.0001,学习率为 0.6)

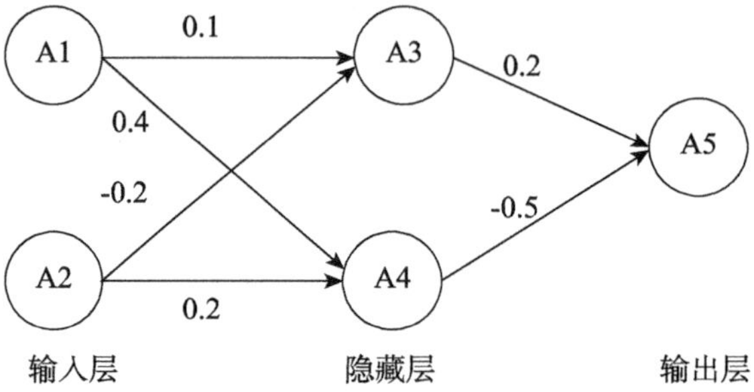

图 11-7　BP 神经网络模型

对数据集的第一行进行处理:

(1)计算隐藏层的值

对输入层的节点进行回权求和计算

A3 点的加权求和值:

$$0.4 \times 0.1 + 0.7 \times (-0.2) = 0.18$$

A4 点的加权求和值:

$$0.4 \times 0.4 + 0.7 \times (0.2) = 0.02$$

调用 Sigmoid 函数

$$output(A3) = Sigmoid(A3) = sigmoid(0.18) = \frac{1}{1+e^{-0.18}} = 0.544$$

$$output(A4) = Sigmoid(A4) = sigmoid(0.02) = \frac{1}{1+e^{-0.02}} = 0.505$$

(2)计算输出层的值

A5 节点的加权求和值

$$0.544 \times 0.2 + 0.505 \times (-0.5) = -0.143$$

$$output(A5) = Sigmoid(A5) = sigmoid(-0.143) = \frac{1}{1+e^{0.143}} = 0.464$$

(3)计算误差

$$误差 = (output(A5) - Y_1)^2 = (0.464 - 0.1)^2 = 0.132$$

误差 >0.0001,则表示未收敛。

(4)开始误差的反向传播

$$残差 = -(0.464 - 0.1) \times 0.464 \times (1 - 0.464) = -0.09$$

输出层节点残差加权求和

$$-0.09 \times 0.2 = 0.018(\text{输出层仅有一个节点,所以不用求和})$$

$$-0.09 \times 0.4 = -0.036$$

隐藏层的残差:

$$残差1 = (-0.018) \times 0.544 \times (1 - 0.544) = -0.004$$

$$残差2 = 0.045 \times 0.505 \times (1 - 0.505) = 0.011$$

(5)更新输入层权重,学习率为 0.6

$$0.4 \times (-0.004) \times 0.6 = -0.00096$$

$$0.4 \times 0.011 \times 0.6 = 0.00264$$

$$-0.7 \times (0.004) \times 0.6 = -0.00168$$

$$-0.7 \times (0.011) \times 0.6 = -0.00462$$

更新第一层权重

$$0.1 - 0.00096 = 0.09904$$

$$0.4 + 0.00264 = 0.40264$$

$$-0.2 + 0.00168 = -0.19832$$

$$0.2 - 0.00462 = 0.19538$$

使用前两步方法,计算出后两层的权重

$$0.544 \times (-0.009) \times 0.6 = -0.0029736$$

$$0.505 \times (-0.09) \times 0.6 = -0.02727$$

更新权重

$$0.2 - 0.029376 = 0.170624$$

$$-0.5 - 0.02727 = -0.52727$$

(6)利用更新之后的权重,以训练集中的每一条数据反复进行了前五步计算,直到后来收敛为止。

11.2.2 BP 神经网络重要参数

(1)学习率

学习率是一个预先设置好的参数,用于控制每次更新的幅度。学习率的主要目的是控制梯度下降的步长,监控训练代价是最好的检测步长过大的方法。学习率的值由使用者自己来确定,一般是需要确定数量级,如10^{-2},10^{-3}等。

若代价函数在前面开始下降,就开始增加 n 数量级,直到在若干回合代价是开始震荡或增加;若代价函数曲线开始振荡式拉回,则减少数量级直至代价开始回合下降,取阈值一半确定学习率。

(2)隐藏层节点数的选取

隐藏层的节点的数目对神经网络的性能影响很大,并没有明确的方法来确定节点数量。如果节点数目太少,网络不能应对复杂的数据环境,容错能力较弱;但是数目过大,就会使训练时间过长,网络泛化能降低。目前,隐藏层节点确定的常用方法主要有:

方法一:

$$h = \sqrt{m + n} + a \tag{11-24}$$

h 为隐藏层节点的个数,n 为输入节点个数,m 为输出节点的个数,a 为 1 - 10 之间的调节常数。

方法二:

$$h = \sqrt{n(n + m)} + m \tag{11-25}$$

其中,h 为隐藏层节点的个数,n 为输入节点个数,m 为输出节点的个数。

方法三:

$$h = log_2 n \tag{11-26}$$

其中,h 为隐藏层节点的个数,n 为输入节点个数。

(3)初始权重的设定

权重的实始值太大或太小都会对性能产生影响。初始权重通常定义为较小的非零随机值,经验值一般为$(-2.4/F, 2.4/F)$或$(-3/\sqrt{F}, 3/\sqrt{F})$。其中,$F$ 表示连接到权重输入神经元的数量。

11.2.3 BP 神经网络的特点和局限

BP 神经网络属于有监督学习算法,需要有一定量的历史数据,通过历史数据的训练,网络可以学习到数据中隐含的知识。在解决问题前,首先要找到某些问题的一些特征,以及对应的评价数据,用这些数据来训练神经网络。

BP 神经网络的优点有:

(1)非线性映射能力。BP 神经网络从输入层、隐藏层、输出层的映射功能,中间层的层数及神经元的个数任意可选的特性,使其具有较强的非线性映射能力,特别适合于求解内部机制复杂的问题。数学理论证明三层的神经网络就能够以任意精度逼近任何非线性连续函数。

(2)自学习和自适应能力。BP 神经网络在训练时,能够通过学习自动提取输出、输出数据间的"合理规则",并自适应的将学习内容记忆于网络的权值中。即 BP 神经网络具有高度自学习和自适应的能力。

(3)容错能力。BP 神经网络在其局部或者部分神经元受到破坏后对全局的训练结果不会造成很大的影响。也就是说,即使系统在受到局部损伤时,还是可以正常工作的。即 BP 神经网络具有一定的容错能力。

但是,随着应用范围的逐步扩大,BP 神经网络也暴露出越来越多的缺点和不足:

(1)BP 神经网络的参数问题。在 BP 神经网络结构的选择时,初始值、隐藏层的节点个数、激活函数等参数的设定并没有确凿的理论依据,仅根据实践经验总结出的有效方法或经验公式。

(2)局部极值问题。传统的 BP 神经网络采用的是一种局部搜索优化的方法。BP 神经网络通过沿局部调整方向来解决一个复杂的非线性化问题,这样会使权值收敛于局部极小点,从而导致因陷入局部极值而网络训练失败。

(3)收敛速度问题。传统的 BP 神经网络优化目标时,会在神经元出接近 0 或 1 时,出现平坦区。这个区域内,权值误差改变很小,使训练过程基本停顿。采用于新规则赋予步长的更新,则会导致算法低效,网络收敛速度慢。

11.3 自组织映射神经网络

自组织映射神经网络(self – organization map,SOM)是芬兰赫尔辛基大学 T. Kohonen[①] 教授提出的一种特殊神经网络算法,也称 Kohonene 网络[②]。算法目标是通过对相似的数据项进行分类或分组来减少数据量。自组织映射神经网络是采用无监督,自学习的竞争学习规则来训练网络。SOM 可用作聚类,数据压缩,特征提取等方面。

11.3.1 SOM 网络原理

自组织特征映射神经网络是一种无监督算法,通过自动样本中的内在规律和本质属性,有组织、自适应地改变网络参数与结构,可以用作聚类、高维可视化、数据压缩、特征提取等方面。

(1)SOM 网络结构

同 BP 神经网络相比,SOM 的网络结构比前馈型神经网络结构要简单。它没有隐藏层,一般是由输入层和竞争层(计算层)构成两层网络,两层之间实现双向连接。输入层的输入向量能够呈现数据的特征,而二维平面的竞争层中神经元则可以将输入向量以二维数据模式呈现,换句话说,SOM 网络使用无监督学习,将多维输入数据聚映射于二维表示中。值得注意的是,竞争层中每个映射神经元都连接到输入层中的每个一输向量,而竞争层映射神经元彼此之间并不是全互联的,而只是连接几个近邻的神经元。如图 11 – 8 如示:

从图 11 – 8 中可以看出,SOM 竞争层的拓扑结构。从输入层接收多维输入向量并将映射到竞争层,其中神经元被组织成一个一维的晶格(网格)表示特征空间。这种晶格表征了神经元相对于邻居的相对位置,即拓扑结构的性质。SOM 学习算法的目的是提供特征映射的非线性变换,实现网络空间的连续输入,映射到低维的离散空间。

---

① Kohonen,T. (1982). Self – organized formation of topologically correct feature maps. *Biological Cybernetics*,43:59 – 69.

② Teuvo Kohonen. *Self – Organizing Maps*. Springer,Berlin,Heidelberg,1995.

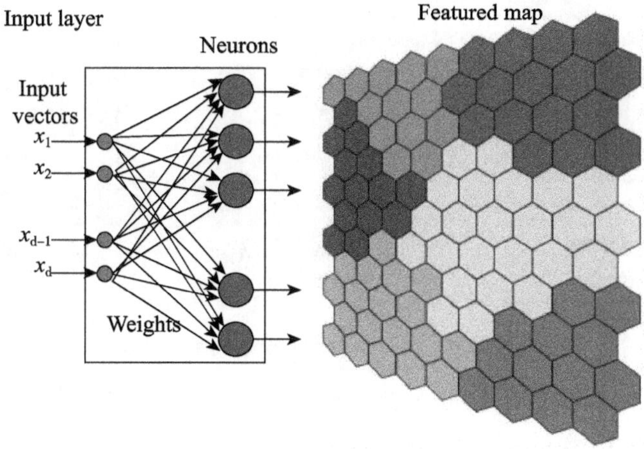

图 11 - 8　二维平面阵

（2）SOM 的学习过程

SOM 用一种称为竞争学习的方法进行训练。SOM 当有外界输入时，网络中神经元相互竞争对外界刺激响应的权利。竞争取胜的神经连接权重向着对刺激有利的方向变化，同时抑制竞争失败神经元对刺激的响应，从而完成对输入向量的聚类。自组织映射神经网络的学习过程具体如下：

竞争过程：在学习过程中，计算出获胜率。输入向量与竞争层的神经元连接都附有权重，这些权重用来表示竞争层的映射神经元与输入向量之间的关系，这个关系以距离为衡量准则。两者之间最近的距离对应的映射神经元为"神经元赢家"，被称为最佳匹配单元或 BMU。从本质上讲，这意味着输入向量可以用这个映射神经元表示 SOM 不仅可以在学习过程中计算这一点，还可以试图使其"更接近"输入的数据。

协作过程：在确定获胜神经元后，并不急于调整映射神经元与输入向量的权重，而是找到其邻居。因此，需要在竞争层定义一个邻域关系。这种领域关系可以表示为一个网格，网格的顶点为神经元。这个网格通常为矩形、六边形或圆形。这个网络通常在训练之前，事先指定好特殊的参数——学习半径，即网格区域的半径。以获胜映射神经元为网格的中心，以指定的半径覆盖区域确定近邻区域。如图 11 - 9 所示：

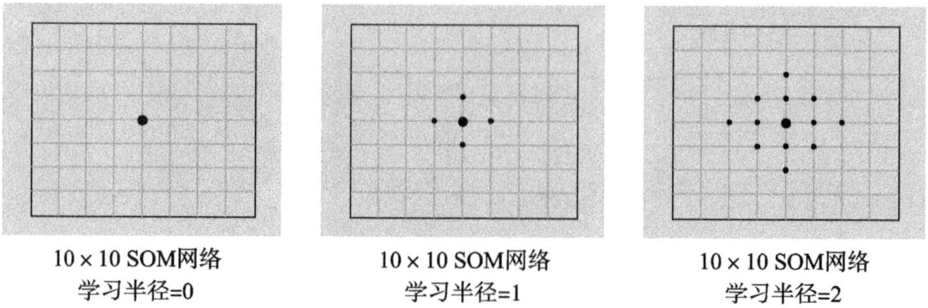

图 11－9　10×10 SOM 网络的学习半径

从图 11－9 可以看出，圆心为获胜映射神经元，以圆半径为基本单位划分近邻区域，半径越大，其包含的近邻映射神经元就越多。这个近邻区域也称为获胜邻域。在竞争学习规则中，神经元可以调整其链接的权重，并对周围邻近神经元产生一定的影响。如图 11－10 所示，使用不同的学习半径参数，更新神经元。

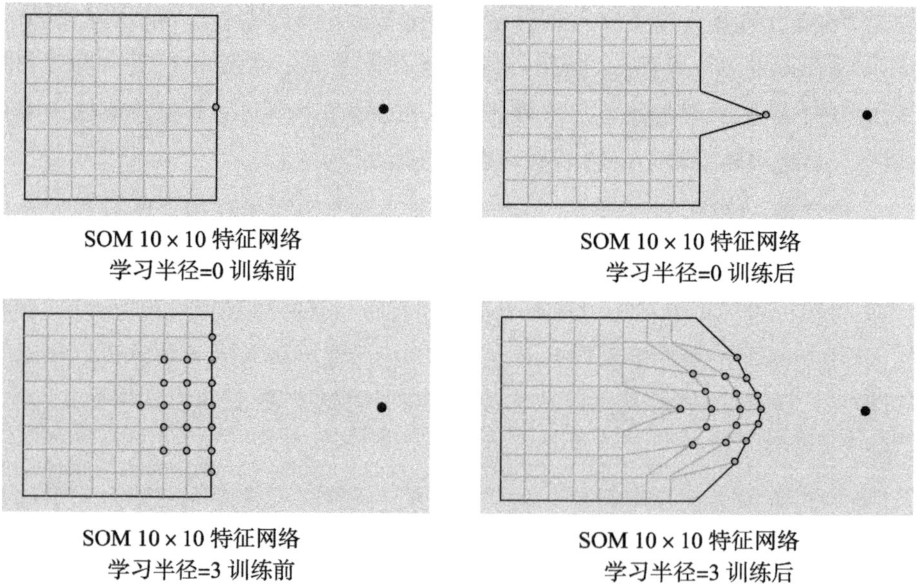

图 11－10　不同半径学习训练

适应过程：SOM 不仅在学习过程要计算最佳匹配单元，而且还试图使其“更接近”接收到的输入向量。这就意味着此连接上的权重将以计算距离更小的方式更新。同时 BMU 近邻的权重也同时会被修改，以便使它们更接近此输入向量。

因此,初始时设置的领域半径会比较大,在后续迭代过程中会逐渐减小。随着训练的进行,学习半径逐渐缩小,最后仅包含获胜节点。接着获胜神经元的权值进行调整,也对其几何邻域神经元做相应的调整。调整后,获胜神经元"推"得更靠近输入向量,近邻神经元对数据点的"推动"较大,距离较远的神经元"推动"较小。

该过程适应激活函数,使获胜者神经元与近邻神经元对特定的输入值更为敏感,同时也更新相应的权重。对获胜神经元进行较细微的权值调整时,只对其获胜领域内神经元(包括自身)进行相应调整,直到最后只对获胜的神经元本身进行细微的权值调整。在学习结束后,几何上相近的神经元所连接的权向量既有联系(类似类)又相互区别。从而保证其对的某一类输入模式,获胜神经元作出最大响应,而相邻神经元也作出较大响应,几何上相邻的结点代表特征上相近的模式类别。适应大小可以用学习率来控制,学习率也随着学习的时间而衰减,其对 SOM 的收敛作速度起到减小作用。

11.3.2　SOM 的重要参数

(1)权值初始化

SOM 中权重初始化通常采用以下三种之一:

随机初始化。权重向量使用小的随机值进行初始化。

初始化示例。权重向量从训练集中随机抽取随机样本作为初始化权值。

线性初始化。权重向量先计算出全体样本的中心向量,在该中心向量基础上叠加小随机数作为权向量初始值,也可将权向量的初始位置确定在样本群中(找离中心近的点)。

权重向量在初始化时,可能会遇到竞争层中有些神经元的权重一直不会更新,因为没有输入数据与它们距离相近,即出现了死节点。为了避免出现死节点,竞争层权重的初始化就显得尤为重要。后两种初始化方法可以很好地避免死节点的出现。

(2)竞争层神经元的个数

竞争层 SOM 神经元的数量决定了最终模型的粒度与规模;这对最终模型的准确性与泛化能力影响很大。

经验公式：

1）竞争层最少节点数量 $=5\sqrt{n}$，n 为训练样本的个数。

2）如果是正方形输出层，边长等于竞争层节点数再开一次根号，并向上取整就行。

（3）邻域函数

在学习过程中，竞争层中的所有神经元的权重都在一定的半径范围内，获胜者的神经元也适应网格，尽管这种适应的强度可能取决于它们与获胜者的神经元之间的距离。这种学习方法的效果是，网格在训练模式覆盖的输入空间上定义了竞争层的邻域“展开”。

领域函数用来表示获胜神经元对其近邻神经元素的影响强弱，即获胜领域中每个神经元的更新幅度。SOM 的基本思想是获胜神经元对其邻近神经元的影响是由近及远，对附近神经元产生兴奋影响逐渐变为抑制。

SOM 构造是从输入向量到竞争层的神经元之间的映射，也称特征映射。对于每个神经元 i 都会分配一个参数化的参考向量 m_i。通过 SOM 学习，这些参考向量根据以下的迭代过程进行重新排列。

输入向量 $X(t)$ 是输入向量在每个时间步长 t 处对应的值，参考向量最接近给定输入向量的最佳匹配单元 $X(t)$ 被选中，最佳匹配单元 C，也称为获胜者。则

$$C = arg\ min_i \|X(t) - M_i\| \tag{11-27}$$

输入数据空间中的数据 $X(t)$ 映射到参考向量关联的节点 C 上 M_i 最接近 $X(t)$。

在 SOM 学习中，参考向量的更新规则由下式给出：

$$m_i(t+1) = m_i(t) + \alpha \cdot h(r_{ic})[X(t) - m_i(t)], r_{ic} = \|r_i - r_C\| \tag{11-28}$$

其中，α 是学习率。$h(r)$ 为邻域函数，r_{ic} 是位置 r_C（获胜节点 C）到位置 r_i（数组单元上的节点 i）的距离。

最常用领域函数为高斯函数和 Bubble 函数，如图 11－11 所示。

高斯函数：

$$h(r_{ic}) = exp\left(-\frac{{r_{ic}}^2}{2\sigma(t)^2}\right) \tag{11-29}$$

σ^2 是指定的高斯函数分布的方差参数。它随着训练的进行，而逐渐减少。

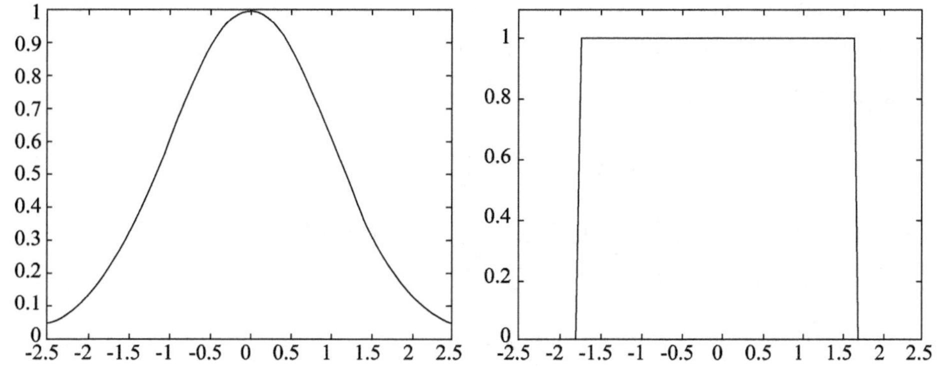

(a)高斯函数　　　　(b)Bubble函数

图 11－11　邻域函数

Bubble 函数：

$$h(r_{ic}) = \begin{cases} \alpha(t) & (i,j) \in N_C \\ 0 & (i,j) \notin N_C \end{cases} \tag{11-30}$$

其中，N_C是 C 周围的邻居神经元集合。

(4)学习率

学习率会影响收敛速度，可以定义一个动态的学习函数，随着迭代次数的增加而收敛。学习率是时间的递减函数。两种形式所常用的是时间的线性函数和与时间 t 成反比。

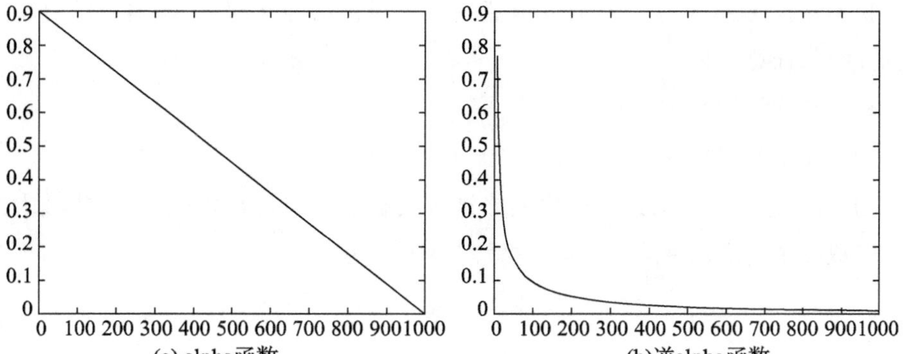

(a) alpha函数　　　　(b)逆alpha函数

图 11－12　时间线性函数

学习率的初始确定为 0.9。学习通常在两个阶段完成：第一阶段，SOM 首先调整大致空间，采用相对较大的初始 alpha 值（$\alpha=(0.3-0.99)$）；第二阶段，进行微调，使用较小的 alpha 值[$\alpha=(0.01-0.1)$]。

Alpha 值定义为

$$\alpha(t)=\alpha(0)\left(1.0-\frac{t}{rlen}\right) \tag{11-31}$$

其中，$rlen$ 是训练的运行长度或输入网络中的样本数量。

最常用的线性、逆和幂级数公式分别为：

$$\alpha(t)=\alpha(0)\cdot\frac{1}{t} \tag{11-32}$$

$$\alpha(t,T)=\alpha(0)\left(1-\frac{1}{t}\right) \tag{11-33}$$

$$\alpha(t,T)=\alpha(0)\cdot e^{\frac{t}{T}} \tag{11-34}$$

其中，T 是迭代次数，t 是当前迭代的次序号。

11.3.3 SOM 网络训练步骤

假设网络输入空间为 m 维，输入模式 $x=\{x_i,i=1,2,\cdots,m\}$，输出维度为 n，神经元 $Y=\{Y_j,j=1,2,\cdots,n\}$。在输入单元 i 和神经元 j 之间在计算层的连接权重为二维权矩阵 w 为 $m\times n$ 矩阵，表示为 $w=\{w_{ij},j=1,\cdots,n,i=1,2,\cdots,m\}$。

（1）初始化

初始化权连接，对所有从输入节点到输出节点的连接权值，赋值方法可采用前面介绍的任意一种。

初始化优胜领域$NE_{j^*}(0)$。

初始化学习率并进行赋值 η。

输入向量归一化：为达到输出网络训练的稳定，向量值过大或者变化过大的值会造成整个网络训练的不稳定，这就需要归一化：

$$\hat{x}=\frac{x}{\|x\|},\quad \hat{w}_j=\frac{W_j}{\|W_j\|} \tag{11-35}$$

（2）寻找获胜的神经元

神经元去计算每个输入模式各自的判别函数值，并选择最小判别函数值的特定神经元为获胜者，较常用的判别函数是欧氏距离或余弦法。其中第 j 个神经元

的判别函数采用欧氏距离法,其判断函数为:

$$d_j(x) = \sum_{i=1}^{D} (x_i - w_{ij})^2 \tag{11-36}$$

SOM 算法将使用最小距离(最佳匹配单元,BMU)搜索获胜神经元。BMU 的计算公式

$$BMU = d_{j^*} = \min_{j=1,2,\cdots,m} d_j \tag{11-37}$$

(3)计算将更新的相邻要素的半径

根据领域半径 σ($sigma$)确定优胜神经元j^*所确定的优胜邻域所包含的神经元,并通过邻域函数来计算它们各自的更新幅度。

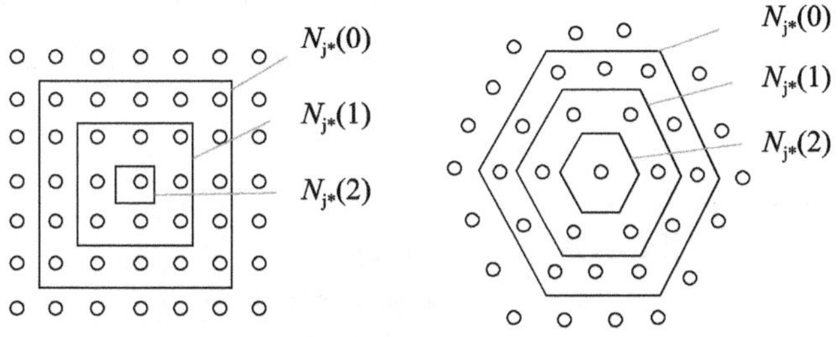

图 11-13　领域$N_{j*}(t)$的收缩

图 11-13 中的$N_{j^*}(i)$为兴奋神经元 j 网络拓扑结构的空间距离,即表示 i 层的点到 j 节点之间的距离。

(4)调整获胜邻域神经元的权重

半径内的神经元的每个权重都要经过调整,使它们更接近输入向量。

$$w_i(t+1) = w_i(t) + \alpha(t) \cdot h(r_{ij^*}) \cdot [x(t) - w_i(t)] \tag{11-38}$$

$$r_{ij^*} \equiv \| r_{ij^*} \| = \| r_i - r_{j^*} \|$$

其中,$w_i(t)$是神经元 i 在 t 时所对应的权重,$\alpha(t)$是学习率,$h(r)$是邻域函数,r_{ij^*}是获胜神经元j^*到神经元 i 的距离,$x(t)$是输入向量,t 是迭代序列号。

(5)迭代

继续返回到步骤(2),直至映射区域稳定,如学习率是否减少到 0,或者小于阈值。迭代结束之后,第 i 个输入向量所激活的神经元就是它所对应的类别。

11.3.4　SOM 网络应用实例

为了预防未成年人的人身犯罪,研究团队收集某地区 5 ~ 17 岁触法未成年人

(男性)492 人记录,其中包含家庭管控、身体虐待、同伴关系三类特征数据。试用 BP 神经网络的构建预测分类模型。

分析思路:

(1)属性特征

家庭管控方式分为:管控适度、偶尔管控、粗暴管理或不管理;

身体虐待分为:有虐待、无虐待;

同伴关系分为:良好的伙伴关系、无法避免负面影响、反社会的影响。

(2)哑变量赋值

家庭管控和同伴关系两种特征属性都是无序多分类指标,对于家庭管控变量,其取值是有序的。因此使用 BP 神经网络时,需要进行量化处理。其赋值方法为:

$$\text{家庭管控} = \begin{cases} \text{管控适度} & 1 \\ \text{偶尔管控} & 2 \\ \text{粗暴管理或不管理} & 3 \end{cases}$$

$$\text{身体虐待} = \begin{cases} \text{有虐待} & 1 \\ \text{无虐待} & 0 \end{cases}$$

$$\text{同伴关系 1} = \begin{cases} \text{良好的伙伴关系} & 1 \\ \text{负面影响} & 0 \end{cases}$$

$$\text{同伴关系 2} = \begin{cases} \text{良好的伙伴关系} & 1 \\ \text{反社会影响} & 0 \end{cases}$$

(3)从数据集中划分出 2/3 数据作为训练集,根据训练集与预测损失情况,调整神经网络的学习率,神经元的个数、迭代次数等参数大小来优化预测模型。并以 0.001 的概率断开神经元避免过拟合。损失函数为平均绝对值的误差,时间设为 1000。

(4)将剩余的 1/3 作为测试集,将预测值与真实值的测试结果进行比较。

(5)评价指标:精确度。

分析结果:

经过分析处理,数据聚类数为 2。第一组数据显示家庭管控方式为不管理或粗暴管理,同时同伴关系具有反社会倾向的聚集成一类,这组中的未成年人具有一定的犯罪风险;第二组为家庭管控方式良好,具有良好的伙伴关系为主要特征,犯罪风险较低。分类结果与实际情况基本相吻合,说明 SOM 方法有效。

11.3.5　SOM 网络的优缺点

SOM 网络的优点:

SOM 网络属于无监督学习,不需要额外标签。对于模式样本本身具有较明显的分类特征,竞争型神经网络可以对其进行正确的分类,网络对同一类或相似的输入模式具有较稳定的输出响应。SOM 算法非常适合高维数据的可视化,能够维持输入空间的拓扑结构,也具有很高的泛化能力,它甚至能识别之前从没遇过的输入样本。

SOM 网络也存在一些问题:

当学习模式样本本身杂乱无章,没有明显的分类特征时,网络对输入模式的响应呈现振荡的现象,即对同一类输入模式的响应可能激活不同的输出神经元,从而不能实现正确的分类。当各类模式的特征相近时,也会出现同样的状况。

在权值和阈值的调整过程中,学习率的选择在学习速率和稳定性之间存在矛盾,而不像前面介绍的其他学习算法,可以在刚开始时采用较大的学习率,在权值和阈值趋于稳定时,采用较小的学习率。当竞争型神经网络增加新的学习样本时,权值和阈值可能需要比前一次更大的调整。

网络的分类性能与权值和阈值的初始值、学习率、训练样本的顺序、训练时间的长短(训练次数)等都有关系,而又没有有效的方法对各种因素的影响加以评判。

参考文献

1. 何川、马皑:《罪犯危险性评估研究综述》,载《河北北方学院学报(社会科学版)》2014 年第 2 期。

2. 王健扬、韦寿华:《试析访谈法在罪犯危险性评估中的应用》,载《犯罪与改造研究》2009 年第 5 期。

3. 包景武:《扩大日常考核视角,健全狱政管理机制——兼论“即时考核记录本”方法在罪犯考核中的应用》,载《犯罪与改造研究》2002 年第 11 期。

4. 张鸿巍:《风险/需求评估在预防未成年人再犯罪中的适用》,载《暨南学报(哲学社会科学版)》2021 年第 3 期。

5. 马皑、宋业臻:《情感计算技术如何推动犯罪风险评估工具的发展?》,载《心理科学》2021 年第 1 期。

6. 丁园园:《认知行为治疗模式下涉罪未成年人行为矫正的个案研究》,东北师范大学 2021 年硕士学位论文。

7. 孙谦主编:《中国未成年人司法制度研究》,中国检察出版社 2021 年版。

8. 宁琦:《我国未成年人刑罚惩戒制度研究》,广西师范大学 2021 年硕士学位论文。

9. 张孔彧:《未成年人犯罪缓刑适用实证研究》,扬州大学 2021 年硕士学位论文。

10. 于辉:《未成年人矫正判前调查评估程序正当研究》,上海师范大学 2021 年硕士学位论文。

11. 朱广新:《未成年人保护的民法问题研究》,中国人民大学出版社 2021

年版。

12. 法规应用研究中心编:《家庭教育促进法、未成年人保护法、预防未成年人犯罪法一本通》(第 8 版),中国法制出版社 2022 年版。

13.《中华人民共和国预防未成年人犯罪法》,中国民主法制出版社 2021 年版。

14. 崔海英:《人身危险性评估:以违法未成年人为样本》,法律出版社 2020 年版。

15. 张鸿巍:《美国未成年人司法:体系与程序》,法律出版社 2020 年版。

16. 任其平等:《未成年人心理健康及服务状况》,社会科学文献出版社 · 群学出版分社 2019 年版。

17. 刘若谷:《引领与成长:低龄触法未成年人教育矫正研究》,人民出版社 2019 年版。

18. 周强主编、最高人民法院编:《谁来保护我——法官说案:未成年人权益保护与犯罪预防(三)司法保护篇、政府保护篇》,人民法院出版社 2019 年版。

19. 李海斌:《我国未成年人刑事审判研究》,中国社会科学出版社 2019 年版。

20. 王贞会:《涉罪未成年人司法处遇与权利保护研究》,中国人民公安大学出版社 2019 年版。

21. 米振荣主编、上海市长宁区人民法院编:《未成年人司法保护的探索和实践》,法律出版社 2019 年版。

22. 雷小政:《未成年人刑事司法风险评估:场域、样本与方法》,对外经济贸易大学出版社 2019 年版。

23. 张淼:《重生:未成年人犯罪与心理矫治》,知识产权出版社 2017 年版。

24. 赵军:《未成年人犯罪相关因素定量研究》,人民日报出版社 2017 年版。

25. 瞿丰、陆才俊等:《未成年人犯罪研究》,中国人民公安大学出版社 2016 年版。

26. 姚建龙主编:《保护与惩罚:预防未成年人犯罪实证研究　海口市未成年人法制教育中心调研报告》,中国法制出版社 2015 年版。

27. 李玫瑾、靳高风主编:《未成年人犯罪与少年司法制度创新》,中国人民公安大学出版社 2015 年版。

28. 刘笑、张峰、杨波等:《成年诈骗犯,暴力犯的人格特征和自我控制特点及其在再犯预测中的作用》,第十九届全国心理学学术会议摘要集(2016 年)。

29. 宋平、肖玉琴、孙越:《青少年暴力犯循证矫正的实践探索》,第十七届全国心理学学术会议论文摘要集(2014 年)。

30. 孔一:《社区矫正人员再犯风险评估与控制》,法律出版社 2015 年版。

31. 崔海英:《以 YLS/CMI 为工具的未成年人危险评估实证研究》,载《中国刑事法杂志》2016 年第 3 期。

32. 文姬:《英美法系罪犯危险性评估及其借鉴》,北京大学 2011 年博士学位论文。

33. 杨诚、王平主编:《罪犯风险评估与管理:加拿大刑事司法的视角》,知识产权出版社 2009 年版。

34. 吴旭主编:《罪犯再犯危险与矫正需求评估量表研发报告与指导手册》,中国法制出版社 2018 年版。

35. 周勇主编:《国外罪犯安全分级评估与管理制度规定及工具选编》,法律出版社 2017 年版。

36. 张彤:《罪犯狱内暴力风险评估量表的编制及验证》,武汉大学 2019 年硕士学位论文。

37. [英]Hollin,C. R. 主编:《罪犯评估和治疗手册》,郑红丽译,中国轻工业出版社 2006 年版。

38. 徐伟:《我国青少年犯罪的统计分析及其预防对策——基于 1997 ~ 2013 年的统计数据》,载《青年探索》2015 年第 6 期。

39. 万应君:《贝叶斯法则:证据审查认定的一个理性工具》,载《中国检察官》2010 年第 17 期。

40. 王美华、阳可欣、印鉴:一种犯罪识别与预测方法,专利公开号:CN106096623A,公开/公告日:2016 年 11 月 9 日。

41. 周帅:《基于数据挖掘技术的犯罪相关因素分析》,大连海事大学 2012 年硕士学位论文。

42. 胡云鹏、王世刚:《基于支持向量机与朴素贝叶斯的犯罪度理论研究》,载《吉林大学学报(信息科学版)》2017 年第 1 期。

43. 吴绍兵：《基于贝叶斯网络的刑事犯罪影响因素研究》，载《计算机与数字工程》2012 年第 11 期。

44. 程春惠、何钦铭：《面向不均衡类别朴素贝叶斯犯罪案件文本分类》，载《计算机工程与应用》2009 年第 35 期。

45. 潘振生：《基于地点警务的盗窃犯罪地理空间分析与防控策略——以 H 市 X 区为例》，中国人民公安大学 2022 年硕士学位论文。

46. 单勇、侯银萍：《基于 GIS 的"少年犯罪区"再认识》，载《青少年犯罪问题》2015 年第 3 期。

47. 肖汉、杜永慧、徐金泽等：《融合 GIS 的犯罪概率模型及应用》，载《北京大学学报(自然科学版)》2013 年第 6 期。

48. 钟海东、吴健平、余柏蒗等：《基于 GIS 的上海市犯罪空间特征研究》，载《华东师范大学学报(自然科学版)》2013 年第 2 期。

49. 李卫红、童昊昕：《针对非平衡警情数据改进的 K – Means – Boosting – BP 模型》，载《中国图象图形学报》2017 年第 9 期。

50. 傅颖：《暴力犯罪行为与 MAOA 基因 VNTR 多态性、环境、心理特征的关联性研究》，大连海事大学 2011 年硕士学位论文。

51. 李新光：《基于智能优化算法的犯罪预测方法研究》，安徽工业大学 2018 年硕士学位论文。

52. 朱小波、次晋芳：《基于改进 PSO – BP 神经网络算法在一般盗窃犯罪预测中的应用》，载《计算机应用与软件》2020 年第 1 期。

53. 李卫红、闻磊、陈业滨：《改进的 GA – BP 神经网络模型在财产犯罪预测中的应用》，载《武汉大学学报(信息科学版)》2017 年第 8 期。

54. 于红志、刘凤鑫、邹开其：《改进的模糊 BP 神经网络及在犯罪预测中的应用》，载《辽宁工程技术大学学报(自然科学版)》2012 年第 2 期。

55. 颜靖华、侯苗苗：《基于 LSTM 网络的盗窃犯罪时间序列预测研究》，载《数据分析与知识发现》2020 年第 11 期。

56. 潘仲赢：《基于机器学习算法的犯罪预警系统设计与实现》，电子科技大学 2019 年硕士学位论文。

57. 王雨晨、过仲阳、王媛媛：《基于随机森林的犯罪风险预测模型研究》，载

《华东师范大学学报(自然科学版)》2017 年第 4 期。

58. 陈鹏、曾昭龙、胡啸峰等:《基于机器学习的犯罪人惯犯身份预测分析和识别》,载《中国刑警学院学报》2018 年第 5 期。

59. 张蕾华、牛红太、王仲妮等:《基于大数据的前科人员犯罪预警模型构建研究》,载《信息网络安全》2019 年第 4 期。

60. 李全辉、刘丹:《基于随机森林的故意杀人案件犯罪侧写研究》,载《法制与经济》2021 年第 6 期。

61. 郑红丽、曹润东、郭开元等:《青少年毒品多药使用和吸毒后犯罪的预测分析——以机器学习为分析工具》,载《青少年犯罪问题》2019 年第 5 期。

62. 王翔、金涌涛、陈涛、李建元:一种预测犯人重复犯罪概率的方法及系统,专利公开号:CN108596386A,公开/公告日:2018 年 9 月 28 日。

63. 王茵:《社区矫正人员危险性评估技术研究与实现》,中国电子科技集团公司电子科学研究院 2019 年硕士学位论文。

64. 孙菲菲、曹卓、肖晓雷:《基于随机森林的分类器在犯罪预测中的应用研究》,载《情报杂志》2014 年第 10 期。

65. 王丽娟:《我国未成年人罪错处分体系构建》,载《南京大学学报(哲学·人文科学·社会科学版)》2009 年第 5 期。

66. 王凌雪:《未成年人罪错行为分级干预体系构建研究》,吉林大学 2020 年硕士学位论文。

67. 张德沐、吴高飞:《未成年人罪错行为分级干预体系之构建》,载《中国检察官》2019 年第 21 期。

68. 于阳、周丽宁:《未成年人违法犯罪行为干预体系的制度构建》,载《中国人民公安大学学报(社会科学版)》2021 年第 6 期。

69. 高冰:《未达刑事责任年龄未成年人保护处分制度构建》,载《人民检察》2016 年第 14 期。

70. 田敬峰:《青少年犯罪危险因素的病例对照研究》,福建医科大学 2007 年硕士学位论文。

71. 陈圆圆:《监狱教育改造对防止再犯罪的影响研究》,福建农林大学 2021 年硕士学位论文。

72. 谢寒光:《基于数据挖掘技术的犯罪行为分析》,中山大学 2014 年硕士学位论文。

73. 魏宏萍:《青少年犯罪影响因素及预防体系的研究》,中南大学 2010 年硕士学位论文。

74. 纵清华:《基于 GIS 的犯罪模式分析研究:以上海市长宁区为例》,华东师范大学 2016 年硕士学位论文。

75. 石一婷:《强制戒毒人员回归社会后犯罪预警模型研究》,中国人民公安大学 2020 年硕士学位论文。

76. 罗艳红:《犯罪群体的人格特征及其行为研究》,中南大学 2013 年博士学位论文。

77. 安思敏:《基于数据挖掘的社区犯罪率分析与预测研究》,北京交通大学 2017 年硕士学位论文。

78. 王可:《解释性数据分析及其在犯罪模式挖掘与事件预测中的应用》,国防科技大学 2018 年博士学位论文。

79. 张伟:《基于多维特征分析的高危人员犯罪预警研究》,中国科学院大学 2018 年博士学位论文。

80. 杜益虹、刘世华:《基于 Logistic 回归的犯罪概率预测研究》,载《绍兴文理学院学报(自然科学)》2016 年第 2 期。

81. 何平:《关于社会犯罪统计理论与时间序列分析的研究》,载《辽宁警专学报》2005 年第 2 期。

82. 崔用祥:《基于随机森林的城市犯罪空间分布密度建模与影响因素探析——以上海市为例》,华东师范大学 2018 年硕士学位论文。

83. 王松江:《论犯罪统计中的几个基本问题》,载《上海大学学报(社会科学版)》2006 年第 13 卷。

84. 王志亮译:《美国未成年犯罪人的评估》,载《青少年犯罪问题》2013 年第 2 期。

85. 许芸:《我国未成年人违法犯罪的社区矫正模式研究》,南京师范大学 2005 年硕士学位论文。

86. 梁峰:《未成年人犯罪成因及矫正制度研究》,西安理工大学 2009 年硕士学位论文。

87. 李青川:《社区矫正对预防未成年人犯罪的功能研究》,吉林大学 2012 年硕士学位论文。

88. 阎鹏:《未成年人犯罪的社区矫正研究》,山东大学 2010 年硕士学位论文。

89. 吴宗宪:《我国未成年犯罪人社区矫正的主要问题与对策》,载《贵州民族大学学报(哲学社会科学版)》2015 年第 5 期。

90. 廖新兰、罗倩:《未成年人犯罪原因及其预防——渝东南地区未成年人犯罪调研报告》,载《重庆理工大学学报(社会科学版)》2014 年第 6 期。

91. 肖建国:《上海未成年人犯罪形势和对策的理性思考》,载《青少年犯罪问题》2004 年第 3 期。

92. 陈钦:《未成年犯性犯罪的矫治》,全国性与生殖医学学术研讨会,2004 年,中国杭州。

93. 文姬:《再犯危险性评估方法及检验》,载《刑事法评论》2009 年第 2 期。

94. 叶苑:《基于问题行为理论的青少年犯罪的危险因素与预防因素研究》,北京师范大学 2007 年博士学位论文。

95. 徐莉萍、谢永标:《青少年犯罪危险因素的系统分析》,载《医学与社会》2002 年第 6 期。

96. 杨菲菲、赵景欣:《青少年暴力犯罪的危险评估》,载《山东省团校学报(青少年研究)》2011 年第 4 期。

97. 白洁:《青少年危险行为评定量表的编制》,山西大学 2007 年硕士学位论文。

98. 蒋冕:《青少年攻击性行为的成因分析及干预成效研究》,苏州大学 2003 年硕士学位论文。

99. 许秋华、王文强、吴为阁等:《暴力攻击风险评估量表在新住院儿童青少年精神疾病患者中的应用》,载《临床心身疾病杂志》2017 年第 2 期。

100. 雷浩、刘衍玲:《国外青少年学生暴力态度研究评析》,载《比较教育研究》2013 年第 1 期。

101. 曹玉萍:《湖南家庭暴力研究》,中南大学 2006 年博士学位论文。

102. 洪霞:《青少年暴力犯罪倾向人格评估研究》,第四军医大学 2008 年硕士学位论文。

103. 肖玉琴、张卓、赵辉等:《青少年暴力风险评估量表在未成年暴力犯的信效度检验》,载《中国健康心理学杂志》2017 年第 11 期。

104. 李田夫:《犯罪统计学》,群众出版社 1988 年版。

105. 熊健、王争鸣:《论罪犯的再分类》,载《上海政法学院学报(法治论丛)》1993 年第 3 期。

106. 赵阳:《数据挖掘技术在监狱罪犯信息库中的应用研究》,南京航空航天大学 2006 年硕士学位论文。

107. 徐砺:《对罪犯的艾森克个性问卷(EPQ)调查分析——以四川宜宾某监狱 234 名男性为例》,载《西南民族大学学报(人文社科版)》2007 年第 12 期。

108. 郑红丽:《罪犯心理矫治统计技术新进展》,载《法制与社会》2013 年第 15 期。

109. 邵晓顺:《犯罪与罪犯统计研究》,群众出版社 2014 年版。

110. 李航:《统计学习方法》,清华大学出版社 2019 年版。

111. [美]戴维·穆尔、[美]威廉·诺茨:《统计学的世界》,郑磊译,中信出版集团 2017 年版。

112. [日]寺田学等:《Python 数据分析教科书》,杨鹏译,中国水利水电出版社 2022 年版。

113. 周志华:《机器学习》,清华大学出版社 2016 年版。

114. [美]Peter Harrington:《机器学习实战》,李锐等译,人民邮电出版社 2013 年版。

115. 陈家鼎编著:《生存分析与可靠性》,北京大学出版社 2005 年版。

116. [美]威廉·M. 门登霍尔、[美]特里·L. 辛西奇:《统计学》,关静等译,机械工业出版社 2018 年版。

117. [美]Jonathan D. Cryer、[美] Kung - Sik Chan:《时间序列分析及应用(R 语言)》,潘红宇等译,机械工业出版社 2011 年版。

118. 王贤:《基于逻辑回归的案件关联分析》,西南大学 2009 年硕士学位论文。

119. 张德丰编著:《MATLAB R2020a 神经网络典型案例分析》,电子工业出版社 2021 年版。

120. 文常保等:《人工神经网络理论及应用》,西安电子科技大学出版社 2021 年版。

121. 刘峡壁、马霄虹、高一轩:《机器学习与神经网络》,国防工业出版社 2020 年版。

122. [澳]迈克尔·尼尔森:《深入浅出神经网络与深度学习》,朱小虎译,人民邮电出版社 2020 年版。

123. 王凯编著:《Python 神经网络入门与实战》,北京大学出版社 2020 年版。

124. 何宇健编著:《Python 与神经网络实战》,电子工业出版社 2018 年版。

125. [美]马丁·T. 哈根:《神经网络设计》,机械工业出版社 2018 年版。

126. [荷]英德拉·丹·巴克:《Python 深度学习实战:75 个有关神经网络建模、强化学习与迁移学习的解决方案》,程国建、周冠武译,机械工业出版社 2018 年版。

127. [英]塔里克·拉希德:《Python 神经网络编程》,林赐译,人民邮电出版社 2018 年版。

128. [美]Phil Kim:《MATLAB 深度学习:机器学习、神经网络与人工智能》,敖富江、杜静、周浩译,清华大学出版社 2018 年版。

129. 陈明等编著:《MATLAB 神经网络原理与实例精解》,清华大学出版社 2013 年版。

130. 舒欢:《基于样本选择的近邻分类算法研究》,电子科技大学 2017 年硕士学位论文。

131. 高鹏毅:《BP 神经网络分类器优化技术研究》,华中科技大学 2012 年博士学位论文。

132. Dey R. ,Salemt F M. ,*Gate - variants of Gated Recurrent Unit(GRU) neural networks*,IEEE,2017.

133. Zaremba W. ,Sutskever I. ,*Vinyals O. Recurrent Neural Network Regularization*,arXiv preprint arXiv:1409. 2329,2014.

134. Vaswani A. ,Shazeer N. ,Parmar N. ,et al. ,*Attention is All You Need*,Advances in Neural Information Processing Systems,2017.

135. Lin Z. J. ,Jung J. ,Goel S. ,et al. ,*The Limits of Human Predictions of Recidivism*,*Science Advances*,2020.

136. Copas J. ,Marshall P. ,*The Offender Group Reconviction Scale:A Statistical Reconviction Score for Use by Probation Officers*,Journal of the Royal Statistical Society,2010.

137. Van Rijsbergen,C. J. (1979). Information Retrieval(2nd ed.). Butterworth – Heinemann. Y. Sasaki,*The Truth of the F – measure*(2007),https://www. cs. odu. edu/ ~ mukka/cs795sum09dm/Lecturenotes/Day3/F – measure – YS – 26Oct07. pdf.

138. Ratul M . A. ,*Comparative Study on Crime in Denver City Based on Machine Learning and Data Mining*,*arXiv preprint arXiv*,2020.

139. Hussein, Reem Razzaq Abdul, Muayad Sadik Croock, and Salih Mahdi Al – Qaraawi. *Improvement of Criminal Identification by Smart Optimization Method.* MATEC Web of Conferences. Vol. 281. EDP Sciences,2019.

140. Bartollas,Clemens,Frank Schmalleger and Michael G. Turner,*Juvenile delinquency*,Wiley,1985.

141. Raschka S. ,*Python Machine Learning*,Packt Publishing,2015.

142. Gottfredson, D. C. , McNeil, R. J. , and Gottfredson, G. D. (1991). *Social area influences on delinquency:A multilevel analysis.* J. Res. Crime Delinq. 28(2): 197 –226.

143. Hogan,D. P. , and Kitagawa, E. M. (1985). *The impact of social status, family structure,and neighborhood on the fertility of black adolescents.* Am. J. Sociol. 90(4):825 –855.

144. Larzelere,R. E. ,and Patterson,G. R. (1990). *Parental management:Mediator of the effect of socioeconomic status on early delinquency.* Criminology 28(2): 301 –323.

145. Loeber,R. ,and Stouthamer – Loeber,M. (1986). *Family factors as correlates and predictors of juvenile conduct problems and delinquency. In Tonry,M. ,and Morris,N. (eds.)*,Crime and Justice:An Annual Review of Research,Vol. 7,Univer-

sity of Chicago Press, Chicago, p. 29 – 149.

146. Payne, Y. A. (2011). *Site of Resilience: A reconceptualization of resiliency and resilience in street life—oriented black men*. Journal of Black Psychology, 37 (4), 426 – 451. doi: 10. 1177/0095798410394178.

147. Mowder, M. H., Cummings, J. A., & McKinney, R. *Resiliency scales for children and adolescents: Profiles of juvenile offenders*. Journal of Psychoeducational Assessment,. (2010). doi: 10. 1177/0734282910366838.

148. Bloom, S. L.. *Restorative vs. retributive justice*. The Psychotherapy Review, 1999.

149. Cobbina, J. E., Huebner, B. M., & Berg, M. T.. *Men, women, and postrelease offending: An examination of the nature of the link between relational ties and recidivism*. Crime & Delinquency, 2012.

150. Connor, K. M., & Zhang, W., *Resilience: Determinants, measurement, and treatment responsiveness*. CNS Spectrums, 2006.

151. Tsymbal, A., Puuronen, S., Patterson, D. W., *Ensemble feature selection with the simple Bayesian classification*. Inf. Fusion, 2003.

152. Drake, E. K., Aos, S., & Miller, M. G.. Evidence – based public policy options to reduce crime and criminal justice costs: Implications in Washington state. Victims and Offenders, 2009.

153. Eschleman, K. J., Bowling, N. A., & Alarcon, G. M. *A meta – analytic examination of hardiness*. International Journal of Stress Management, 2010.

154. Fletcher, D., & Sarkar, M. P*sychological resilience: A review and critique of definitions, concepts, and theory*. European Psychologist, 2013.

155. Greene, R. R. & Greene, D. G. Resilience in the face of disasters: Bridging micro – and macro – perspectives. Journal of Human Behavior in the Social Environment, 2009.

156. Huntley, F. L., Palmer, E. J., & Wakeling, H. C. ( ). *Validation of an adaptation ofLevenson's locus of control scale with adult male incarcerated sexual offenders*. Sexual Abuse: A Journal of Research and Treatment, 2012.

157. Kingston, B. , Huizinga, D. , & Elliott, D. S. *A test of social disorganization theory in high - risk urban neighborhoods*. Youth & Society, 2009.

158. Kurlychek, M. C. , Krohn, M. D. , Dong, B. , Hall, G. P. , & Lizotte, A. J. *Protection from risk: An exploration of when and how neighborhood - level factors can reduce violent youth outcomes*. Youth Violence and Juvenile Justice, 2012.

159. Latimer, J. , Dowden, C. , & Muise, D. T*he effectiveness of restorative justice practices: A meta - analysis*. The Prison Journal, 2005.

160. Mahmood, M. *Collateral consequences of the prison - industrial complex*. Social Justice, 2004.

161. Martinez Jr. , R. , Rosenfeld, R. , & Mares, D. *Social disorganization, drug market activity, and neighborhood violent crime*. Urban Affairs Review, 2008.

162. Mauer, M. *Sentencing reform: Amid mass incarcerations—guarded optimism*. Criminal Justice, 2011.

163. Payne, Y. A. *Site of Resilience: A reconceptualization of resiliency and resilience in street life—oriented black men*. Journal of Black Psychology, 2011.

164. Richardson, G. E. *The metatheory of resilience and resiliency*. Journal of Clinical Psychology, 2002.

165. Andrews, D. A. , & Bonta, J. *Rehabilitating criminal justice policy and practice*. Psychology Public Policy and Law, 2010.

166. Cottle, C. C. , Lee, R. J. , & Heilbrun, K. *The prediction of criminal recidivism in juveniles: A meta - analysis*. Criminal Justice and Behavior, 2001.

167. Vogel, V. , de Vries Robbé, M. , de Ruiter, C. , & Bouman, Y. H. *Assessing protective factors in forensic psychiatric practice: Introducing the SAPROF*. International Journal of Forensic Mental Health, 2011.

168. Gammelgard, M. , Koivisto, A. M. , Eronen, M. , & Kaltiala - Heino, R. *The predictive validity of the Structured Assessment of Violence Risk in Youth (SAVRY) among institutionalised adolescents*. Journal of Forensic Psychiatry & Psychology, 2008.

169. Hanson, R. K. , Bourgon, G. , Helmus, L. , & Hodgson, S. *The principles of*

effective correctional treatment also apply to sexual offenders: *A meta - analysis*. Criminal Justice and Behavior, 2009.

170. Koh, L. L., Day, A., Klettke, B., Daffern, M., & Chu, C. M. T*he predictive validity of youth violence risk assessment tools*: *A systematic review*. Psychology Crime & Law, 2020.

171. Moffitt, T. E. *Adolescence - limited and life - coursepersistent antisocial behavior*: *A developmental taxonomy*. Psychological Review, 1993.

172. Olver, M. E., Stockdale, K. C., & Wormith, J. S. *Risk assessment with young offenders*: *A meta - analysis of three assessment measures*. Criminal Justice and Behavior, 2009.

173. Prendergast, M. L., Pearson, F. S., Podus, D., Hamilton, Z. K., & Greenwell, L. T*he Andrews' principles of risk, needs, and responsivity as applied in drug treatment programs*: *Meta - analysis of crime and drug use outcomes*. Journal of Experimental Criminology, 2013.

174. Rice, M. E., & Harris, G. T. *Comparing effect sizes in follow - up studies*: *ROC area, Cohen's d, and r*. Law and human behavior, 2005.

175. Rogers, R. *The uncritical acceptance of risk assessment in forensic practice*. Law and Human Behavior, 2000.

176. Schwalbe, C. S. *Risk assessment for juvenile justice*: *A meta - analysis*. Law and Human Behavior, 2007.

177. Shepherd, S. M., Luebbers, S., Ferguson, M., Ogloff, J. R. P., & Dolan, M., *The utility of the SAVRY across ethnicity in Australian young offenders*. Psychology Public Policy and Law, 2014.

178. Spice, A., Viljoen, J. L., Gretton, H. M., & Roesch, R., *Psychological assessment for adult sentencing of juvenile offenders*: *An evaluation of the RSTI and the SAVRY*. International Journal of Forensic Mental Health, 2010.

179. Viljoen, J. L., Scalora, M., Cuadra, L., Bader, S., Chávez, V., Ullman, D., & Lawrence, L., *Assessing risk for violence in adolescents who have sexually offended*: *A comparison of the J - SOAP - II, J - SORRAT - II, and SAVRY*. Criminal

Justice and Behavior, 2008.

180. Vincent, G. M. , Chapman, J. , & Cook, N. E. *Riskneeds assessment in juvenile justice*. Criminal Justice and Behavior, 2010.

181. Grove, W. M. , Zald, D. H. , Lebow, B. S. , Snitz, B. E. , & Nelson, C. *Clinical versus mechanical prediction: A meta - analysis*. Psychological Assessment, 2000.

182. McGuw, M. , & Iacono, W. G. *The association of early adolescent problem behavior with adult psychopathology*. The American Journal of Psychiatry, 2005.

183. Nores, M. , Belfield, C. R. , Barnett, W. S. , & Schweinhart, L. *Updating the economic impacts of the High/Scope Perry Preschool Program*. Educational Evaluation and Policy Analysis, 2005.

184. Patchin, J. W. , Huebner, B. M. , McCluskey, J. D. , Varano, S. P. , & Bynum, T. S. *Exposure to community violence and childhood delinquency*. Crime & Delinquency, 2006.

185. Ruscio, J. *A probability - based measure of effect size: Robustness to base rates and other factors*. Psychological Methods, 2008.

186. Scott, C. L. , & Resnick, P. J. V*iolence risk assessment in persons with mental illness*. Aggression and Violent Behaviour, 2006.

187. Smith, D. *The links between victimization and offending*. Edinburgh, Scotland: Centre for Law and Society, 2004.

188. Thomas, S. D. , & Leese, M. *Invited editorial. A green - fingered approach can improve the clinical utility of violence risk assessment tools*. Criminal Behaviour and Mental Health, 2003.

189. Young, D. , Moline, K. , Farrell, J. , & Bierie, D. *Best implementation practices: Disseminating new assessment technologies in a juvenile justice agency*. Crime & Delinquency, 2006.

190. Youth Justice Board. *Risk and protective factors*. London, England, 2005.

191. Dowden C, Brown SL. *The role of substance abuse factors in predicting recidivism: a meta - analysis*. Psychol Crime & L, 2002.

192. Friedman, J. H. *Stochastic gradient boosting. Comput*. Stat. Data Anal, 2002.

193. Wortley, R. , Mazerolle, L. (eds.) : *Environmental Criminology and Crime Analysis.* Willan, London, 2013.

194. Kim Y . *Convolutional Neural Networks for Sentence Classification.* Eprint Arxiv, 2014.

195. Deylami H M, Singh Y P . *Adaboost and SVM based cybercrime detection and prevention model*, Artificial Intelligence Research, 2012.

196. Butz, C. , & Spaccarelli, S. *Use of physical force as an offense characteristic in subtyping juvenile sexual offenders.* Sexual Abuse: A Journal of Research and Treatment, 1999.

197. Barnes, Geoffrey C. , et al. , *Low – intensity community supervision for low – risk offenders: A randomized, controlled trial.* Journal of Experimental Criminology, 2010.

198. Yarkoni, T. , & Westfall, J. *Choosing prediction over explanation in psychology: lessons from machine learning.* Perspectives on Psychological Science, 2017.

199. Probst, P. , Wright, M. N. , & Boulesteix, A. L. *Hyperparameters and tuning strategies for random fores*t. Wiley Interdisciplinary Reviews: Data Mining and Knowledge Discovery, 2019.

200. Krstajic, D. , Buturovic, L. J. , Leahy, D. E. , & Thomas, S. *Cross – validation pitfalls when selecting and assessing regression and classification models.* Journal of Cheminformatics, 2014.

201. Breiman, L. *Random forest*s. Machine Learning, 2001.

202. Archer, K. J. , & Kimes, R. V. *Empirical characterization of random forest variable importance measures.* Computational Statistics & Data Analysis, 2008.

203. Velez MB. *The role of public social control in urban neighborhoods: a multilevel analysis of victimi – zation risk.* Criminology, 2001.

204. Ord K. *Estimation methods for models of spatial interaction.* J Am Stat Assoc, 1975. Lauritsen JL, White NA. *Putting violence in its place: the influence o race, ethnicity, gender, and place on the risk for violence.* Criminol Public Policy, 2001.

205. Haberman CP, Ratcli e JH. *Testing for temporally di erentiated relationships*

among potentially criminogenic places and census block street robbery counts. Criminology,2015.

206. Cohen LE,Felson M. *Social change and crime rate trends:a routine activity approach*. Am Sociol Rev,1979.

207. Browning CR,Calder CA,Boettner B,Smith A. ,*Ecological networks and urban crime:the struc - ture of shared routine activity locations and neighborhood - level informal control capacity*. Criminology,2017.

208. Boivin R,D'Elia M. *A network of neighborhoods:predicting crime trips in a large Canadian city*. J Res Crime Delinquency,2017.

209. Banyard VL,Moynihan MM,Plante EG. *Sexual violence prevention through bystander education:an experimental evaluation*. J Community Psychol,2007.

210. Anselin L,Cohen J,Cook D,Gorr W,Tita G . *Spatial analyses of crime*. Crim Justice,2000.

211. Gretton,H. M. ,McBride,M. ,Hare,R. D. ,Shaughnessy,R. ,& Kumka,G. *Psychopathy and recidivism in adolescent sex offenders*. Criminal Justice and Behavior,2001.

212. Catchpole,R. E. H. ,& Gretton,H. M. The predictive validity of risk assessment with violent young offenders:A 1 - year examination of criminal outcome. Criminal Justice and Behavior,2003.

213. Hitesh Kumar Reddy ToppiReddy, Bhavna Saini, and Ginika Mahajan. *Crime prediction & monitoring framework based on spatial analysis*. International Conference on Computational Intelligence and Data Science,2018.

214. T. Almanie, R. Mirza, and E. Lor. *Crime prediction based on crime types and using spatial and temporal criminal hotspots*. International Journal of Data Mining & Knowledge Management Process,2015.

215. R. Wortley and L. Mazerolle. *Environmental Criminology and Crime Analysis*. Crime Science Series. Taylor & Francis,2013.

216. Rob White,Fiona Haines,and Nicole L. *Asquith. Crime Criminology*. Oxford University Press,2017.

217. Stein DM, Homan KJ, DeBerard S . *The Effectiveness of Juvenile Treatment Drug Courts: A Meta - Analytic Review of Literature*. J Child Adoles Subst, 2015.

218. Hart J, O'Toole S, Price - Sharps J, Shaffer T. , *The risk and protective factors of violent juvenile offending an examination of gender differences*. Youth Violence Juv J, 2007.

219. Van der Put C. *Risk and Needs Assessment for Juvenile Delinquents*. University of Amsterdam. Doctoral dissertation, 2011.

220. Agrahari, A. , & Rao, D. *A review paper on Big Data: technologies, tools and trends*. Int Res J Eng, 2017.

221. Cooper, P. *Data, information, knowledge and wisdom*. Anaesthesia & Intensive Care Medicine, 2017.

222. Ge, Z. , Song, Z. , Ding, S. X. , & Huang, B. *Data mining and analytics in the process industry: The role of machine learning*. Special Section On Data - Driven Monitoring, Fault Diagnosis and Control Of Cyber Physical Systems, 2017.

223. He, L. , Páez, A. , Jiao, J. , An, P. , Lu, C. , Mao, W. , & Long, D. *Ambient Population and Larceny - Theft: A Spatial Analysis Using Mobile Phone Data*. ISPRS International Journal of Geo - Information, 2020.

224. Jackson, J. *Data mining; a conceptual overview*. Communications of the Association for Information System, 2002.

225. Kumar, R. , & Nagpal, B. *Analysis and prediction of crime patterns using big data*. International Journal of Information Technology, 2019.

226. Mesgarpour, M. , & Dickinson, I. *Enhancing the value of commercial vehicle telematics data through analytics and optimisation techniques*. Archives of Transport System Telematics, 2014.